劉國樑
連遙 注譯

新譯悟真篇

三民書局

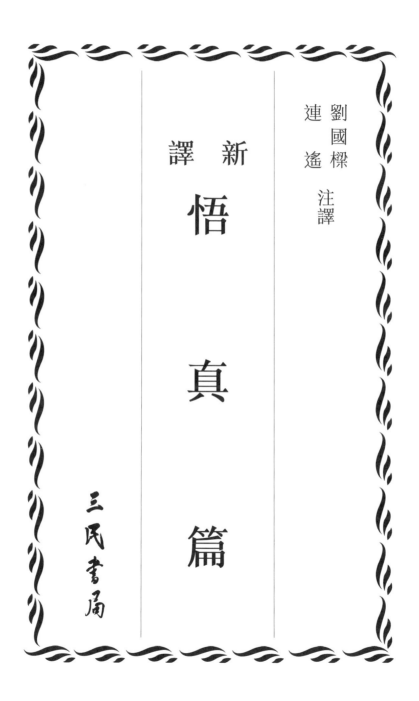

刊印古籍今注新譯叢書緣起

劉振強

人類歷史發展，每至偏執一端，往而不返的關頭，總有一股新興的反本運動繼起，要求回顧過往的源頭，從中汲取新生的創造力量。孔子所謂的述而不作，溫故知新，以及西方文藝復興所強調的再生精神，都體現了創造源頭這股日新不竭的力量。古典之所以重要，古籍之所以不可不讀，正在這層尋本與啟示的意義上。處於現代世界而倡言讀古書，並不是迷信傳統，更不是故步自封；而是當我們愈懂得聆聽來自根源的聲音，我們就愈懂得如何向歷史追問，也就愈能夠清醒正對當世的苦厄。要擴大心量，冥契古今心靈，會通宇宙精神，不能不由學會讀古書這一層根本的工夫做起。

基於這樣的想法，本局自草創以來，即懷著注譯傳統重要典籍的理想，由第一部的四書做起，希望藉由文字障礙的掃除，幫助有心的讀者，打開禁錮於古老話語中的豐沛寶藏。我們工作的原則是「兼取諸家，直注明解」。一方面熔鑄眾說，擇善而從；一方面也力求明白可喻，達到學術普及化的要求。叢書自陸續出刊以來，頗受各界的喜愛，使我們得到很大的鼓勵，也有信心繼續推廣這項工作。隨著海峽兩岸的交流，我們注譯的成員，也由臺灣各大學的教授，擴及大陸各有專長的學者。陣容的充實，使我們有更多的資源，整理更多樣化的古籍。兼採經、史、子、集四部的要典，重拾對通才器識的重視，將是我們進一步工作的目標。

古籍的注譯，固然是一件繁難的工作，但其實也只是整個工作的開端而已，最後的完成與意義的賦予，全賴讀者的閱讀與自得自證。我們期望這項工作能有助於為世界文化的未來匯流，注入一股源頭活水；也希望各界博雅君子不吝指正，讓我們的步伐能夠更堅穩地走下去。

新譯悟真篇 目次

卷中

卷下

外篇

拾遺

導讀

《悟真篇》的涵義是：感悟了知丹法的真諦。作者張伯端在〈悟真篇自序〉與〈悟真篇後序〉中都明確作了說明。他說自己於宋神宗熙寧二年（西元一〇六九年）隨陸詵（西元一〇一二～一〇七〇年）入成都，「感真人授金丹藥物、火候之訣。其言甚簡，甚要不繁，可謂指流知源，語一悟百，霧開日瑩，塵盡鑑明。校之丹經，若合符契。」他「既遇真筌」，不予隱默，於是撰寫了《悟真篇》。在〈悟真篇自序〉和〈悟真篇後序〉中，他還透露了他說的丹法是援佛入道和儒、佛、道相互融合的。不過，張伯端的丹法還是以道家和道教為主的。在絕句六十四首中曾說：「《陰符》寶字逾三百，《道德》靈文滿五千。今古上仙無限數，盡於此處達真詮。」

一、作者

〈悟真篇自序〉說其內容包括：「內七言四韻一十六首，以表二八之數。絕句六十四首，按諸周卦。五言一首，以象太乙。續添〈西江月〉一十二首，以周歲律。」就是說，卷上十六首律詩、卷中六十四首絕句、卷下五律一首，以及〈西江月〉十二首等都是張伯端的著作。但是，有人根據「續添〈西江月〉一十二首」一句，斷定「丹是色身至寶」一首非張氏之作，疑為後人續添。清代的董得寧《悟真篇正義》就說：「此章之文氣，與本篇不同，且張君原序中，只言〈西江月〉十二首，今有其十三，諒是後人所添。」

從「饒君了悟真如性」至「俗語常言合至道」之七絕五首，董得寧《悟真篇正義》也說「疑亦後人所作」。不過董氏又說：「但《翠虛篇》云：『不見《悟真篇》內說，真金起屋幾時枯。』是引此詩中之句也，諒無差謬，是以錄之。」

〈讀周易參同契〉，宋代翁葆光、陳達靈，元代戴起宗的《紫陽真人悟真篇注疏》和《悟真篇注釋》都予以收錄。翁氏之時離張伯端未遠，其〈悟真篇注釋序〉云：「《悟真篇》所傳，唯龍圖陸公之孫思誠之家，其本為真，此乃仙翁親傳之本也。……愚因游於洞天，得斯真文，改而正諸，始悟仙翁所作之意。」

〈贈白龍洞劉道人歌〉的作者有懷疑：《歷世真仙體道通鑑・張用成傳》：「……後傳弟子白龍洞道人名奉真，即建康府劉斗子也。」《悟真篇注疏》翁氏序云：「在元豐閒與劉奉真之徒廣宣佛法，亦以無生留偈入寂。奉真之徒已焚其蛻，獲舍利千百，其大如芡。後七年，奉真之徒到王屋山，復會仙翁如故。」這些說法雖有神話色彩，其中也可能有一些真實性。而《悟真篇注疏》乃宋元間人彙集，該書收錄有〈贈白龍洞劉道人歌〉，其後《悟真篇正義》、《悟真篇闡幽》亦收錄了。不過，南宗李簡易的《玉谿子丹經指要》卻載有此歌，惟未注明作者。可見此歌作者還有存疑。

〈石橋歌〉為《悟真篇注疏》、《悟真篇正義》、《悟真篇闡幽》收錄。但這三種注本對原文有改動痕跡。清初《南宗書叢書》內之《悟真篇》也收錄該文。其作者姑且存疑。

外集三十二首為清代道士、北宗龍門派第廿一代傳人劉一明收錄，並作解釋。

上述諸篇的作者雖然有待考定，但張氏援佛入道思想躍然紙上，翁氏在〈悟真篇注釋序〉中亦云：張伯端「……以禪宗性道畢其卷末者也」，「故以禪宗性道歌頌詩詞三十六首畢其卷末」（《悟真篇注疏》翁葆光序）。今姑且收錄注譯。

《金丹四百字》（見《道藏》唱字號）、《玉清金笥青華秘文金寶內煉丹訣》（見《道藏》稱字號）、〈奇經八脈考〉（見《本草綱目》）、《紫陽真人語錄》（見清雍正帝《御選語錄》）等，都或是張氏著作，均不注釋和新譯。

張伯端，字平叔，後名用成，清雍正十三年敕封為「大慈圓通禪仙紫陽真人」，後人又稱張紫陽。浙江天台（今臨海縣）人，生於西元九八三年或九八七年，卒於西元一〇八二年。〈悟真篇自序〉敘其自幼「涉獵三教經書，以至刑法、書算、醫卜、戰陣、天文、地理、吉凶、死生之術，靡不留心詳究」。薛道光〈悟真篇序〉說他「少業進士」不第，為府吏時，誤以侍婢竊魚而撻之，致使侍婢憤而自經，由此，張伯端深悔其過入道。後因盡焚所作案卷，觸犯「火焚文書律」，「坐纍謫嶺南兵籍」。宋英宗治平（西元一〇六四～一〇六七年）或宋神宗熙寧(西元一〇六八~一〇七七年)(〈張真人本末〉)年間,他隨龍圖閣學士陸詵自桂林赴成都,「任四川節度制置使安撫參議」(〈張真人本末〉),遇真人得到了丹道真訣。陸詵逝世,張伯端轉徙秦隴,在鳳州「坐黥竄」(翁葆光《三乘秘要》),得免其行而傳石泰丹法。後在河東事扶風馬默處厚,《悟真篇》大約在此時成書。之後再經成都回到浙江天台。

至於《悟真篇》的傳世,薛式云:「(馬)處厚被召,臨行,平叔以此書授之曰:『平生所學盡在是矣,願公流布,當有因書而會意者。』默為司農少卿,南陽張公履坦夫為寺主簿,坦夫曰:『吾龍圖公之子壻也。』默意坦夫能知其術,遂以書傳之坦夫,坦夫復以傳先考寶文公,余時童少,在傍竊取而讀之,不能通也。先公帥秦陽平王箴衮臣在幕府,因言其兄沖熙先生學道,遇到海蟾得金丹之術。沖熙謂舉世道人無能達此者,獨張平叔知之。……吾家之本為真,盡平叔之所親授者也。」(《悟真篇三注》之〈悟真篇記〉)

二、寫作的文化背景

張伯端著《悟真篇》的思想文化背景大致是:融合儒、佛、道而發展起來的新儒學——理學,正由周敦頤、程顥和程頤、張載等奠定基礎;隋唐伊始,道教外丹術已大不如前,至北宋則開始衰落,而道教內丹術的發展卻呈現鼎盛的趨勢,在理論上顯示出兼融儒、佛,尤其是援禪學和《易》學入於內丹。

在理學的產生和發展中，周敦頤（西元一〇一六～一〇七三年）著《太極圖說》、《通書》，系統闡述了宇宙論問題，為理學家提供構造理——氣——物宇宙論體系的原型。程顥（西元一〇三二～一〇八五年）、程頤（西元一〇三三～一一〇七年）賦予了「理」以最高本體的意義，認為它先於一切現象，本身獨立自存而又創造和支配世間萬物，甚至封建的綱常名教、倫理道德等都是「理」的具體體現。這種天理論和其格物致知論、人性論奠定了理學本體論、認識論、倫理道德觀的理論基礎。張載（西元一〇二〇～一〇七七年）以氣一元論為基礎，提出了「太虛即氣」、「一物兩體」，說明了萬物產生的根源、萬物變化的內在根據，以及事物運動變化的形式；又在認識論上提出了見聞之知和德性之知，還在人性論方面提出了天地之性和氣質之性的問題。與以前的儒家不同，這些理學家都有系統的宇宙論，還把封建倫理道德、人性論、個人修養功夫上升到了本體論的高度，從而使封建秩序、封建倫理道德及個人修養都理性化了。正如二程所說：「萬物皆是一理，至如一物一事，雖小皆是有理。」（《遺書》卷一四，見《二程集》）、「散之在理，則有萬殊；統之在道，理無二致。」（《文集・易序》，同上）、「己與理一」而已。究其思想根源，他們無一不是在發展儒學中融入了佛、道。

五代北宋以來，道教內丹術逐漸興盛，最著名的代表人物是鍾離權、呂洞賓、陳摶，其特點是兼融道佛，援《周易》、《道德經》說明煉丹的理論和實踐。鍾離權著有〈破迷正道歌〉等，呂洞賓師從於他，可能與陳摶亦相過從，其〈破迷正道歌〉所云：「果然採得先天氣，日月擒來兩手中，晝夜打交成一塊，自有龍吟虎嘯聲」，以及「前弦後」、「後弦前」、「主賓」

等比喻，「西南坤位」……等等，都為張伯端《悟真篇》接受。呂洞賓講性命雙修，注重道佛雙融。他認為「俗境有人聊得悟，迴光對面是家山」；「為人不可戀囂塵，幻化身中有法身」；「真性元來得自由，莫教人事強揚囚」。在〈敲爻歌〉中，他比較系統地闡明了性命雙修。他說：「性命機關須守護，若還缺一不芳菲……只修性，不修命，此是修行第一病。只修祖性不修丹，萬劫陰靈難入聖。達命宗，迷祖性，恰似鑑容無寶鏡。壽同天地一愚夫，權握家財無主柄。性命雙修元又元，海底洪波駕法船，生擒活捉蛟龍首，始知匠手不虛傳。」值得注意的是：鍾離權、呂洞賓一改修道著作理明法暗的狀況。第一次向人們披露了修道的具體方法。《鍾呂傳道集》（施肩吾）將天人合一、陰陽五行觀念融會貫通於修道理論之中，強調精、氣、神的整體修煉。全書分十八個方面，將道家不傳之秘宣告世人，而〈靈寶畢法〉則以宇宙生成之理，陰陽演化之機闡述內丹大道。其中〈肘後飛金晶〉、〈超脫分形〉兩篇反映的《易》學思想，是鍾、呂修道理論的重要基礎，對其後的內丹學有極大的影響。（參見劉國樑《道教與周易》，北京燕山出版社，一九九四年版。）

陳摶（？～西元九八九年）在內丹學與《易》學方面都是承前啟後的著名理論家和實踐家。其學術思想主要有《老》學、《易》學、內丹三個方面。

陳摶的《老》學思想已無直接記載，但通過陳景元的《道德真經藏室纂微篇》可見其奪目異彩。彭鶴林《道德真經集注》引《高道傳》云：「鴻濛子張無夢，字靈隱，好清虛，窮《老》、《易》，入華山，與劉海蟾、種放結方外友，事希夷先生，無夢多得微旨。」陳景元

《老子注》自序言「依師授之旨，略纂昔賢之微」。楊長庚序曰：「碧虛子陳君景元，師事天台山鴻濛子張無夢，得老氏心印，有《道德真經藏室纂微篇》，蓋摭諸家之精華，而參以師傳之秘。」薛致玄說陳景元「負笈游名山，抵天台，閱《三洞經》，遇高士張無夢。得老莊微旨，熙寧五年（西元一〇七二年）進所注《道德經》」。陳摶弟子張無夢傳其微旨與陳景元，景元秉承師意，注《老》、《莊》，作《道德真經藏室纂微》和《莊子注》。

陳摶的《易》學思想比較集中地反映在《正易心法注》與〈易龍圖序〉之中，其特點是：

第一，以「圖」「書」闡明《周易》是象、數、理和諧的統一體。

所謂「圖」「書」，即「河圖」「洛書」，是宋人闡《易》的一大發明，也是宋人繼承前人的成果。今存「河圖」、「洛書」為陳摶所傳。

陳摶說：「生數，謂一二三四五，陰陽之位也，天道也；成數，謂六七八九十，剛柔之德也，地道也。以剛柔成數，而運於陰陽生數之上，然後天地交感，吉凶叶應，而天下之事，無能逃於其間矣。」（《正易心法注》第三十八章）就是說，八卦及至六十四卦所代表的天地萬物，都起於「數」，而「數」又來自變化的萬物。由於物象的不斷滋生繁衍，使得「數」參伍錯綜，變化複雜。通過數的不可窮盡的演變，顯示了事物發展的無限性。陳摶認為：「《易》學意、言、象、數，四者不可闕一。其理皆見於聖人之經，不煩文字解說。止有一圖，謂先天方圓圖也，以寓陰陽消長之說。」（《楊升庵全集》卷九引陳摶文）在他看來，《易》學體系是象、數、理和諧的統一。象即是乾與坤，數即是奇與偶，理即是陽與陰。在「河圖」、

「洛書」中，他用數顯示了陰陽消長，五行生剋的學說。「河圖」是五行相生的模式。它以生數為主，故一、二、三、四、五居內，六、七、八、九、十居外，一、六為水，居於北方；二、七為火，居於南方；三、八為木，居於正東；四、九為金，居於正西；五、十為土，正居中央。生數在內，成數在外，互以對待，各處一方。五行相生的順序是：金生水，水生木，木生火，火生土；左旋一周，土復為金，……以次生生不息。「洛書」為五行相剋圖式，它以奇數為主，故一、三、七、九各居其外，五居中央，而二、四、六、八亦各以類而附奇數之側。正者為君，側者為臣，以陽統陰，而肇變數之用。其數縱橫相加，皆為十五。陰消陽息，選為消長。一居正北，得五為六，而與南方之九迭為消長。四居東南，得五為九，而與西北之六迭為消長。三居正東，得五為八，而與西方之七迭為消長。二居西南，得五為七，而與東北之八迭為消長。參伍錯綜，陰陽交合；以次消長，變化無窮。此外，「洛書」還闡述了五行相剋的規律。一、六為水，二、七為火，四、九為金，三、八為木，五即為土。其右旋運轉，水剋火，火剋金，金剋木，木剋土；右旋一周，土復剋水，……。這形象地反映了五行相剋學說。

第二，將漢代《易》學的卦氣說納入陰陽消長、五行相生的圖式，同時加以斥責。

陳摶說：「天一與地六合而成水，乾坎合而水成於金，冬至節也。地二與天七合而成火，巽離合而火成於木，夏至節也。天三與地八合而成木，艮震合而木成於水，春分節也。地四與天九合而成金，坤兌合而金成於土，秋分節也。天五與地十合而成土，離寄於己而土成於火也。凡此皆言其形矣。」(《正易心法注》第三十七章)這於坎主冬,震主春,離主夏,兌主秋,並以此四卦的二十四個卦爻分主一年二十四節氣的漢代卦氣說是一致的。當然這並不等於陳摶贊同漢代儒家的《易》學觀點,實際上他是斥責他們盲隨古人的。

第三,以天人相通說闡述了先天象數學。

陳摶認為,龍圖的象數是一連串的有次序的排列組合,是天意以龍馬負圖對聖人的啟示,是溝通天人的「橋梁」。聖人則以龍圖象數探求天意。他的〈易龍圖序〉講述八卦象數之學,集中回答了未合之數與已合之位的問題。陳摶的〈易龍圖序〉說:「且夫龍馬始負圖,出於犧皇之代,在太古之先也。今存已合之序尚疑之,況更陳其未合之數邪?然則何以知之?答曰:於夫子三陳九卦之義,探其旨,所以知之也。況夫天之垂象,的如貫珠,少有差則不成次序矣。故自一至於盈萬皆累累然如繫之於縷也。且若龍圖未合,則聖人不得見其象,所以天意先未合形其象,聖人觀象而明其用。是龍圖者,天散而示之,伏羲合而用之,仲尼默而形(或作『行』)之。」這裡的「三陳九卦之義」,源於《周易・繫辭》明九卦之德章。因為該章對履、謙等九卦之德講了三次,故名。據此,〈易龍圖序〉作者提出了:一變為天地未合之數;二變為天地已合之數;三變為龍馬負圖之形等龍圖三變說。元代張理所著《易象圖說》載有龍圖三變圖式(他據南宋蔡元定所畫的圖式加以圖解)。下面,我們根據張理的《易象圖說》略述龍圖三變。

第一變的圖式是：

天數

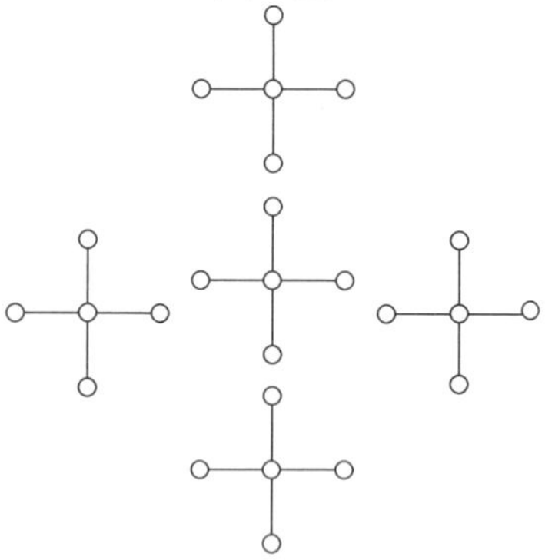

地數

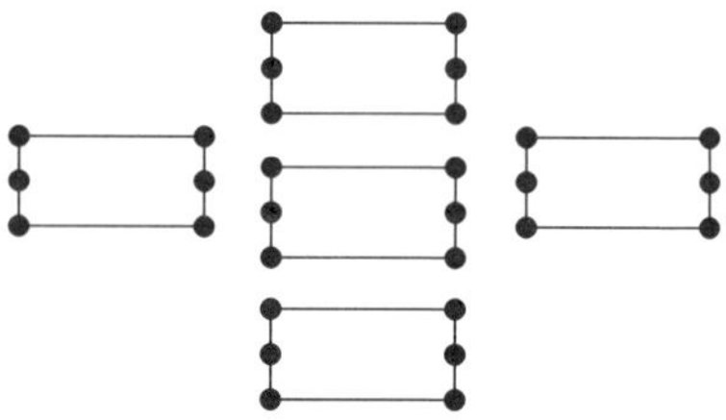

〈序〉說：「始龍圖之未合也，惟五十五數。上二十五，天數也。中貫三五九，外包之十五，盡天三天五天九並十五之位，後形一六無位，又顯二十四之為用也。茲所謂天垂象矣。下三十，地數也，亦分五位，皆明五之用也。十分而為六，形地之象焉。」在上述圖式中，白圈代表天數，黑圈代表地數。天數以五為單位組合，地數以六為單位組合。天數總和為二十五，地數總和為三十。此圖式是天數在上，地數在下，天數與地數分開排列，表示「始龍圖之未合也」。天數的排列是五個數為一組，共分五組，所以說「天五」。這裡說「天三」有兩個涵義：一是天數每組的縱橫排列數都是三，二是五個組的縱橫排列也是三。所謂「天九」，是指天數的五個組合在一起，它們縱橫之數都為九。又因為天數的縱橫總數各為十五。所以講「中貫三五九，外包之十五」。由於天數中的一與地數中的六在其後的變化中都不配位，天數二十五中起作用的是二十四，所以說「後形一六無位，又顯二十四之為用也」。地數為三十，每六個數為一組，共分為五組。故〈序〉說「亦分五位，皆明五之用也」。地數的五個組縱橫排列，每個組的數都是六。故〈序〉中說「十分而為六，形地之象焉」。這裡的「十」指地數三十。

第二變的圖式是：

(1)

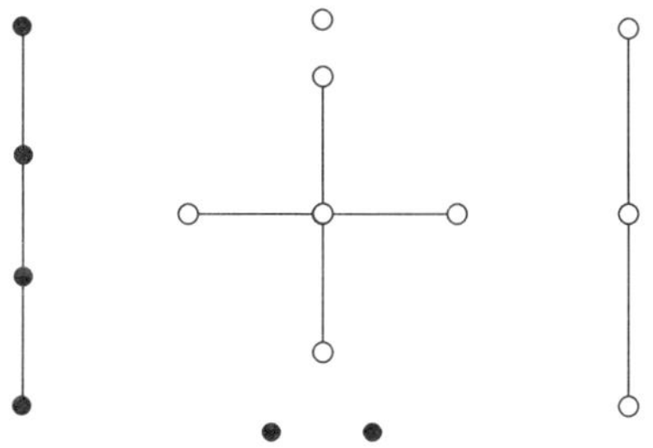

(2)

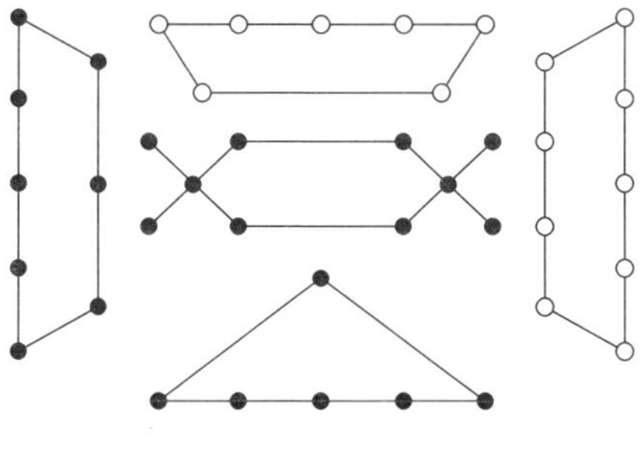

〈序〉說：「六分而成四象，地六不配。在上則一不配，形二十四。在下則六不用，亦形二十四。」

這是天地已合之位。即是：天數中的五組，共去十個數，成為奇偶之數相配合之狀；地數中之五組，分開後另行組合，也成為奇偶之數配合之狀，這是第二變的圖(1)。它是由天數變來的。天數上五一組，其上面那個一不動（即一個白圈），去掉四個數（即四個白圈）。這就是〈序〉中說的「在上則一不配，形二十四」。再看天數左五一組，去一為四；右五一組，去二為三；下五一組，去三為二；中五一組不動，則成第二變中的圖(1)。這裡去掉的十個數隱藏在圖(2)中十之中。從圖(1)看，上中右為一五三，計三個奇數；下左，即二四，計兩個偶數。這可能就是表示參天兩地的圖像。圖(2)是由地數變來的。地數中間六一組，去一加在上六一組為七；去二加在左六一組為八；去三加在右六一組為九。下六一組則仍然保持原狀。這就是〈序〉中所說「六分而成四象（七、八、九、六），地六不配」。在圖(2)中，偶數組為六、八，奇數組為七、九，分別居於四方；中間的十也是偶數組，來自天數去掉的十；也體現天地已合之位。圖(1)中的五個數為一二三四五，表示五行之生數。圖(2)中的五個數為六七八九十，表示五行的成數。或者將圖(1)中的五個數，各加以五數，則成為圖(2)，即天一加五為地六，地二加五為天七，天三加五為地八，地四加五為天九，天五加五為地十。上述圖(1)圖(2)之數的總和為五十五，是為天地之數。

第三變的圖式即是後來所說的「河圖」、「洛書」。〈序〉說：「後配合也，天一居上為道之宗，地六居下為地之本，三千地二地四為之用。三若在陽則避孤陰，在陰則避寡陽。大矣哉！龍圖之變，歧分萬圖。今略述其梗概焉。」這是將第二變中的圖(1)圖(2)合在一起而成為龍馬負圖的。兩圖相合的變化是：圖⑴天一居於圖⑵地六之上，即「天一居上為道之宗，地六居下為地之本」，此天一與地六為一組。圖⑴天三、地二、地四也如象天一那樣，與圖⑵的七八九之數相配合。這就是「三干地二地四為之用」。「三若在陽」，「三」指天數中的三奇和地數中的三偶，即天數中的一三五與地數中的六八十。孤陰，指天數中的二四，「寡陽」，指地數中的七九。由於第二變中的圖⑴圖⑵相合時，一三五不與二四同處，六八十也不與七九同處。這就是「三若在陽則避孤陰，在陰則避寡陽」。如果按照張理的說法，第二變中的圖⑴圖⑵相重，即成為後來所說的「河圖」（劉牧稱為洛書，即五行生成圖），兩圖相交，圖⑴中五不動，圖⑵中十隱藏起來。一三七九分別居於四正位，二四六八分別居於四隅位，則成為後來所說的「洛書」（劉牧稱為河圖，即九宮圖）。我們姑且不論第三變產生的兩個圖——河圖、洛書——的區分是否為劉牧所創，但上述龍圖三變之圖最初都稱為龍圖無疑。范諤昌著《太易源流》說：「龍馬負圖出河，犧皇窮天人之際，重定五行生成之數，定地上八卦之體。故老子自西周傳授孔子。造《易》之原，天一正北，地二正南，天三正東，地四正西，天五中央。地六配子，天七配午，地八配卯，天九配酉，地中配中，寄於未，乃天地之數五十有五矣。」（《易圖變通》引）顯然，范諤昌以五行生成圖為河圖，沒有用「洛書」之名。宋末元初道士雷思齊著《易圖通變》，他在該書〈河圖辨證〉、〈河圖遺論〉中，肯定陳摶所說的龍圖就是九宮圖，五十五之數即存在九宮圖中，其中五，即是十，所差之五，分散於其他宮中。他認為九宮圖中，除宮五外，其他八宮，各居一方，是八卦的本原（上述五行生成圖與九宮圖，除去中宮五或十五，餘為一二三四，六七八九，居於八位，分別成為八卦之象）。所以不以五行生成圖為河圖，並且否認有洛書的說法。雖然他否認五行生成圖與現存〈易龍圖序〉中關於天一居地六的說法矛盾，但他關於龍圖不應該有洛書的說法卻與〈易龍圖序〉文符合。儘管范諤昌與雷思齊關於龍圖的具體內容有分歧，但他們都否認洛書一說。

上面，我們根據元代張理的《易象圖說》講的龍圖三變，雖然不一定是陳摶龍圖易三變的原圖。但是，應該說，它的邏輯思維結構是出於陳摶的。

第四，以「太極圖」（天地自然圖）表述了陰陽二氣對立統一的辯證法思想。

上述「太極圖」中分黑白者即陰陽。就是說，太極本體中包含著陰陽兩個對立面。但是，這兩個對立面又互相包含、互相依存。如圖所示，黑中含一點白，即陰中含陽；白中含一點黑，即陽中有陰。圖中陰陽的狀態，一邊從小到大，一邊則從大到小，如同兩條頭尾互相連接的「陰陽魚」，相互依存，不可分割地結合在一個整體之中。陰陽這一對矛盾，即對立，又互相滲透著，左方自震（東北）位一陽始生，然後至離（正東）位，至兌（東南）位，到達乾（正南）位為純陽，至此，陽氣達到極盛，動極而靜，陽開始向陰轉化。由巽（西南）位一陰，而坎（正西）位，而艮（西北）位，到達坤（正北）位為純陰，至此，陰到達極盛。靜極復動。陰陽動靜，互為其根；此衰彼盛，彼消此長，陰陽兩種力量不停地運動變化著，因而引起整個世界的變化。

第五，以《易》象構成了系統的宇宙生成圖式。

「伏羲六十四卦次序圖」為先天四圖之一。陳摶說：「先天諸卦，初以一陰一陽相間，倍數，至三十二陰三十二陽相間。」（《正易心法注》第三十七章）所謂「一陰一陽」即兩儀；「二陰二陽則為四象，亦即太陽、少陰、太陰、少陽」。「倍數」，即四分為八，八分為十六，十六分為三十二，三十二分為六十四卦，以此分化推衍，無窮無盡。即從無極→太極→四象→八卦→六十四卦的演變，也就是由混沌→元氣→陰陽→天、地、風、雷……→萬物的發展過程。

陳摶的《易》學思想承前啟後，有深遠的意義。朱震《漢上易傳》云：「陳摶以「先天

圖」傳种放，放傳穆修，穆修傳李之才，之才傳邵雍，放以「河圖」「洛書」傳李溉，溉傳許堅，許堅傳范諤昌，諤昌傳劉牧；穆修以「太極圖」傳周敦頤，敦頤傳程顥、程頤。」（《宋史・儒林傳》）即：

「河圖」「洛書」：陳摶通過种放→李溉→許堅→范諤昌→劉牧；

「先天圖」：陳摶得之於麻衣道者，通過种放→穆修→李之才→邵雍；

「無極圖」：陳摶得之於呂洞賓，刻之華山石壁，通過（种放）穆修→周敦頤（「太極圖」）→程顥、程頤。

陳摶的內丹著作有《指玄篇》、《入室還丹詩》。今存《陰真君還丹歌注》也是講內丹修煉的著作。該書根據天地方位、五行所屬、陰陽交感、四時運轉的道理，說明人身腎、肝、心的部位，修煉的時機、方法和功效。據傳，陳摶練就睡功，常隱於睡，「小則亙月，大則幾年方一覺。」（《貴耳集》）

陳摶的思想也受到了佛教的影響。其內養修煉部分則有佛教色彩。《玉詮》五〈陳真人〉說：「入之善惡，皆本於性田種子。能理合自己種子，則入道自捷。故《大楞伽經》以分別自性為第一禪宗。我向年入道，並未曾究心於升降水火之法，不過持定《心印經》存無守有四字。有無二字包括陰陽兩個字。無者，太極未判之時一點太虛靈氣，所聞視之不見，聽之不聞是也。這點靈氣貫入於心則曰絳真，流入於牝則曰牝靈，全在我心承受，不可增損。」

陳摶所著《觀空篇》講頑空、性空、法空、真空、不空。其《正易心法注》第二十一章還宣揚了「假合」思想。他說：「六子假乾坤以為體，重卦合八卦以為體。若分而散之，則六子重卦，皆無定體也。若今天地清明，陰陽不雜，則六子何在？六子不交，則品物何在？以是知人間萬事悉是假合陰陽一氣，但有虛幻，無有定實也。」所謂假合，即佛家因緣和合之意，與宗密《原人論》所說「此身但是眾緣假和合相，元無我人」，如出一轍。

三、《悟真篇》的基本思想

關於《悟真篇》的思想內容，張紫陽在〈自序〉中曾經這樣說過：「僕既遇真筌，安敢隱默，罄所得成律詩九九八十一首，號曰《悟真篇》。內七言四韻一十六首，以表二八之數。絕句六十四首，按《周易》諸卦。五言一首，以象太乙。續添〈西江月〉一十二首，以周歲律，其如鼎器尊卑藥物斤兩，火候進退，主客（筆者按：指終坤始復的「先天圖」中，以子為北，午為南，卯為東，酉為西。卯酉界隔南北。子之右轉時以酉為主，卯為客，午乃東旋，則以卯為主，酉為客。）後先，存亡有無，吉凶悔吝，悉備其中矣。於本源真覺之性，有所未盡，又作為歌頌樂府及雜言等，附之卷末。庶幾達本明性之道，盡於此矣。所期同志者鑑之，則見未而悟本，舍妄以從真。」就是說，《悟真篇》主要敘述養命固形的內丹術，同時也涉及到佛教的「本源真覺之性」。

張伯端自幼「涉獵三教經書」（〈悟真篇自序〉），自述他的《悟真篇》是他「得達磨六祖最上一乘之妙旨」，人們若「見聞此篇」，「可因一言而悟萬法」（〈悟真篇後序〉）。在他看來，儒、釋、道三教雖然「各自專門，互相非是」，但總的來說是「教雖分三，道乃歸一」（〈自序〉）。因此，張伯端很推崇佛教嚮往的極樂世界。他說：「釋氏教人修極樂，只緣極樂是金方。大都色相惟茲實，餘二非真謾度量。」（同上）

世界萬物是如何產生的呢？張伯端認為萬物由「氣」產生。他說：「道自虛無生一氣，便從一氣產陰陽。陰陽再合成三體，三體重生萬物昌。」（《悟真篇・卷中》）「虛無」又被他稱為「道」，這就是「道在虛無合自然」（卷中，絕句之十二）。在張伯端看來，世界是遵循：虛無（即道）→氣→陰陽→三體（陰陽之合）→萬物這樣的公式演變。他認為，「虛無」是宇宙變化的根據，陰陽或天地的對立則是一切變化的原因。所以他說：「二氣相資運轉」（《悟真篇・西江月》之五）；「一自虛無質兆兩儀，因一開根，四象不離。二體八卦，互為祖孫。萬物生乎變動，吉凶悔吝茲分。」（〈讀周易參同契〉）他認為，「一」（按：指「氣」）是「道」產生天地、萬物的中介，這與《老子》「道生一，一生二，二生三，三生萬物」有關。其實，張伯端講的世界本源「道」或「虛無」也是《周易》規定的原則。從一方面看，這個原則是絕對精神，它的變化決定著萬物變化，即「否泰纔交萬物盈，屯蒙受卦稟生成」（《悟真篇・卷中》）。從另一方面看，《周易》的原則又由聖人的主觀精神來決定。「萬變皆不離其心」。這就是張伯端說的：「取將坎內中心實，點化離宮腹裡陰。從此變成乾健體，潛藏飛躍總由心。」在他看來，坎卦之中是陽爻，是實，離卦之中是陰爻，是虛。若取坎卦陽爻以之離卦陰爻，則成乾卦，如此變化，皆由主觀精神決定。在這裡，他主要是藉《周易》的卦變來論述煉精、氣、神的關鍵在於意念。認為內丹煉養的關鍵在於使後天返還先天，在《易》學上的比喻即是將後天八卦演變成先天八卦。正因為如此，他就在〈悟真篇後序〉中提出了心為道體，明心體道的觀點，把主觀意識視為客觀外物的主宰。他說：「夫欲免乎患者，莫若體夫至道，欲體夫至道，莫若明乎本心。故心者，道之體也；道者，心之用也。人能察心觀性，則圓明之體自現，無為之用自成，不假施功，頓超彼岸。此非心鏡朗然，神珠廓明，則何以使諸相頓離，纖塵不染，心源自在，決定無生者哉？然其明心體道之士，身不能累其性，境不能亂其真，則刀兵烏能傷，虎兕烏能害？」他認為，每個人只要像佛教的禪定那樣，一切外物的形象都不為主觀意識所反映——「諸相頓離」、「境不能亂其真」，達到「心鏡朗然」，猶如「神珠」一樣，人們最後也就「不假施功，頓超彼岸」，「了悟真如性」，「頓超無漏作真人」了。

在有無的關係方面，張伯端認為有和無是互相聯繫的。他說：「恍惚之中尋有象，杳冥之內覓真精。有無從此自相入，未見如何想得成。」（卷中，絕句之四十四）就是說，「無」緣「有」而有物象，「有」因「無」而見「真精」。所謂「真精」，也叫「真之一氣」，即精神性的靈氣。由它把「有」「無」統一起來。至於「有為」「無為」，他認為也是彼此不能分離的。即「始於有作無人見，及至無為眾始知。但見無為為要妙，豈知有作是根基。」（卷中，絕句之四十二）他舉煉丹為例：煉丹本來是有為的，所以人人爭著相尋，但當金丹煉成，人食後而成仙，這就像煉形化氣，最終則無為一樣，才知道成仙原來是無為而成。由此，他得出了「無為」是「道」之體，「有為」是「根基」的結論。在這裡，他把「有為」和「無為」視為修煉金丹（有為），復歸無為，即是成仙的途徑。在成仙這個問題上把二者統一了起來。

在認識論方面，張伯端受到了佛教禪宗思想的影響，提出了「虛心」「虛息」。他說：「虛心實腹義俱深，只為虛心要實心。」（《悟真篇‧卷中》）「鑑形閉息思神法，初出艱難後坦途。」（同上）就是說，使「心」空虛比以食充腹更重要。但是，要做到「虛心」，就必須「識心」，就是要保持己心不受外物塵染，達到「煉己持心」（卷下，〈西江月〉之三）的狀態，從而使「萬化既安諸虛息，百骸俱理證無為」（《悟真篇‧卷中》）。實際上他的「虛心」「虛息」，就是不要人們接觸客觀外物，不產生任何認識。

張伯端《悟真篇》中也宣揚因果報應思想，認為善惡報應的結果不僅與自身有關，也與上帝的意志相聯。他說：「大藥修之有易難，也知由我亦由天。若非積行修陰德，動有群魔作障緣。」（卷中，絕句之五十六）「德行修逾八百，陰功積滿三千。均齊物我與親冤，始合神仙本願。虎兕刀兵不害，無常火宅難牽。寶符降後去朝天，穩駕鸞車鳳輦。」（卷下，〈西江月〉之十二）不過，他認為福禍既是互相聯繫的，又可以彼此轉化。所以他說：「福禍由來互倚伏，還如影響相隨逐。若能轉此生殺機，反掌之間災變福。」（卷中，絕句之六十三）當然，張伯端並不了解禍福的轉化是有一定條件的，也是一個事物變化的過程，而不是瞬間即由禍變福，由福變禍。與佛教注重來世不同，他更注重于現實的報應。他認為，只要煉成金丹，在人之性（筆者按：即心）上追求真宗（筆者按：即萬物之源），就能今生受福。他說：「丹是色身至寶，煉成變化無窮。更能性上究真宗，決了無生妙用。不待他身後世，見前獲佛神通。」（卷下，〈西江月〉之又一）

張伯端十分推崇《周易》，認為《周易》蘊藏著天地間事物的變化。他說：「冬至一陽來復，三旬增一陽爻。月中復卦朔晨潮，望罷乾終姤兆。日又別為寒暑，陽生復起中宵。午時姤象一陰朝，煉藥須知昏曉。」（卷下，〈西江月〉之十）這就是說，冬至一陽生為復卦，三十增一陽爻為臨卦，為泰卦，為大壯，為夬卦，為乾卦，這是陽火之候。陽極而陰生，故夏至一陰生為姤卦，三十增一陰爻為遁卦，為否卦，為觀卦，為剝卦，為坤卦，這是陰符之候。陽極生陰，陰極復生陽，如此周而復始，以象一年之氣候變化。如果移上述十二消息卦象徵一年之氣候於一月之中，以朔旦為復卦，至望日為純陽，兩日半當三十日，是一個月。因為望為純乾，至十六日姤卦一陰生，這就是「望罷乾終」，姤卦象徵一陰初萌，這就是一月氣候的象徵。如果又將一月氣候之卦象移於一日之中，分為寒暑溫涼四時之氣，以中夜子時一陽生為復卦，午後一陰生為姤卦，如此陰陽升降，不差毫髮。煉丹者若知此陰陽變化，則丹成而仙遊。在這裡，張伯端不但認為事物的變化取決於《周易》的卦象，也認為《周易》的卦象所體現的天象是金丹煉製過程中務必遵循的準則。

張伯端十分注重內丹。他說：「學仙須是學天仙，惟有金丹最的端。」（卷上，七言律詩之三）對於導引、服氣，他是不提倡的。他認為「勞形按引皆非道，服氣飡霞總是狂」（卷上，七言律詩之九）。這表明張伯端不了解內丹與導引、服氣在歷史發展上是有內在聯繫的。

他還說：「休煉三黃（按：指雌黃、雄黃、硫黃）及四神（按：指朱砂、水銀、鉛、硝），若尋眾藥便非真。」表明他是反對服食外丹的。在講述內丹時，張伯端則雜糅了《周易》象術與陰陽五行學說。例如，他說：「甘露降時天地合，黃芽生處坎離交。」（卷上，七言律詩之六）他說的「甘露」、「黃芽」，都是金丹的異名。他又說：「黃芽白雪不難尋，達者須憑德行深。四象五行全藉土，三元八卦豈離壬？煉成靈質人難識，消盡陰魔鬼莫侵。」（卷上，七言律詩之十一）就是說，金丹煉製雖難，也不難尋求，重要的是要對封建的道德修養有很深的造詣。因為龍之弦氣曰黃芽，虎之弦氣曰白雪，龍屬陽，為木，虎屬陰，為金。按照五行生剋的原則，龍木生火，虎金生水，木火金水合成四象，四象合而成丹。但是，金丹之成本於土，土無正位，分位於四季四時，不得四季之土，四序不行，萬物不能生成。所以說四象五行全藉土。壬是水，乃真一之氣，又名真一之水，它生於天地之先，變而為陽龍陰虎。龍虎合而成丹，丹本於土，也可以說丹即土。龍是木，虎是金。龍虎、木金土之變皆不離水（即壬），這就叫三性三元不離真一之水——壬也。再從八卦的變化來看，真一之氣一變為天曰乾，為父，二變為地曰坤，為母，乾以陽氣索坤之陰氣，一索生長男曰震，再索生中男曰坎，三索生少男曰艮，此乾氣交於坤氣而生三男陽也。及乎坤卦，以陰氣索陽之乾氣，一索生長女曰巽，再索生中女曰離，三索生少女曰兌，此坤之氣交於乾氣而生陰也，亦不離真一之水，故曰三元八卦豈離壬。這在實際上是說，不僅三元八卦離不了真一之精，自天地開闢以來，一切有形、有名之類的東西莫不由此而成變化。在這裡，他把萬物的基本元素叫做「氣」，由真一之精和陰陽之氣生成了世界萬物，這就為全真道精、氣、神統一的「性命之道」的觀點開了先河。

在道教的發展過程中，張伯端也對之進行了改革：一是宣揚人人皆可成仙，「人人自有長生藥」（卷上，七言律詩之六）。有的人不能成仙是因為「愚癡狂擺拋」的緣故。二是勸人「莫往拋家住他地」（卷上，〈石橋歌〉），要人們修道成仙時「不離自家身」（同上），要「察心觀性」，向自己心內去求成仙的坦途，從而超脫現實世界，進入彼岸的仙境。前者是從理論上奠定了人人皆可成仙的基礎，後者則是在吸取佛教禪宗定慧思想的基礎上，指出了人們成仙的可能途徑。道教經張伯端這麼一變，在宋朝封建統治者的大力提倡下，也就進入了一個新的發展時期。

張伯端的思想有兩個顯著的特點：一是重視金丹煉製，把內丹學說與維護封建地主階級的統治結合了起來；二是提倡「察心觀性」，於己身之中尋求「頓超彼岸」，不隱居山林即可成仙的途徑。前者使道教更加得到封建統治者的重視，也更便於為封建統治者服務。後者則加速了道教的社會化、大眾化，使之更易於為下層人民吸收，成為麻醉人民的精神鴉片。

四、《悟真篇》的結構特徵

一是文體多樣化。《悟真篇》有七言律詩、七言絕句、五言律詩，也有詞、歌頌詩曲雜言，還有序文和讀記，幾乎使用了自漢至宋，除紀傳體、記事文、注疏、變文、話本之外的所有文體。

二是邏輯層次分明。《悟真篇》中有總論、分論，既概述煉丹功法的全過程，又追述其淵源，並且意簡言賅說明先命後性的丹法操作步驟，還在〈禪宗歌頌雜言〉（亦稱〈悟真篇拾遺〉）中總結了他寫《悟真篇》的指導思想。

三是《悟真篇》的內容或有重複，這是因為該書非一時所就，前後相續即有時內容重複。

五、《悟真篇》的注本

據元工部尚書張士弘說：「此《悟真篇》前後注釋可見三十餘家。」（《正統道藏》第四冊，第二八二一頁）自明、清至今，亦不乏注釋者。今擇其要列之於後：

一、《紫陽真人悟真篇三注》，宋薛道光、陸子野、元陳致虛注，見《道藏・洞真部・玉訣類・律字號上》；《道藏輯要》（成都二仙庵本）。

二、宋葉士表（文叔）、袁公輔等注《悟真篇》。《修真十書》本。見《道藏・方法類・奈字號》。

三、《紫陽真人悟真篇注疏》，宋陳達靈傳，翁葆光注，元戴起宗疏。見《正統道藏洞真部・玉訣類・歲字號上、下》；《道藏舉要》（民國上海商務印書館）第六類《道書》。

四、《紫陽真人悟真直指詳說三乘秘要》一卷、《紫陽真人悟真篇拾遺》一卷、《悟真篇注釋》三卷，宋翁葆光注，見《正統道藏》。

五、《紫陽真人悟真篇講義》，宋夏元鼎撰，見《正統道藏》。

六、《悟真篇闡幽》，清朱元育撰，見《道藏輯要》全集。

七、《悟真篇正義》，清董得寧撰，見《道藏精華錄》第七集。

八、《悟真真指》，劉一明撰，見《道書十二種》本。

九、《悟真篇集注》，清仇兆鰲（知幾子）。

十、《悟真篇小序》，明陸西星撰，《方壺外史》叢書本。

十一、《濟世全書悟真指南》，清汪啟賢撰，《濟世全書》叢書本；《藏外道書》第十一冊《頂批三注悟真篇》。

十二、《悟真篇注解》，明張位注。

十三、《悟真篇集注》，明李文燭注。

十四、《悟真篇注》，明彭好古注。

十五、《悟真篇翼注》，明甄淑注。

十六、《悟真篇脈望》，清陶素耜注。

十七、《悟真篇約注》三卷，清陶素耜撰，清康熙中遺經堂刊本；《藏外道書》第十冊。

十八、《悟真外篇》一卷，董得寧輯，《道藏精華錄》第七集。

六、《悟真篇》的文化價值

一、丹法注重實際。《悟真篇》與其《玉清金笥青華秘文金寶內煉丹訣》、《金丹四百字》、《奇經八脈考》等總結了宋代以前的丹法，揚棄了《周易參同契》生奧難懂之弊，繼承發揚了鍾離權、呂洞賓具體的內煉丹法，基本上將丹法丹訣總結為築基、煉精化氣、煉氣化神、煉神還虛四個階段，認為第一階段是性命雙修，第二階段偏重命功，第三階段則性功多於命功，第四階段則完全是性功。他主張先命後性，從有為入於無為，而從整體來說還是性命雙修。他這種內煉功法基本上為其後各派所公認，對當代的氣功修煉，強身健體也大有補益。

二、從儒、佛、道相融充實丹道功理功法。他以道為主，繼承發揚了《道德經》、《周易參同契》、《陰符經》，以及鍾、呂的思想，又援引儒、道易學，摻入佛學理論和修煉方法，做到了「教雖分三，道乃歸一」，見聞《悟真篇》，「可因一言而悟萬法也。」

三、奠基了道教南宗。張伯端沒有廣收徒眾，本來無意道派之爭，但其著述奠定了他的南宗實際教祖的地位。他的弟子大約有如下幾個系統：①石泰——薛道光——陳楠——白玉蟾——彭耜；②劉永年——翁葆光；③趙緣督（乃北宗宋德方三傳弟子，師從於石泰）——陳致虛；④天台紫陽派。道派世系是「陵源覺海靜，寶月性天明，隨景無華谷，得符瑞泰清」等。

四、提倡道教生命哲學。他闡明了內丹的物質基礎，認為精、氣、神為生命三大要素。提出道生一，一生二，二生三，三生萬物，是生命順行的發展軌跡，三歸二，二歸一，一歸虛無，則是生命逆行的返原。強調延續個體生命的最佳辦法是自我調節人體內部的機能。

五、主張弘揚主體的精神。與其他道教學者一樣，儘管張伯端企圖扭轉乾坤，逆反宇宙的思想是不現實的，在一定程度上也是有害的。但是，這種宇宙論及其在煉養上的實踐的確可以激發人們的進取精神。他的「始知我命不由天」比宿命論者要高明得多。

悟真篇自序

嗟夫❶，人身難得，光景❷易遷，罔❸測短修❹，安逃業報❺？不自及早省悟，惟只甘分待終❻，若臨歧❼一念有差，墮三途惡趣❽，則動經塵劫❾，無有出期。當此之時，雖悔何及？故老釋❿以性命⓫學開方便門，教人修種⓬以逃生死。釋氏⓭以空寂⓮為宗⓯，若頓悟⓰圓通⓱則直超彼岸⓲。如有習漏⓳未盡，則尚徇⓴於有生㉑。老氏以煉養㉒為真，若得其要樞㉓，則立躋㉔聖位；如其未明本性㉕，則猶滯於幻形㉖。其次《周易》㉗有窮理盡性至命之辭㉘，《魯語》㉙有「毋意、必、固、我」㉚之說，此又仲尼㉛極臻乎性命之奧㉜也。然其言之常略而不至於詳者何也？蓋㉝欲序正人倫，施仁義禮樂之教，故於無為之道㉞，未嘗顯言，但以命術寓諸易象㉟，性法混諸微言㊱耳。至於莊子㊲推窮㊳物累逍遙之性㊴，孟子㊵

善養浩然之氣㊶，皆切幾之㊷。迨夫㊸漢魏伯陽㊹引《易》道交媾之體㊺，作《參同契》㊻以明大丹㊼之作用。唐忠國師於語錄首敘老莊㊽言，以顯至道之本末如此。豈非教雖分三㊾，道乃歸一㊿。奈何後世黃緇(51)之流各自專門，互相非是，致使三家(52)宗要迷沒邪歧，不能混一而同歸矣！

【章　旨】此章敘述佛教、儒家、老莊及魏伯陽等道家的性命學說要旨，說明其間混一同歸的道理。

【注　釋】❶嗟夫　嗟，嘆詞，沒有具體涵義。夫，語末助詞，表示感嘆。❷光景　借喻指時間。景，通「影」。中國古代以一種標杆測定日晷的長短，依日影測日的高度以定時刻，用來確定一年的節候變化。❸罔　無。❹短修　這裡指人的壽命的時間限制。❺業報　佛教術語。指身、口、意三業的善惡得到相應的報應。業，指一切身心活動，一般分為身業（行動）、語業（即口業、言語）、意業（思想活動）。報，指善惡報應。❻終　結果；末了。❼若臨歧　指處在生死之際或善惡的關頭。若，假設連詞，如。臨歧，面臨歧路。❽三途惡趣　謂處於火、血、刀等危險境地。三途，指火途、血途、刀途。本來是佛教名詞，後來被道教吸收。火途，即地獄猛火所燒之處。血途，畜生噉食之處。刀途，惡鬼以刀劍逼迫之處。趣，同「趨」。❾塵劫　世俗的苦難。❿老釋　老聃、釋迦牟尼，這裡泛指老學和佛教。老子，春秋末期思想家，道家學派創始人。姓李名耳，字伯陽，諡曰聃。釋迦牟尼，佛教創始人。姓喬達摩，名悉達多。相傳為古印度北部迦毗羅衛國（今尼泊爾南部提羅拉科特附近）淨飯王的太子。生卒年代約為西元前五六五～前四八五年，或西元前六二四～前五四四年，或西元前六二三~前五四三年。⓫性命　謂世界的統一性和萬物的差異性。性，即世界萬物彼此間的差別。命，即自然所賦予的本質。性命合而觀之，即決定物之所以為物，人之所以為人的根本性質。所以，《大戴禮記》說：「分於道謂之命，形於一謂之性。」《中庸》說：「天命之謂性。」道教尊奉老子，其性命之學基本上承襲儒家，但有所發展。中國佛教的性命論不同於道教。張伯端的性命論則融合儒道，又援佛教。他在這裡說「老釋以性命學開方便門」，既是借語發揮，也有闡發其思想淵源的意思。⓬種　善惡報應的種因。⓭釋氏　佛教徒的統一姓氏。印度原始佛教只提出：「四姓出家，同一釋種。」當時並沒有劃一佛教徒的姓氏，只有到中國南北朝的道安時才規定出家佛教徒都姓釋。⓮空寂　虛空寂靜。印度原始佛教沒有萬物虛空說，但是有心性本靜，客塵所染的觀點。大乘佛教則提出了性空幻有的主張，認為宇宙萬物是虛假不真的名字概念組成的。《般若心經》說：「色不異空，空不異色。色即是空，空即是色。」色指假象存在，虛而非真，空或是就其「緣起性空」而言，假象（色）存在，但無自性（空）。⓯宗　宗旨；核心。⓰頓悟　突然覺悟。佛教修煉有漸、頓之說，漸悟，即逐漸省悟；頓悟，即突然省悟。⓱圓通　圓滿無缺。通，無礙。張伯端在〈圓通〉詩中說：「圓通何處不圓通。」並在〈即心是佛頌〉中解釋說：「內外圓通到處通，一佛國在一沙中。」⓲彼岸　與人間惱苦世界相對的極樂世界。⓳習漏　謂煩惱業因不盡，由六根——眼、耳、鼻、舌、身、意流出不淨。習，熏染。漏，六根流出的不淨。習漏，本來是佛教用語，道教援佛入道，謂修煉成功的人為「漏盡通」。「如有習漏」，《慎真篇注疏》作「如其習漏」。⓴徇　執守；從。㉑有生　有，助詞，無義，用在名詞前。生，生命或世俗生活。㉒煉養　煉心養身。煉，鍛鍊；燒煉。養，育。㉓要樞　主要的地方。樞，門臼。㉔躋　登。㉕本性　人的天然屬性。㉖滯於幻形　謂停留在虛假不真的形體上。滯，停留。幻形，虛假不真。㉗周易　周代之《易》。《周禮・春官・大卜》說：「掌三易之法，一曰《連山》，二曰《歸藏》，三曰《周易》，其經卦皆八，其別皆六十有四。」有人認為，《連山》是夏代之《易》，《歸藏》是殷代之《易》，《周易》是周代之《易》。《周易》有通行本、帛書本、竹簡本、石經本。通行本即王弼本，帛書本即長沙馬王堆三號漢墓出土本，竹簡本即安徽阜陽雙古堆西漢汝陰侯墓和湖北江陵天星觀出土本，石經本即漢石經、唐石經本，還有敦煌唐寫本《周易》殘卷。《周易》分《經》和《傳》，其作者都有分歧，但《傳》的作者是孔丘一說比較恰當。㉘窮理盡性至命之辭　謂探究道理，通達性命之學的文句。見於《周易・說卦》。㉙魯語　《魯論語》的簡稱。《漢書・藝文志》載：「《論語古》二十一篇，《齊》二十二篇，《魯》二十篇，《傳》十九篇，故有古、齊、魯三家《論語》之說。」㉚毋意必固我　見《論語・子罕》：「毋意、毋必、毋固、毋我。」毋，不要；沒有。毋，通「無」。意，通「臆」。臆測。必，必定；主觀。固，固執己見。我，自私；自以為是。以上四句話的意思是：不要隨意猜測，不要事先有主觀見解，不要固執己見，不要自以為是。㉛仲尼　孔子（西元前五五一～前四七九年）字。孔子名丘，字仲尼。春秋末期思想家、教育家，儒家學派創始人。㉜極臻乎性命之奧　謂探究到性命學的高深之處。極，窮盡。臻，至。性命，見⑪。奧，高深。㉝蓋　大概。㉞無為之道　不施加人為的道理和做法。《道德經》第四十八章：「為學日益，為道日損，損之又損，以至於無為，無為而無不為。」㉟以命術寓諸易象　謂把修命的法術寄託在《周易》卦象、爻象的變化上。命術，修命之術。寓，居；藏。諸，相當於「之於」之合，代名詞兼介詞。易象，《周易》的卦象、爻象。如，乾☰象徵天，坤☷象徵地。初、二、三爻象徵地、人、天三才。㊱性法混諸微言　把性命法術隱寓在聖人的言語裡。性法，性命法術。微言，詞淺意深的話。一般指聖人語言。《漢書・藝文志》：「昔仲尼沒而微言絕，七十子喪而大義乖。」㊲莊子　名莊周（約西元前三六九～前二八六年），戰國時期哲學家。道家主要代表人物。㊳推窮　窮究；探求。㊴逍遙之性　調暢悅豫。逍遙，即悠然自得，自由自在。《說文》作「消搖」。《莊子・逍遙遊》唐釋湛然止觀輔行傳弘決引王瞀夜云：「消搖者，調暢悅豫之意。」㊵孟子　名軻（約西元前三七二～前二八九年），字輿。鄒（今山東省鄒縣東南）人。戰國時期思想家、教育家、政治家。儒家學派主要代表人物。㊶浩然之氣　正大剛毅之氣。《孟子・公孫丑上》：「吾善養吾浩然之氣。」㊷切幾之　很貼近的意思。切，表態副詞。猶言「嚴切地」。幾，近。之，代名詞。指代上述順應自然之道。㊸迨夫　迨，及。夫，語中助詞，無義。㊹漢魏伯陽　漢，東漢。魏伯陽，東漢會稽上虞人，生活於漢桓帝（西元一四七～

一六七年）前後，著有《周易參同契》、《五相類》。㊺易道交媾之體　謂《周易》關於陰陽交互作用，化生萬物的本體理論。㊻參同契　東漢魏伯陽所著《周易參同契》。㊼大丹　主要指外丹，或兼指內丹。外丹，指服餌養生的丹藥。內丹，指調息運氣的功法。《周易參同契》：「巨勝尚延年，還丹可入口。金性不敗朽，故為萬物寶。術士服食之，壽命得長久。」這是講外丹。「內以養己，安靜虛無。」「含精養神，通德三光。津液腠理，筋骨緻堅。眾邪辟除，正氣常存。」這是講內丹。㊽老莊　老聃、莊周。㊾教雖分三　謂儒家、佛教、道家三派鼎立。㊿道乃歸一　謂儒家、佛教、道家的修身治世道理在本質上是一致的。道，儒、佛、道的道理。一，一致；相同。(51)黃緇　謂道教、佛教。黃，指道教黃冠。緇，指佛教緇衣。緇衣即僧徒之服。《僧史略》：「問，緇衣者何狀貌？答，紫而淺黑；非正色也。」緇，黑。(52)三家　儒家、佛教、道家和道教。

【語譯】唉！投生做人很難得，時間變化如飛箭，壽命長短難預測，善惡報應何能逃脫？人人都應做反省，趕快覺悟回頭即是岸。若是甘心等下去，只有臨終知分曉。生死關頭有惡念，墜入地獄受熬煎，遭受苦難的懲罰，長久沒有出頭可真難。人們處在這時候，再三悔恨又有何用？老聃、佛祖講性命，拓開世間的通途，讓人修善不作惡，逃脫生死得圓滿。佛教講空又講靜，虛空寂靜是本然。假如突然能覺悟，圓滿無缺享幸福。凡人與佛一念差，超凡脫俗即是佛。如果煩惱纏在身，常有六根染污物。固守世間的漏習，執著生命說是福，老聃倡導養生法，煉心養身為真道。若能知道入門徑，頃刻之間成聖人。假如不知萬物性，虛假不真也是真。先聖著有《周易》經，性命之理說得清。孔丘《論語》傳後世，對人處事是根本。戒忌隨意和主觀，禁止固執和自私。孔子講究性命學，務求高深不罷休。言簡意賅是通例，為何不加詳細說？「名正言順」整綱紀，仁義禮樂來教人。無為道理不細說，借助易象講命運。卦象爻象有命術，聖人言語雜其間。莊周超脫萬物纍，追求悅豫自然性。孟軻提倡浩然氣，都與性命相接近。到了漢代魏伯陽，援引《周易》和黃老。摻和爐火留丹青，寫成萬古的丹經。《參同契》裡講煉丹，說明大丹的功用。唐代忠國師明事理，語錄之前說老莊。性命之道盡顯示，原來道理就如此。世間區分儒佛道，三教歸一是真理。後世佛道相抵牾，各持一端鬧彆扭。你是我非沒個完，邪路之上難歸一。

【說　明】第一，儒、佛、道的性命學說：儒家首先提出性命論，認為性命就是萬物的本質屬性，是萬物的統一性和差異性。從人類本身來看，無論是孔子、孟子的性善說，告子的「性無善無不善」說，還是荀子的性惡論，董仲舒的性三品說，揚雄的人性善惡混說，還是韓愈的原性論和李翱的復性論；或者張載提出的天地之性與氣質之性，都是從先天或者後天的視角，並且結合倫理道德講人性的統一和差異。與印度佛教稍異，中國佛教多談心性本覺，從慧遠《法性論》說明佛性是至極不變，獨立自存；竺道生提出「一闡提」——完全斷除善根的人也可成佛，到《大乘起信論》講「心性本覺，妄念所蔽」。南北朝時翻譯的《大般涅槃經》說：「一切眾生，悉有佛性。」（〈如來性品〉之四）六祖慧能講「萬法盡是自性」，「佛是自性作，莫向身外求」，都是講佛性和人性的統一，佛性即寓於人性之中。道教對性命的認識有一個歷史的發展過程：早期道教的經典，如《太平經》等，認為「性」是萬物的本性——「……天長於高而清明，地長於下而重濁，……天地性運，皆如此矣。」（王明：《太平經合校》，中華書局，一九六〇年第一版，第二十四頁）「命」是指壽命、祿命。雖然在魏晉時期葛洪以生命論反對了宿命論，提出了「我命由我不由天」。但是，他還是沒有擺脫宿命論，仍然堅持「命之修短，實有所值，受氣結胎，各有星宿，……命屬生星，則其人必好仙道。……命屬死星，則其人亦不信仙道」（《抱朴子·內篇·塞難》）。唐代的成玄英提倡「任性自在」，又認為人的「根性不同，機悟差異」，目的是強調事物的差別。從唐宋至明清，道教學者基本上是用性命概念解釋生命現象，把性命範疇納入內丹修煉之中，甚至把性命和神氣相結合，提出了性功、命功和性命雙修的理論，並且付諸實踐。張伯端說：「先就有形之中，尋無形之中，乃因命而見性也。就無形之中，尋有形之中，乃因性而見命也。」（《直洩天機圖論》第二，儒、佛、道為何可以同一？在道教學者中，陶弘景較早提出「百法紛湊，無越三教之境」（陶弘景《華陽陶隱居集·茅山長沙館碑》）。張伯端、王重陽、趙宜真、朱權、陸西星……等人，都提出了三教同一。為什麼儒、佛、道可以同一呢？張伯端、王重陽認為，三教離不開「道」；朱權卻說「三教開化之本莫過止於一善而已」。儘管眾說紛紜，儒、佛、道的確可以在心性關係與個人修養、倫理道德與治理國家等方面找到共同點。難怪《金丹大要》論述三教一家時說：「三教之道，一者也。聖人無兩心，佛則云：明心見性。儒則云：正心誠意。道則云：澄其心而神自清。語殊而心同。是三教之道，唯一心而已。然則所言心卻非肉團之心也，當知此心乃天地正中之心也。當知此心乃性命之原也。是《中庸》云：『天命之謂性』；〈大道歌〉云：『神是性兮，氣是命』，達摩東來直指人心，見性成佛，是三教之道，皆當明性與命也。」所以，儘管中國封建統治者採取以儒為主，卻兼融了佛、道。第三，在兩漢之際，印度佛教之小乘、大乘皆同時傳入中國，中國小乘佛教的第一傳人是安世高，大乘佛教的第一傳人是支婁迦讖。只不過後來大乘佛教在中國傳播更廣，勢力更大。大乘佛教講性空幻有，在中國以三論宗為代表。張伯端講「釋氏以空寂為宗」是片面的，不是任何時期、任何派別的佛教都講空。

且今人以道門尚於修命，而不知修命之法理出兩端：有易遇而難成者，有難遇而易成者。如煉五芽❶之氣，服七耀❷之光，注想❸按摩，納清吐濁❹，念經持呪❺，噀水叱符❻，叩齒集神，休妻絕粒❼，存神閉息，運眉間之思，補腦還精❽，習房中之術❾，以至服煉金石草木之類，皆易遇而難成者。以上諸法，於修身之道率多滅裂❿，故施力⓫雖多而求效莫驗。若動心苦志，日夕修持，止可⓬以辟病，免其非橫⓭。一日不行，則前功漸棄。此乃遷延歲月，事必難成⓮。欲望一得永得，還嬰返老，變化飛昇，不亦難乎？深可痛傷。蓋⓯近世修行之徒，妄有執著，不悟妙法之真，卻怨神仙謾語⓰。殊不知成道者皆因煉金丹而得，恐洩天機⓱，遂托數事為名。其中惟閉息⓲一法，如能忘機絕慮⓳，即與二乘⓴坐禪㉑頗同。若勤而行之，可以入定出神㉒。奈何精神屬陰㉓，宅舍難固㉔，不免常用遷徙之法，既未得金汞㉕返還之道，又豈能回陽換骨㉖，白日而昇天哉？

【章　旨】此章敘述兩種修命方法的優劣。

【注　釋】❶五芽　人體五臟的真氣。《金丹大成集》蕭廷芝說：「五芽乃五臟之真氣。」❷七耀　日月與木火土金水五星。〈穀梁傳序〉：「七耀為之盈縮。」釋曰：「謂之七耀者，日月五星皆照天下，故謂之七耀。五星者，即東方歲星，南方熒惑，西方太白，北方辰星，中央鎮星是也。」耀，或作「曜」。❸注想　思想上高度集中。與「存想」同義。注，專於一心。司馬承禎《天隱子》說：「存，謂存我之神；想，謂想我之身。」❹納清吐濁　謂吸入新鮮空氣，呼出污廢氣體。納，入。❺呪　詛。中國古代術士治病驅邪的辭語。《後漢書・王忳傳》：「忳呪曰：『有何枉狀，可前求理乎？』」後來，道教、佛教也以呪驅邪、請神、修身煉神。❻噀水叱符　噴水訶符。噀，噴水。叱，訶；大聲怒言。符，符籙。道教的符在東漢時已有。《三國志・張魯傳》注引《典略》：「太平道者，師持九節杖為符祝，教病人叩頭思過，因以符水飲之，得病或日淺而愈者，則云此人信道，其或不愈，則為不信道。」❼休妻絕粒　拋棄妻子，斷絕糧食。張道陵創立道教時允許信徒娶妻生子。道教「委絕妻子」自陸修靜（西元四〇六～四七七年）始。《三洞珠囊・救導品》引《道學傳》說：「我本委絕妻子，托身玄極。」可能在他之後，道教逐漸有了斷婚娶的戒律。宋元時期全真道的出現及其發展，才有道士斷絕婚娶的教派。❽補腦還精　謂男女性交時，男子不射精，而強制其逆行上達泥丸宮，從而起到補腦的作用。《老子想爾注》第九章首先提到「還精補腦」，說：「道教人結精成神，今世間偽伎詐稱道，託黃帝、玄女、龔子、容成之文相教，從女不施，思還精補腦，心神不一，失其所守，為揣悅不可長寶。」❾房中之術　男女性交中的養身之術。❿率多滅裂　大部分養身方法都已經失傳或者被支解。率，皆。《紫陽真人悟真篇注疏》將此句作「皆滅裂」。⓫施力　使用的力量。《紫陽真人悟真篇注疏》作「施功」。⓬止可　僅僅可以。《紫陽真人悟真篇注疏》作「上可」。⓭非橫　不白費功夫。橫，枉。⓮事必難成　《紫陽真人悟真篇注疏》及《紫陽真人悟真篇三注》將此句作「必難成功」。⓯蓋　提起連詞，無義。⓰謾語　欺隱的言詞。⓱天機　天道的奧密。《陰符經》：「天發殺機，移星易宿；地發殺機，龍蛇起陸；人發殺機，天地反覆。天人合發，萬變定基。」諸本佚「移星易宿，地發殺機」八字。此據《唐褚河南陰符經墨迹》及岳珂《寶真齋法書贊・卷五・歐陽詢陰符帖補》。⑱閉息　抑制住呼吸。實際上是多吸氣、少呼氣的潛呼吸。⑲忘機絕慮　忘掉天道的奧秘和聖人的智慮。絕，斷。慮，智慮。《道德經》八十一章：「知者不博，博者不知」。僧肇《般若無知論》：「聖智之無者，無知；惑智之無者，知無。」《道德經》中的「博者」與僧肇說的「聖智」，都是摒棄了一般人的認識，而具有聖人的智慮。《紫陽真人悟真篇注疏》作「息慮」。⑳二乘　即佛教的聲聞、緣覺二乘。聲聞、緣覺、菩薩為佛教的三乘，乃是用來引導教化眾生達到解脫的三種不同方法、途徑或學說。聲聞主要修學四諦，最高果位是阿羅漢，以達到自身解脫為目的。緣覺是指出生於無佛時代的眾生，自覺觀悟十二因緣之理大徹大悟，證得阿羅漢果。或謂二乘即緣覺乘。㉑坐禪　修禪人的坐法，或以兩足交叉放置在左右股上，或單獨以右足押在左股上，或單獨以左足押在右股上。㉒入定出神　使思想定於一處而止息身、口、意三業，達到出神的高層次修養階段。明末伍守陽著《仙佛合宗語錄》，論及修煉到出陰神時說：「夫陰神出而有慧光發現，洞見百千萬里如在掌中，房舍牆壁不足為隔礙，山河城郭不足為阻攔，我亦在此而慧光亦在此，惺惺靈照而洞見遠視之為妙也。」㉓精神屬陰　謂人的精神屬於陰性。㉔宅舍難固　人的形體很難永久健康。宅舍，居住人的房屋，此處比喻人的形體。㉕金汞　即鉛汞。道教內丹指人的心腎，鉛為腎，為水，心為汞，為火。內丹說認為，五行相剋則相生。由此，這裡的鉛汞應指水火。㉖回陽換骨　驅除形體的陰氣，完全換成陽氣，真正做到脫胎換骨。清代道教學者劉一明引古仙語說：「一毫陽氣不盡不死，一毫陰氣不盡不仙。」

【語　譯】今天道門尚修命，不知修命的方法，道理簡單有兩個：容易碰上難成功，難於碰上易成功。修煉五臟的真氣，服食日月星辰光。專心致志按摩身，呼出污濁的氣體，吸進新鮮的氧氣；既唸經來又用咒，同時噴水又訶符；集中精神叩牙齒，拋棄妻子去辟穀；存想體內的神靈，多多吸氣少呼氣。運作思慮集印堂；熟習男女交合術，男子不射精，使其上達泥丸補腦好。還有煉製礦物質，服食草木諸藥物，這些方法說健身，容易碰上卻難成。以上種種修身法，或者失傳或篡改。人們雖然勤修煉，什麼效果也沒有。假如勤懇修養它，苦心磨煉不懈怠，可以祛病不枉然。不過一旦不操持，前功盡棄是白練。如果還想不喪失，期望耆老還童顏。如像神仙行如飛，當然非常的困難。想起以上諸多事，痛心疾首悔恨晚。人們長久不省悟，不懂妙法的真諦。卻是狂妄堅持練，結果一事不能成。埋怨神仙來欺騙，豈能益壽又延年？這些凡人哪知道：真正修煉得道的，煉製金丹最受益。他們唯恐洩秘密，假託他事作幌子。眾多修煉方法中，潛在呼吸最看好。如果收心離境，什麼事也不去想。學習佛教修身法，聲聞緣覺靜坐好。假設堅持不鬆懈，能使思想定一處。停止身口意業報，陰神出殼上高層。人的精神是陰性，魂魄之中魂是陽。形體很難永健康。調轉陰陽使協調，身心機理平衡好。心火下降不了解，腎水上升也糊塗。怎能驅陰換陽氣，如像神仙白日飛呢？

【說　明】第一，「補腦還精」是告誡人們保持性機能的健康。《老子想爾注》首先提出「還精補腦」，其深遠意義並不在於男子逆行施精能否補腦健身，而在於首開道教重視房事養生的先河，要求人們在健身強體時把性機能是否健康擺在特別重要的地位。為什麼人的性機能對人體的健康尤其重要呢？除了性機能是人的健康或衰老的標誌外，道教學者對此有獨到的見解。道教祖師張道陵首先提出「實精以生」和「失精以死」的問題。在張道陵看來，「精白，與元（氣）同色。」人的身軀好像是重載著「精」的車一樣。人有了「精」才有神。張道陵提出保持人體健康的辦法是：「從女不施，思還精補腦（腦）」。其實，說明白一些，就是要求男女交媾時男子不射精，以意念的力量使氣通於上丹田——腦（也包括中丹田——心，下丹田——氣海、精門）。當然，也應該指出：「精」並不一定就是專指成年男子的精液（或精子），最初的道教學者是把「精」泛稱為一種物質。《太平經・聖君秘旨》就說：「人本生混沌之氣，氣生精，精生神，神生明。」說明氣和精是物質，神和明是精神。從氣生精，精生神，神生明。

保精不洩真的非常重要嗎？歷代的道教學者大體都有類似的看法。唐代的醫學家、道教學者認為養生的至關重要問題就是謹慎房事。現代著名道教學者陳攖寧（西元一八八〇～一九六九年）認為，「欲修長生之術，最宜戒慎者，房中之事也。」「故修煉家所最忌者，在於閉精勿洩。如是則生命可長存矣。」為什麼養生與人的性機能的關係如此密切呢？除了人的性機能是人的健康或衰老的標誌之外，道教學者對此有獨到的看法。《內煉秘訣》說：「人類因為有性的本能，所以能造出新的個體，在地上繁殖。性的本能對著外面固然有重大的關係，而對著內面也握著重大的樞機。那種樞機，就是引導我們的身心達到最適宜、最正當、最合理想的區域。世界的各種修養家，全未顧及此一重要事項，只有煉丹家才能注意及此。以這種重要事項為目的，實是煉丹的特異之點。」如果分析其中原因，主要是：第一，煉丹家從不可動搖的體驗出發，把煉丹的基礎放在性本能上邊。《道德經》中就有許多內丹修煉與性本能關係的精闢論述。老子從男性嬰兒還不知道男女交合之事，小生殖器就自動勃起談到了精氣充足，蓄養精氣的重要。《內煉秘訣》認為，從性的昂進出發（並非性欲昂進）即是煉成大丹的方法。道教學者對養生煉丹與人的性本能的關係的論述很多，我們不一一列舉。第二，修煉內丹的下手功夫在於煉生殖機能和煉生殖中樞。煉丹首先要了解神和氣之所在。神和氣不是從身外得來的，而是每個人的體內本來就具有的。神是思維機能的中樞，在於頭腦。氣是機能的中樞，在於腎。不過，腎不是指腎臟，而是指丹田。氣和精是兩個名稱，同一種物件。精本來為無形物，而在性欲衝動的時候，即變成有形的精液流出來。每一個人要想修煉內丹，一是要明白「精」是沒有天地，沒有人我，忘卻了一切外物，從而保持寂靜的心境的狀態。從這個狀態藉以看見生命中樞機能的發動──即元氣的活動（又名「精生」）。二是知道精生──元氣的活動，就可以詳細觀察那種精的微妙關係，並且摸清它的規律，以便牢拴意馬，緊鎖心猿，使體內之精不致漏失，而歸於丹田，煉成人們可以攝取的金丹。這就是所謂棄「濁」（「濁」是指心走到情欲方面，刺激生命中樞時，變成精液徒然走漏）取「精」──「保精」勿洩，所做的煉精化氣功夫。對於這樣的道理，我們的祖先似乎早已明白。《漢書・藝文志》序房中家時說：房中交媾，是雙方情欲達到高峰的結果。聖人用藥物抑制情欲，不使情欲過分以至於淫亂，目的是樂而有節，和樂長壽。如果迷戀其中不知悔悟，必然「生疾而損性命」。可見，中國房中家的最初主旨，是在於燮理陰陽，和睦夫婦，並以之節制嗜欲，進而達到感情怡樂，延年益壽的目的，並不是教人去淫亂。這些思想，都與煉丹密切相關。第三，修煉內丹的目的在於達到男不失精，女不漏經。如果是青年、中年已婚男子，在夫妻性生活方面要注意節制，切不可縱欲。年過花甲的男子，在一般情況下最好是「保精」勿洩。中年女子修煉內丹，如果月經已斷，可以誘出赤龍，再予以斬斷。因此，修道成仙的人一般都恪守男不失精，女不漏經，方可為仙佛的信條。難怪清代道教學者劉一明說：「群仙化盡，金丹成熟。」同時又引所謂古仙的話說：「一毫陽氣不盡不死，一毫陰氣不盡不仙。」日本人伊藤光遠在迻譯、改著柳華陽所著《金仙證論》

時也說：「修仙家欲求到長生之道，實以不漏精為起點。」「漏精是平常人的事情，不免漏精的人，也就是有死的凡人；精不漏失的人，方可以稱為不死的真人。又有老人和衰弱疾病的人，就是陽縮的事情，這是本來沒有元精，或是其精已經枯竭，和真人的不漏精卻是大不相同。所以老人若要修道，必須更加精修，返還童貞體，並使元精完全化成真氣，若是修到極點，那麼精變成氣，陽關之竅便自己關閉了。精竅既閉，便也可說是沒有精竅，在外部的形狀上，也沒有陽舉的事情，這種事情，方纔是真實的丹成的徵候。若有些微陽舉的徵兆，便不能說是真實的把丹煉成，需要更加火再煉，直煉到完全無漏，而後大丹告成。」

「實精」或「失精」對身體健康是至關重要，但是，並不是不洩精身體就好，洩精身體就不好。實際上，不洩精或洩精過度對身體都有害處。東晉的道教學者葛洪認為：男女不交合，則坐致疾患。如果縱情恣欲，不知節制，任意耗散陰精，終將損命折壽。《黃庭內景經》說：「急中精室勿妄洩，閉而寶之可長活。」南朝梁代的陶弘景指出：既不可孤男寡女獨處，也不可縱情欲而損年命；養生之道以養精為寶。男女交媾，施洩精液就可以生人，故精勿洩就可以強身壯力。不洩精而生身就可以求取仙位，洩精生人就功成身退，功成身退就陷入急劇的情欲之中，更何況狂施濫洩而廢止了養生之道呢？棄精過多，自己還不覺察，身體就會十分疲勞，乃至喪命。天地自然都有陰陽之氣，陰陽對立法則是人們所恪守的。尊重陰陽的規律，合乎自然法則，應當慎重，不可偏廢。如果有孤男寡女真正不想男女交媾的事，當然是好事，恐怕沒有人做得到。有人強力忍耐，不使精液外洩，結果很難控制，以至於出現漏精濁尿，做夢與女人交合的疾病。護精的最好辦法是抱精節欲，適時施洩。在陶弘景看來，一月兩次射精，一年二十四次最為適宜。唐代的孫思邈主張已婚的夫婦行房的次數，要根據年齡的不同、體質的強弱等具體安排性生活的次數。一般來說，每月兩次洩精較好。但對於年齡不同的人也應有所區別，二十歲的人四日一洩，三十歲的人八日一洩，四十歲的人十六日一洩，五十歲的人二十日一洩，六十歲的人閉精勿洩，體力強壯的可以一月一洩。個別身體強壯的人也不要受此拘限，乃至「久而不洩，致生癰疽」。

第二，道教的靜功與佛教的坐禪頗有相似之處：①坐禪要求修煉者不動不搖，不委不倚。道教靜功要求練功的人身體不動；②坐禪時要求靜慮，心無雜念。道教靜功要求做到腦筋完全休息，精神得到安靜；③坐禪的目的要求達到自我解脫，進入無我無物的境界。道教靜功要求達到忘我的境界，似乎睡著了一樣，什麼也不知道，但是不做夢；④坐禪與道教靜功都要求修煉者有一個相對安靜的外部環境。

第三，斷婚娶不是佛道的一個區別。道教的創始人張道陵是娶妻生子的，大概自陸修靜以後，道教才委絕妻子，始斷婚事。到宋元時期的全真道才發展到男女不婚配而獨身出家。印度原始佛教的五戒也只是講不邪淫，到中國初傳佛教的鳩摩羅什也有幾位妻妾。當然，一般來講，佛教徒除居士外，是不婚娶的。

第四，道教煉丹講究「回陽換骨」。實際上就是要求達到男不失精，老不陽舉，女不漏經。從內丹煉製看，也就是消陰長陽，達到純陽。

夫煉金液還丹者❶，則難遇而易成。要須❷洞曉陰陽❸，深達造化❹，

方能超二氣❺於黃道❻，會三性於元宮❼；攢簇五行❽，和合四象❾，龍吟虎嘯❿，夫倡婦隨⓫，玉鼎⓬湯煎，金爐⓭火熾，始得玄珠⓮有象，太乙⓯歸真。都來片餉工夫，永保無窮逸樂。至若防危慮險，慎於運用抽添⓰；養正持盈⓱，要在守雌抱一⓲。自然復陽生之氣⓳，剝陰殺之形⓴，節氣既周㉑，脫胎神化㉒，名題仙籍㉓，位號真人㉔，此乃大丈夫功成名遂之時也。

【章　旨】敘述金液還丹煉製的方法和意義。

【注　釋】❶夫煉金液還丹者　謂煉製鉛汞，從後天還返先天而成金丹。夫，提起連詞，無具體意義。《孝經疏》云：「夫，發言之端。」金液，坎為鉛為水，離為汞為火，坎水上升，離火下降，按照五行相剋才相生的道理煉製金丹。或謂鉛汞化合而成的液體。還丹，煉丹時從後天返至先天。從八卦與煉丹的關係看，即從離南坎北的後天卦變成乾南坤北的先天卦。者，指示代名詞。此處指代金液還丹。❷要須　《紫陽真人悟真篇注疏》和《紫陽真人悟真篇三注》均作「須要」。❸陰陽　煉丹時進陽火退陰符。具體來講，就是掌握煉丹的火候。所謂火候就是煉功中用神（即意）來掌握呼吸。在子、丑、寅、卯、辰、巳等六陽時進陽火。在午、未、申、酉、戌、亥等六陰時退陰符。而一般在卯酉時是不增進火，不減退火，叫做沐浴。❹造化　自然的創造變化。《莊子・大宗師》：「今一以天地為大爐，以造化為大冶，惡乎往而不可哉！」❺二氣　陰氣和陽氣。《周易・咸彖》云：

「二氣感應以相與。」❻黃道　指中宮戊己土，其功用是促使坎離交會成金丹。或指中丹田。道教丹法認為：黃道為人身藥物運行的路線之一。閔小艮（西元一七五八～一八三六年）在《古書隱樓藏書・洩天機》第二段按語中說：「丹家理氣，原有三道，曰赤、曰黑、曰黃。赤者心氣，黑乃督脈，性潤下，法必制之使升，此二道精氣所由出，人物賴以生存者。黃乃黃中，經路循赤黑中縫，而統率二氣，為開合主宰，境則極虛而寂，故聽經駐，只容先天，此黃中也。」心為紅道，腎為黑道，黃道是指沿著任脈督脈循環，從會陰直達泥丸的路線叫做黃道。閔小艮提倡中黃直透丹功。閔小艮將道教丹法分為上、中、下三等，認為上乘丹法以心傳，中乘丹法以口授，下乘丹法以書授。煉丹的藥材為東方（魂）之木，西方（魄）之金，南方（神）之火，北方（精）之水，中央（意）之土。煉丹的方法是以清靜自然為運用之法，在止念窒欲的條件下使腎水（北方）升，焰出先天之氣，心火（南方）降，流出太極之精，促成心腎相交，神凝於虛，進入性靜，心不動的境界，目的是使精、氣、神皆充，後天之氣寂靜，先天之氣仍行。閔小艮認為，「氣乃人之命也」（《雨香天經咒注》「星斗曜息命，氣防元德丘」下注），做到「氣壽則心壽，氣固則心體堅，外魔不得入」（同上），才能延年益壽，飛升成仙。閔小艮說：「氣天地者，如來也。如來即性也。」（同上）就是說，閔小艮認為完返先天之氣即是要求人們似同如來，或者恢復先天之性。與其他道派丹功不同，閔小艮功法以清修為主，提倡中黃直透丹功。他假李泥丸之名，實為他自著的〈洩天機〉中詳述了這種功法。〈洩天機〉第二段說：「於陽生之際，用天目照於陰蹻，但隨真息開合，吸動陰蹻，隨息起伏。自覺尾閭之前，啟有靈竅，並覺竅內颼颼然，如磁引針，天地之真氣，入於陰蹻，升從脊前夾縫中，直達泥丸，存留約至三五息，聽下華池，降由重樓下闕、下丹田，均留三五息，又至陰蹻，吸接後息聽入之氣，始聽上升，蓋已寓升降於合辟中也。」❼會三性於元宮　會合水、火、土於中宮。會合之前為三性，會合之後同為一性。三性，水、火、土。或指心、腎、意。元宮，中宮戊己土。❽攢簇五行　會合金、木、水、火、土在一起。攢，簇聚，比喻內煉時木火、金水由土引導聚集。簇，通「鏃」。即箭頭。五行，指金、木、水、火、土。❾四象　金木水火為四象。心腎鉛汞為後天四象。❿龍吟虎嘯　龍，中國古代傳說中的神物，這裡指東方木。吟，呻。虎，這裡指西方金。嘯，吼。⓫夫倡婦隨　離為日，坎為月。以夫倡婦隨比喻坎離交媾。⓬玉鼎　內丹煉製的鼎器之一，即指乾卦。《悟真篇》：「先把乾坤為鼎器。」以乾為首故為鼎，以坤為腹故為爐，實際上都是指丹田。乾指上丹田泥丸宮。⓭金爐　指下丹田。⓮玄珠　謂神為氣子，圓明如珠。⓯太乙　即太一，漢武帝時的至上神。《史記・封禪書》：「亳人謬忌奏祠太一方，曰：『天神貴者太一，太一佐曰五帝。』」這裡指中宮戊己土。⓰抽添　提取元精，長陽消陰。因為內丹煉製是坎離交媾，坎中有真金，離中有真水。抽添乃是取坎卦☵中之陽填離卦☲中之陰。⓱養正持盈　溫養陽氣，使其充滿。盈，滿。⓲抱一　專心致志守神。抱，懷。一，神；道。《道德經》第十、二十二、三十九章說：「載營魄抱一，能無離乎？」「曲則全，枉則直，窪則盈，敝則新，少則得，多則惑，是以聖人抱一為天下式。」「昔之得一者：天得一以清，地得一以寧，神得一以靈，谷得一以盈，萬物得一以生。」《周易參同契》說：「抱一毋舍，可以長存。」或專心悟道，從後天還返先天，進入陰陽未分混沌狀態。⓳自然復陽生之氣　謂守道即可得純陽之氣。《紫陽真人悟真篇注疏》作「還陽」。⓴陰殺之形　謂陰氣消殺人的肉身。㉑節氣既周　調節卦氣節令的火候，使其周遍。（火候與卦氣節令有關的是卦氣說、爻辰說、十二辟卦說、納甲說等，見劉國樑《道教與周易》，北京燕山出版社，一九九四年第一版，第十一至三十五頁。）㉒脫胎神化　脫胎換骨，消陰長陽而長生不老。㉓仙籍　登記神仙的戶簿。㉔真人　得道之人。或謂元神、真一之氣。「真人」一詞，始見於《莊子・大宗師》。其謂真人，乃是不預測先兆，不妄自尊大，不謀慮未來。有過失不懊悔，有功勞不得意。登高不害怕，下水不溼身，入火不熱。因為他們能使自己的認識符合大道。古代的真人睡覺不作夢，醒來無憂愁，飲食不甜美，呼吸深沉。一般人用喉嚨呼吸，真人卻用腳跟。對人屈服的人，話在喉頭說不出來，嗜欲太深的人，對自然的奧秘了解得淺薄。古代的真人不喜歡長生，不害怕死亡，出生不歡喜，入死不抗拒，把生和死看作是悠然自得而來，自由自在而去。不忘天命之始，不追求天年之終。出生了歡喜，把死亡視為回歸自然大道。這就是不用人的認識妨害自然之道，不用人力助天的真人品格。

【語　譯】煉製鉛汞成金丹，後天還返至先天。雖然時機難巧逢，真正成丹不費功。了知火候最重要，模仿自然變化巧。運轉元氣超陰陽，任督循環到泥丸。水火土性合為一，同在中宮戊己土。簇聚五行不分散，金木水火各守一邊。龍在東方剛呻吟，虎在西方吼聲緊。猶如夫妻心相映，陰陽配合萬事順。泥丸宮裡熬煎急，下丹田中火候緊。開始成丹神如珠，太乙中宮來統領。看來時間並不長，精神怡樂身體壯。煉養也要防走丹，取坎填離是關鍵。溫養元氣要充滿，守一之道要記全。陰氣煉盡純陽得，長生不老是真身。調節卦氣節令好，火候分布陰陽勻。脫胎換骨棄凡體，神仙戶簿有其名。排入真人行列中，功成名遂正當時。

【說　明】第一，道教中黃直透丹功不用後升前降，不講開合。清代的閔小良（西元一七五八～一八三六年）和黃元吉對此種功法有實踐性的論述。閔小良在《泄天機》第二段按語中曾說：「丹家理氣，原有三道，曰赤、曰黑、曰黃。赤者心氣，黑乃督脈，性潤下，法必制之使升，此二道精氣所由出，人物賴以生存者。黃乃黃中，經絡循赤黑中縫，而繞率二氣為開合主宰，境則極虛而寂，故聽經駐，只容先天，此黃中也。」清末黃元吉在《道德經注釋》第二十六章注中也有說明。參考劉國樑著《道教精粹》，第二四三～二四四頁、第二五一頁。

第二，「抱一」是道教繼承和發展道家養生理論和實踐的結果。《道德經》說：「道生一，一生二，二生三，三生萬物。」《太平經》說：「夫一者，乃道之根也，氣之始也，命之所繫屬，眾心之主也。」「抱一」（或稱「守一」），表面上看來是專心守道，不使精神分散，實際上，是要求人們在修身煉丹時從後天還返先天，從後天八卦返至先天八卦，進入陰陽未分的混沌狀態。所以，

「抱一」在操作上是與「順生人，逆成仙」一致的。

第三，煉丹是要去陰復陽，達到純陽。所以劉一明引古仙語說：「一毫陽氣不盡不死，一毫陰氣不盡不仙。」

今之學者，有取鉛汞❶為二氣❷，指臟腑❸為五行❹，分心腎為坎離❺，以肝肺為龍虎❻，用神氣為子母❼，執津液為鉛汞❽。不識浮沉❾，寧分主客❿？何異認他財為己物，呼別姓為親兒？又豈知金木相剋之幽微⓫，陰陽互用之奧妙？是皆日月失道，鉛汞異爐，欲望結成還丹，不亦遠乎？

【章旨】闡述內丹煉製遵循五行相剋才相生的道理，斥責「分心腎為坎離，以肝肺為龍虎」等說法。

【注釋】❶鉛汞　煉金丹的藥物鉛和汞。或謂鉛即指坎、水、月，汞即指離、火、日。❷二氣　陽氣和陰氣。子時陽氣生，與後天八卦的坎卦相應，為進陽火時。午時陰氣降，與後天八卦的離卦相應，為退陰符時。由此，子北午南、坎離鉛汞之時亦可稱陰陽二氣。或者水火二氣。《周易參同契》：「陽燧以取火，非日不生光。方諸非星月，安能得水漿。二氣玄且遠，感化尚相通。」❸臟腑　即五臟六腑，指心、肝、脾、肺、腎、膽、胃、膀胱、三焦、大小腸。❹五行　金、木、水、火、土。❺心腎為坎離　以心為離，以腎為坎。坎離，內丹以心

—離—日，腎—坎—月為藥物。❻肝肺為龍虎　謂震卦居東方，五帝為青帝，五行為木，天干為甲乙，人體為肝。兌卦居西方，五帝為白帝，五行為金，天干為庚辛，人體為肺。《修真太極混元圖》引上清讖語云：「人身之中，萬象存焉。以九州言之，腎為冀州，膀胱為徐州，肝為青州，膽為兗州，心為揚州，小腸為荊州，肺為梁州，大腸為雍州。以八卦言之，腎為坎卦，膀胱為艮卦，肝為震卦，膽為巽卦，心為離卦，小腸為坤卦，肺為兌卦，大腸為乾卦。此是比象立號，不可勝記。」❼神氣為子母　謂元神元氣為子和母。按照內丹煉製法則，坎為鉛，為元精、元氣，離為汞，為元神。《周易參同契》說：「金為水母，母隱子胎。水者金子，子藏母胞。」按照五行相生的法則，水生於金，故稱金為水的母體。水為金生，故稱水為金子。參閱劉國樑《新譯周易參同契》第二十四章。❽津液為鉛汞　謂以唾液為煉丹的藥物。鉛汞，代指藥物。❾浮沉　比喻內丹藥物中鉛重易沉，汞輕易浮。人體藥物精、氣、神中，元精容易順行，元神容易因為心亂而散失，所以內丹煉製時，必須以真鉛制伏汞，牢拴意馬，緊鎖心猿，用元神駕御元精成藥，使元精化成元氣，使元氣自會陰循著尾閭溯夾脊上達泥丸，再降丹田，如此反覆運轉，以貫通任、督二脈的經絡。這即是「河車通」。❿主客　主人和客人。《悟真篇》張伯端〈自序〉說：「其如鼎器尊卑藥物斤兩，火候進退，主客後先，存亡有無，吉凶悔吝，悉備其中矣。」《周易參同契》說：「子當右轉，午乃東旋。」按照終坤始復的「先天圖」，子為北，午為南，卯為東，酉為西。卯酉界隔南北，為不進火、不退火的沐浴時。子右轉時以酉為主，卯為客。午乃東旋時，則以卯為主，酉為客。⓫金木相剋之幽微　五行中金木相剋的深奧微妙道理。金木相剋，即五行中得金制伏五行中的木。按照五行相生相剋的道理和五行的屬性，金制伏木，合符相交剋，間相生的原則，即木生火，火生土，土生金，金生水，水生木。木剋土，火剋金，土剋水，金剋木，水剋火。按照內丹的理論，五行相剋才相生。

【語　譯】現在學習煉丹的人，認定鉛汞為陰陽二氣，五臟六腑即是五行，心和腎乃坎離交媾，肝和肺就是東方之龍和西方之虎相吸引，比喻元神元氣是兒子和母親，堅持唾液就是煉丹藥物。往往不了解鉛重易沉，汞輕易浮，元精容易順行，元神由於心亂容易散失；寧可卯酉界隔南北方，不進火來不退火。子時右轉酉為主，午時東旋酉為客。丹道本與常道反，相剋即生成金丹。這樣看法很不妥，等於盜竊他物為己有，呼喚別人子女為親兒。哪知五行相剋的深奧，陰陽交替的微妙。原來違背日陽月陰的道理，進火退火不周全。藥物同爐煉金丹，卻將藥物分爐煉。幻想早日成金丹，事與願違相差遠。

【說　明】第一，五行相剋才相生的原理是內丹理論的基礎。本章所說「金木相剋之幽微」就是強調丹道的理論與一般所說陰陽五行的道理相反。第二，煉丹時要以鉛制伏汞，在精、氣、神中，尤其要注重神的主宰作用。第三，內丹煉製時，卯酉為不增進火，不減退火，而維持原狀之時。一般來講，卯與東相應，酉與西相應，往往以東方卯位為主。但是，在吐納煉丹時，子時進陽火，至西方而以酉為主，卯為客。午時退陰符，至東方而以卯為主，酉為客。這裡卯酉互相交換場所反映了煉內丹時陰陽消長的變化，這就是《周易參同契》中講的「子當右轉，午乃東旋。卯酉界隔，主客二名。」（見劉國樑《新譯周易參同契》，臺北三民書局，一九九九年十一月版，第一三一——一三二頁）它告訴人們掌握內丹煉制火候的重要。捨此則沒有辦法煉成內丹。同時也映射出道教內丹煉制模擬自然法則的思想。例如，後蜀彭曉在以內丹學說解釋十二消息卦納甲時，就以復卦與冬至、北方、十二辰中的子時、廿八宿中之虛、每月三十日中的初一相應。（以下類推）（參見劉國樑著《道教與周易》，北京燕山出版社，一九九四年，第一版，第三十二頁。）

僕❶幼親善道，涉獵三教經書❷，以至刑法、書算、醫卜、戰陣、天文、地理、吉凶、死生之術，靡不留心詳究。惟金丹一法，閱盡群經及諸家歌詩、論、契❸，皆云：日魂月魄，庚虎甲龍❹，水銀朱砂❺，白金黑錫❻，坎男離女❼，能成金液還丹❽，終不言真鉛真汞是何物色。不說火候❾法度，溫養指歸❿。加以後世迷徒，恣其臆說⓫，將先聖典教妄行箋注，乖訛⓬萬狀。不唯紊亂仙經，抑亦惑誤後學。

【章旨】張伯端敘述其博覽群書的經歷，強調了知煉丹火候的重要。

【注釋】❶僕　我；張伯端自稱。❷涉獵三教經書　瀏覽儒、道、佛各家典籍。涉獵，瀏覽。三教，儒家、道家（教）、佛教。經書，一般指儒家的典籍，如《易》、《書》、《詩》、《禮》、《樂》、《春秋》、《孝經》、《論語》等。或指中國圖書分類法中的經、史、子、集四部分類法中的經部書籍，但佛教典籍分經、律、論，這裡所說三教經書應包括佛教典籍的全部，非僅指其中的經，同時也包含道教典籍。❸契　指魏伯陽著的《周易參同契》。❹庚虎甲龍　西方庚辛金為白虎，東方甲乙木為青龍。❺水銀朱砂　汞和朱砂。或朱砂為離己之汞砂。水銀朱砂係指一物。❻白金黑錫　白金和錫。錫石黑褐色，乃煉錫礦物，故稱黑錫。❼坎男離女　《周易．說卦》：「坎再索而得男，故謂之中男。離再索而得女，故謂之中女。」❽金液還丹　見本書〈自序〉第三段❶。❾火候　煉丹的火候。指子時進陽火，午時退陰符，卯酉時不增進火，不減退火。❿指歸　指所歸向。《晉書．束皙傳》：「初太康二年，汲郡人得竹書數十車，多爐簡斷札，武帝以其書付秘書，校綴次第，尋考指歸，而以今文寫之。」⑪恣其臆說　任憑不懂內丹的迷徒隨便亂講。恣，任；縱。其，代名詞，指「後世迷徒」。⑫乖訛　錯誤。

【語　譯】我幼年時對「道」倍感親切，瀏覽了儒家、佛教、道家和道教的典籍，所以對於法律、文字音韻、計數、醫藥卜卦、排兵布陣、天文、地理、吉凶禍福的測算、送葬和起死回生的法術等等，沒有不細心研究的。惟有對於金丹的論述，在儒、釋、道的典籍和各家的詩歌、論贊、散文、書契之中，都這樣說：日魂與月魄、庚虎與甲龍、水銀與朱砂、白金與黑錫、坎男與離女相互和合，能成金液還丹，最終都沒有講真鉛真汞為何物，不講煉丹火候應遵循什麼法則，以及如何溫養金丹。加上後來的妄狂之徒，隨隨便便亂講，錯誤地把以前聖人的典籍和教誨隨意注解，致使錯誤笑話連篇累牘。這樣做的結果，不僅造成仙學經典混亂，也使後來學道的人以訛傳訛。

【說　明】第一，儒、佛、道圓融是中國古代文化的優良傳統。自陶弘景提倡「百法紛湊，無越三教之境」（陶弘景《茅山長沙館碑》，見《華陽陶隱居集》）以後，許多道教學者都自覺地援儒、佛於道。從內丹的理論和實踐看，在張伯端以前少有融合三教如他這樣精深的。

第二，在中國歷史上，煉製金丹不僅僅是道教才有，從廣義的內丹學看，儒家、佛教的學者和信徒也有操練者，只不過其方法、途徑、達到的終極目的和使用的術語不同。

僕以至人❶未遇，口訣難逢，遂至寢食不安，精神疲悴❷。雖詢求遍於海嶽，請益盡於賢愚，皆莫能通曉真宗❸，開照心腑。後至熙寧己酉歲❹，因隨龍圖陸公❺入成都，以夙志不回❻，初誠愈恪❼，遂感真人❽授金丹藥物❾、火候❿之訣。其言甚簡，其要不繁，可謂指流知源，語一悟百，霧開日瑩⓫，塵盡鑑明⓬。校之丹經⓭，若合符契⓮。

【章　旨】敘述追求金丹真諦的艱辛。

【注　釋】❶至人　與自然之道的本真相契合的人。《莊子・天下》：「不離於宗，謂之天人。不離於精，謂之神人。不離於真，謂之至人。」❷疲悴　疲勞不堪，萎靡不振。《紫陽真人悟真篇注疏》作「顦顇」。❸真宗　真理；真理之源。❹熙寧己酉歲　北宋皇帝趙頊（即神宗）熙寧二年為西元一〇六九年。熙寧為宋神宗年號。一〇六九年的歲次是六十甲子中的己酉，故稱己酉歲。歲，年。❺龍圖陸公　龍圖閣學士陸詵，字介夫，餘杭人。生於宋真宗大中祥符五年（西元一〇一二年），卒於宋神宗熙寧三年（西元一〇七〇年）。《宋史》卷三三二有〈陸詵傳〉。陸詵之孫陸思誠，字彥孚，《悟真篇注釋》有〈後序〉，乃他所作。仇兆鰲《悟真集釋》有〈陸彥孚記〉。❻夙志不回　早年的志向沒有改變。夙，早。《尚書・舜典》：「夙在惟寅。」《傳》：「夙，早也。言早夜敬思其職。」回，丟掉；拋棄。❼恪　精誠不二，敬謹如一。❽真人　見〈自序〉第三段㉔。或指劉海蟾。❾金丹藥物　指精、氣、神，或鉛、汞。❿火候　練功中用神（即意）來掌握呼吸。火候有文火、武火、沐浴之別。文火是指呼吸之氣輕微導引。武火是指呼吸之氣急重吹逼。沐浴，指不增進火，不減退火。⓫瑩　明。⓬塵盡鑑明　謂拂去灰塵，鏡子明亮。比喻棄迷途而省悟。塵，塵埃。鑑，鏡子。⓭丹經　講述煉丹的典籍。

如《火記》六百篇、古文《龍虎經》、《周易參同契》等。⓮符契　一致。契，合。《周易參同契》有「符謂六十四卦」，講煉丹火候與《周易》卦象的關係。此處「若合符契」，也可能指內丹煉制以《周易》之卦的變化說明陰陽的消長，以及火候的重要。

【語　譯】我沒有見到德高才殊的高人，不知道煉丹的秘傳口訣。因此晝不思食，夜不安眠。精神疲憊憔悴。我雖然天南海北尋師訪友，虛心向別人請教，都沒有能夠了知煉丹的真諦，從而使我茅塞頓開。宋神宗熙寧二年，我跟隨龍圖閣學士陸詵到了成都，因為早年以來的志願在腦子裡迴盪，還想堅毅不拔去追求真理，正好真人劉海蟾教授我如何煉製金丹藥物、火候口訣，真是言簡意賅，毫不繁瑣。講到煉丹的流派，我即刻了知它的源頭，舉一反三，心中豁然開朗，了悟真諦，若濃霧驅散，陽光燦爛。拂去灰塵，鏡子明亮光潔。將高人的教誨和煉丹的典籍比較，兩者完全符合。

【說　明】第一，如何掌握火候，在丹道中是特別重要的。一般來講，是子時進陽火，歷丑、寅、卯、辰、巳時，至午時退陰符，而歷未、申、酉、戌、亥時。前六個時辰是用武火，後六個時辰是用文火，其中卯酉兩時辰是不增進火、不減退火，在煉丹中稱為沐浴。子、午、卯、酉分別處於東、南、西、北四個方位，叫做「四正」。第二，頓悟、漸悟是兩種不同的思維途徑和方式，雖然它為佛教徒慣用，但是卻不是其專有，在中國古代的思維模式中，儒家、道教的思維中也並非不摻雜頓、漸。

因念世之學仙者，十有八九，而達真要者，未聞一二。僕既遇真筌❶，安敢隱默，罄❷所得成律詩❸九九八十一首，號曰《悟真篇》。內七言❹四韻❺一十六首，以表二八之數❻。絕句❼六十四首，按《周易》諸卦❽。五言❾一首，以象太乙❿。續添〈西江月〉⓫一十二首，以周歲律⓬，其如鼎器尊卑⓭藥物⓮斤兩，火候進退⓯，主客後先⓰，存亡有無⓱，吉凶悔吝，悉備其中矣⓲。於本源真覺之性⓳，有所未盡，又作為歌頌樂府⓴及雜言㉑等，附之卷末。庶幾㉒達本明性之道㉓，盡於此矣。所期同志者鑑之，則見末而悟本㉔，舍妄以從真㉕。

時熙寧乙卯歲旦㉖天台㉗張伯端平叔敘

【章旨】敘述所著《悟真篇》的體例和主旨。

【注釋】❶真筌　謂得到修煉內丹的方法和途徑，猶如捕魚者有了捕魚的器具。筌，捕魚的器具。❷罄　盡。《詩・小雅・蓼莪》：「缾之罄也。」《爾雅・釋詁》：「盡也。」❸律詩　唐代近體詩中的一種體裁。全詩共八句，要求格律嚴整。其中每句五字的為五言律詩，每句七字的為七言律詩。❹七言　包括七言古詩、七言絕句、七言律詩。以全篇每句七字或以七字句為主而得名。❺四韻　即平、上、去、入四聲。由梁沈約開始確定。或陰平、陽平、上、去。❻二八之數　上下兩弦為二八，恰好為中國市制一斤十六兩之數。見劉國樑《新譯周易參同契》第五十七頁。❼絕句　詩的一種體裁。全首詩共四句，格律十分嚴整。其中又分五絕、七絕。❽周易諸卦　《周易》六十四卦。❾五言　包括五言歌謠、五言古詩和五言律詩、五言絕句。本書「五言一首」為五律。❿太乙　〈自序〉第三段⓯。⓫西江月　詞牌名。本來為唐代教坊曲名，取於李白〈蘇臺鑑古〉詩「今只唯有西江月，曾照吳王宮裡人」為名。⓬以周歲律　十二首恰如一年十二個月和十二律。周，遍。律，十二律，黃鐘、大呂、太簇、夾鐘、姑洗、仲呂、蕤賓、林鐘、夷則、南呂、無射、應鐘。⓭鼎器尊卑　煉丹鼎器的高下。鼎器，指乾、坤。《周易．繫辭傳上》：「天尊地卑，乾坤定矣。卑高以陳，貴賤位矣。」⓮藥物　精氣神或鉛汞。⓯火候進退　煉丹時文火和武火的變化。火候，見〈自序〉第六段⓾。進退，指進陽火，退陰符。⓰主客後先　主人和賓客的排列次序。見〈自序〉第四段⓾。⓱存亡有無　謂因命見性，因性見命。張伯端《直洩天機圖論》說：「先就有形之中，尋無形之中，乃因命而見性也。就無形之中，尋有形之中，乃因性而見命也。」張三豐《道言淺近說》云：「無為之後，繼以有為。有為之後，復以無為。」所以，「存亡有無」講的是煉丹的操作途徑。⓲悉備其中矣　《紫陽真人悟真篇注疏》及《紫陽真人悟真篇三注》在此句後有：「及乎編集既成之後，又覺其中惟談養命固形之術，而於本源真覺之性，有所未究。遂玩佛書及《傳燈錄》，至於祖師有擊竹而悟者，乃形於歌頌、詩曲、雜言三十二首，今二段。」清董得寧《悟真篇正義》全刪此句以下至「盡於此矣」。⓳本源真覺之性　謂人的本性同真正悟道後認知的人性一致。⓴歌頌樂府　詩、樂歌和樂府詩。詩，《詩經》、漢賦、樂府詩、五言詩和七言的古詩、律詩、絕句等。頌，《詩經》中的〈周頌〉、〈魯頌〉、〈商頌〉等。樂府本來是漢代設立的專門掌管音樂的機構，職責是制定樂譜、搜集樂譜和訓練樂工，給民間歌辭和文人的詩歌配曲。至魏晉南北朝，開始把樂府所唱的詩也叫做「樂府」。㉑雜言　包括雜曲歌辭（如〈孔雀東南飛〉等）、雜言詩、雜記等。㉒庶幾　近於。㉓達本明性之道　窮究根本宗旨，明白心性的道理。㉔見末而悟本　從事物的現象認識到事物的本質。末，樹的枝杈；現象。本，樹的根幹。魏晉王弼認為宇宙的本源——「道」即是「本」，萬物即是「末」（道的派生物）。其《老子指略》指出：「《老子》之書其幾乎可一言以蔽之，噫！崇本息末而已矣。」㉕舍妄以從真　捨棄癡迷，追求煉丹的真諦。舍，通「捨」。妄，墜入迷途而不知省悟。真，真理。㉖乙卯歲旦　宋神宗熙寧八年，即西元一〇七五年。旦，某日；農曆正月初一日；生日。㉗天台　浙江天台，即今臨海。

【語　譯】因為想到世上學習仙學的人不少，能夠領悟真諦的人卻寥寥無幾。我既然知道了修煉內丹的真正方法和途徑，怎麼能夠把它隱藏起來，不向世人宣布呢？於是，我傾己所有，以律詩八十一首的形式寫成了《悟真篇》，其中七言律詩十六首，表示藥物一斤的數目，六十四首絕句與《周易》六十四卦相應，一首五言絕句，表示中央戊己土的統帥地位。續作的十二首〈西江月〉詞，表示一年十二月、十二律。諸如乾坤鼎器，煉丹藥物的多少，煉丹時火候的變化，卯酉沐浴時不增進火、不減退火的場位交換，性命雙修中的入手不同，福禍懊悔和吝惜等等，都包括在裡面了。後來，我覺得窮究本源，真正領悟心性的道理沒有完全講清楚，又寫成歌頌樂府、雜言，附錄在書後。差不多把窮究事物本質而明白本心天性的道理，都在書中全部顯現出來了。我盼望志同道合的人以此為鑑，看見稀微的事物就能洞察其中的根本，拋棄虛假的妄言，誠懇追求煉丹的真理。

熙寧八年某日天台人張伯端字平叔呈敘

【說　明】中國古代的文學體例多種多樣，既有詩歌、散文、小說、元曲、戲劇等，也有紀傳體的史書，還有檔案紀錄式的編年體、記事本末等。

卷上

【題解】這是總論，共有七言律詩十六首，其宗旨是說明修道成仙的唯一途徑是修煉內丹。他斥責內丹之外的旁門外道，闡明了內丹修煉的過程、步驟和方法，敘述了內煉中陰陽消長、火候的變化、採藥的時機、成丹的景象、三寶交合的過程、意土的作用，以及內外丹的區別。

一

不求大道❶出迷途❷，縱負賢才❸豈丈夫？百歲光陰石火爍❹，一生身世水泡浮❺。只貪利祿求榮顯❻，不顧❼形容❽暗瘁枯❾。試問堆金等山嶽❿，無常買得不來無⓫？

【章旨】敘述追求長生久視之道，不貪戀短促的人生。

【注釋】❶大道　長生久視之道。❷迷途　貪圖名利的世俗之道，與追求大道的悟真完全相反。❸賢才　賢德而有才能。❹百歲光陰石火爍　百年的時間猶如以石取火中閃爍一時的火星一樣，瞬間即逝。光陰，借喻指時間。中國古代以日影長短測定白天的時間，以此區別春、夏、秋、冬晝夜的不同。此處光陰即比喻日影的變化，借以說明時間的流逝。石火爍，以石互相撞擊，或以重金屬與石頭碰撞發出火星。唐代詩人白居易以石火之光比喻一生短促。《白氏長慶集》卷五六〈對酒歌〉：「石火光中寄此身。」❺水泡浮　浮在水面上的泡沫。❻只貪利祿求榮顯　只是貪圖名利求得顯赫的榮譽。只貪，《悟真篇注釋》作「為貪」。利祿，《悟真篇闡幽》作「名利」。❼不顧　《悟真篇三注》和《悟真篇正義》作「不覺」。❽形容　身體容貌。❾暗瘁枯　不知不覺身體就憔悴了。暗，沒有感覺；昏暗。瘁，通「悴」。憔悴。❿等山嶽　與山一樣高聳。等，動詞，意思是均等、齊一。等山嶽，《紫陽真人悟真直指詳說》作「如岱嶽」。⓫無常買得不來無　第一個無字為語首助詞，無義。第二個無字為疑問語氣詞，其意義與「麼」、「嘛」相同。

【語　譯】不追求長生久視的大道，不跳出貪名求利的迷途，恣肆辜負德和才，哪裡還算什麼大丈夫？一個人的一生非常短促，一百年就像以石取火閃爍瞬間的火星那樣，從生到死猶如水上的泡泡頃刻間就會消失。如果人生在世只想得到名利地位，孜孜追求榮華富貴，甚至連自己的身體都不顧忌，任其衰弱憔悴。請問：即使黃金堆積如山，到頭還是兩手空，能不能花錢買通主管生死的神明，讓死亡不要來臨呢？

【說　明】第一，日本學者洼德忠曾說：「在地球上使自己生命無限延長，這就是神仙說的立場……這種思想在其他國家是沒有的。」第二，中國古代流傳燧人氏鑽木取火的傳說，說明火在人類文明中的特殊重要作用。

二

人生雖有百年期，壽夭窮通莫預知❶。昨日街頭猶走馬❷，今朝棺內已眠屍❸。妻財拋下非君❹有，罪業❺將行難自期。大藥不求爭得遇❻？遇之不煉是愚癡❼。

【章旨】敘說人生短促，應該積極主動修身養性。

【注釋】❶壽夭窮通莫預知　人之壽命長短、命運的好壞無法預先知道。莫，沒有。❷昨日街頭猶走馬　《紫陽真人悟真直指詳說》說：有一本作「昨日庭前方宴樂」。❸棺內已眠屍　《紫陽真人悟真直指詳說》說：有一本作「室內已傷悲」。或謂「昨日街頭猶走馬，今朝棺內已眠屍」乃仇兆鰲《悟真集釋》竄改。❹君　你。《紫陽真人悟真直指詳說》作「身」。❺罪業　人生罪行和身心活動。❻大藥不求爭得遇　煉丹的藥物（精、氣、神）雖為己身所有，也是不求取就得不到。大藥，內丹指精、氣、神，外丹指鉛、汞。或謂藥、火、丹乃指同一物，如《丹訣要旨》說：「藥因火生，火因藥有採時謂之藥，煉時謂之火，結時謂之丹。」爭，同「怎」。❼遇之不煉是愚癡　遇到煉丹的方法不去煉製，就是愚蠢無知。之，指示代名詞，此處指藥物。《悟真篇注疏》作「知」。陸西星《方壺外史》作「而」。是，《悟真篇注釋》作「大」。

【語譯】人生在世雖說有一百年的期限，但是，長壽還是短命，誰也無法預料。昨天，有的人還在街頭巷尾騎馬行進，不料今天已經死去躺在了棺材裡。他們拋棄了妻兒和財寶，了卻一生的罪過，匆匆走了也不知道。這些人本來也有可以延年益壽的精、氣、神。但是，他們不去尋求，怎麼能找到長生大藥呢？有的人即使知道了藥方也不煉製，那就是愚蠢的傻瓜了。

【說　明】精、氣、神本來是人人皆有，但是，修煉身心，達到健康長壽並非所有的人都能做到。

三

學仙須是學天仙❶，惟有金丹❷最的端❸。二物❹會時性情合❺，五行❻全處虎龍蟠❼。本因戊己為媒娉❽，遂使夫妻鎮合歡❾。只候功成朝北闕❿，九霞光裡駕翔鸞⓫。

【章　旨】總敘煉丹大要。

【注　釋】❶天仙　《三壇圓滿天仙大戒略說》將仙分為九品：一曰混元無始金仙，二曰洞元太初金仙，三曰靈元造化真仙。人世修證而仙者，還有天仙、地仙、神仙、人仙、鬼仙。《鍾呂傳道集》說：「仙有五等：天仙、地仙、神仙、人仙、鬼仙，皆是仙也。」❷金丹　精、氣、神或鉛汞經過煉製而凝結的叫做金丹，其中內煉的是內金丹，燒煉爐火的是外金丹。❸的端　正確；確切。❹二物　指坎離；水火；元精元神；陰陽。❺性情合　青龍與白虎相合。東方青龍，甲乙木，木為「性」。西方白虎，庚辛金，金為「情」。❻五行　木、火、土、金、水。❼虎龍蟠　虎龍互相結合。虎龍指元精元神。蟠，互相盤繞。❽戊己為媒娉　中央戊己土為黃婆。戊己，十天干中的第五、六位。媒娉，中介；媒介；導引。媒娉，《紫陽真人悟真直指詳說》作「媒妁」。❾夫妻鎮合歡　即坎離（元精元神）的結合——指坎水上升，離火下降的凝聚過程。合歡，快樂的結合。以夫妻（元精元神）比喻坎離融洽的凝聚。❿只候功成朝北闕　只等待大功告成，遙拜天宮之門。只候，《悟真篇注釋》作「直候」。北闕，天宮之門。⓫九霞光裡駕翔鸞　九彩雲霞中駕御著翱翔的靈鳥。鸞，近似鳳一樣的鳥。

【語　譯】神仙分成許多等級，學做神仙就學天仙。怎麼樣學天仙呢？最正確的途徑就是以精、氣、神煉製金丹。其實，煉金丹並不複雜，只要元精元神聚合，東方甲乙木和西方庚辛金互動，即元精和元神互相結合，金木水火土在生剋運動中各處其位，煉丹即可完成。其中促使元精、元神如像夫妻那樣歡喜結合的，就是位置處於中央的戊己土充當媒人的角色了。等到金丹煉成，遙拜天宮之門的時候，也可以在九彩雲霞籠罩的天空駕御鳳鳥自由翱翔。

【說　明】我們的祖先不乏成仙的追求。《太平經》有「乘雲駕龍圖」，即是天仙在空中自由飛翔。道教高人還杜撰了天上有神仙居住的傳說。對於仙境，《老君音誦戒經》曾這樣描繪：樓臺、觀所、殿堂、宮室相連，珍寶、金銀、諸種香料錯落裝飾，蘭香、桂樹、奇異動物、鳳凰等珍奇鳥類棲集樹上，神龍騏驥作為家畜，仙人玉女聚集一堂。假如外出遊玩，即乘雲駕龍，呼吸萬里之氣。

四

此法❶真❷中妙更真❸，都緣我獨異於人❹：自知顛倒由離坎❺，誰識沉浮定主賓❻？金鼎❼欲留朱裡汞❽，玉池❾先下水中銀❿。神功⓫運火⓬非終日⓭，現出深潭日一輪⓮。

【章旨】敘說火候運用，外藥法象。

【注釋】❶此法　謂金丹大道，或指丹功中之性功、命功。❷真　真理；真諦。指丹功的真諦，或者即指丹功。張伯端〈自序〉說：「老氏以煉養為真」、「不悟妙法之真」、「舍妄以從真」。❸妙更真　丹功中火候真訣的玄妙深奧。❹都緣我獨異於人　謂丹法是五行相剋才相生，乃逆行成丹，與順行生人完全不同。或謂張伯端丹功有獨到之處，與其他人不一樣。翁淵明在《悟真篇注釋》中說：「此道至神至聖，至簡至易，至尊至貴，玄之又玄，妙之又妙，舉世罕聞。仙翁出乎其類，拔乎其萃，獨得深旨。」沖照仙翁曰：「金丹之道，舉世道人無可許者，惟平叔一人而已。」❺自知顛倒由離坎　謂丹法中離火下降坎水上升。離，離卦☲，在丹功中是指心、元神、汞，在後天八卦中位居南。坎，坎卦☵，在丹功中是指腎、元精、鉛，在後天八卦中位居北。在煉丹中顛倒坎離，即是使元精元神的運行軌道顛倒——坎、水、鉛之性沉，容易順行，煉丹火候則使其上升泥丸。離、火、汞之性浮，煉丹火候則使其下降入於丹田。❻主賓　見〈自序〉第四段❿。❼金鼎　煉丹鼎器。指百會穴。或者金為陰物，鼎中有陽氣，乃陰中有陽之象，乃是白虎。❽朱裡汞　即心中的元神。朱，朱砂。汞，即元神。煉丹中，要以鉛制汞，用元精拘約元神，因而元神欲留頂上而不可能，只能隨沉重者下降。❾玉池　口。《黃庭經》：「口為玉池太和宮。」此處為借用。或指青龍，與上文「金鼎」寓白虎相應。或謂玉池為坎之匡廓屬坤。朱元育《悟真篇闡幽》說：「離（☲）之匡廓屬乾（☰），是名『金鼎』，其中浮而易走者為朱裡汞（⚋），賓之位，心之象也；坎（☵）之匡廓屬坤（☷），是名『玉池』，其中沉而不還者為水中銀（⚊），主之位，身之象也。汞性刻刻流轉，順以出之，易走而難留，不能自主，如欲留之，必須用水中之銀。金性鎮重，出自坎宮，反來作主，逆以制之，真汞受制，始不飛走，到此身心一片，寂然不動矣。」❿水中銀　指精氣。⓫神功　奇妙的丹功。⓬運火　丹功中的火候。即進陽火，退陰符。⓭旦　早晨。⓮深潭日一輪　指丹田中出現金丹的景象。深潭，隱喻丹田。日一輪，謂金丹立就，真一之精一粒如黍現於北海之中，光透簾幃，若深潭現出一輪赫日。

【語　譯】煉製金丹大道的真理真是玄妙深遠。我的功法又與一般的不相同。在《周易》後天八卦中，坎卦位北方，為水，為元精，性沉，內煉時要使它上達泥丸。離卦位南方，為火，為元神，其性輕浮，內煉時要使它下降至下丹田。因為從人身來說是上南下北，所以在內煉中是坎離兩卦的顛倒。前面講的東方甲乙木和西方庚辛金互動，東方的卯和西方的酉相互交換主人和賓客的地位，這又有誰知道啊？其實，就是要使玉池中的沉重物質——鉛、元精鎖住金鼎中容易飛走的輕浮物質——汞、元神，恰如其時地進陽火，退陰符，丹功過程不需朝夕時間，就會在丹田裡呈現金丹煉成的景象。

【說　明】第一，金丹是什麼？金丹的景象如何？歷來眾說紛紜。金丹分內丹和外丹。內丹是指內煉精、氣、神的生命煉養。唐代《丹經・通幽訣》說：「氣能存生，內丹也。」宋代的吳誤在〈指歸集序〉中說：「內丹之說，不過心腎交會，精氣搬運，存神閉息，吐故納新。」元代的陳致虛在《紫陽真人悟真篇注》中也說：「其用精氣神，其名則云金丹。」外丹是指從黑鉛中所取真鉛白金煉成金丹，也就是以礦物鉛和汞燒煉而成的化合物。對於煉丹家來說，他們往往借用外丹名詞術語隱指內丹。內丹的內是什麼？歷來丹家看法各異。魏伯陽在《周易參同契》中稱內丹為還丹，其形象是「食如大黍米」的物質性的丹存於腹中。有的丹家，如近代內丹先天派創始人趙避塵則認為內丹即是舍利子。他說：「了然、了空禪師傳我時曰：將十步閉精氣，煉得精囊內元精，團成舍利子。」（《性命法訣明指》）王重陽認為內丹之丹為精氣的聚集。還有一些丹家認為內丹之丹乃是光團，或者是一種心性修煉境界。第二，煉丹的藥物是元精、元氣、元神，其代名詞為坎離、龍虎、鉛汞、水火、日月、心腎。煉丹必須使坎水沿督脈上升，使離火沿任脈下降。因鉛重汞輕，故將上述陰陽的運行叫做顛倒離坎。

五

虎躍龍騰❶風浪麤❷，中央正位❸產玄珠❹。果生枝上終期熟❺，子在胞中豈有殊❻？南北宗源翻卦象❼，晨昏火候合天樞❽。須知大隱居朝市❾，休向深山守靜孤。

【章　旨】敘火候變化，陰陽消長。

【注　釋】❶虎躍龍騰　元精元神運行不息，非常活躍。虎，元精；金丹（真一之精，造化在外曰金丹，曰真鉛，曰真土，吞入五內即名陽丹，此言虎即金丹也）。龍，元神；真氣。❷風浪麤　謂真氣湧動如風似浪。風浪，氣自元海而起，其湧如浪，其動如風。麤，粗。❸中央正位　下丹田；丹結聚之處；丹中金胎神室。❹玄珠金丹；嬰兒；金液還丹。煉丹之時，運火之際，真精運轉，沿尾閭直透夾脊，上達泥丸，若雀卵甘香，顆顆降入口中，此號玄珠。咽下丹田名曰嬰兒，又稱金液還丹。《莊子・天地》篇：「黃帝遺其玄珠，令象罔求而得之。」❺果生枝上終期熟　謂金丹結聚，猶如樹上成熟的水果。或喻採藥以後內煉過程。❻子在胞中豈有殊　謂金丹自外來吞入腹中，真氣自下元氣海而上，猶母子相聚。子，真氣；丹藥。胞，母；丹田。子在胞中，借喻丹田藥生。殊，不同。❼南北宗源翻卦象　謂煉丹時，人體上南下北的方位互換，六陰六陽互相顛倒。南北，即子午。後天八卦是子北午南，與坎離相應。宗源，起首。按人體卦象是下北上南，卦象是坤北乾南，此為先天定位，稱為宗源。翻卦象謂始於屯卦、蒙卦，終於既濟卦、未濟卦，一日兩卦直事，周而復始，陽長陰生，陽盡陰復，煉丹火候不斷發生著變化。《周易參同契》說：「循據璇璣，昇降上下。周流六爻，難以察睹。故無常位，為易宗祖。」如果把煉丹時人體內陰陽運行的路線以圖表示，則一目了然。❽晨昏火候合天樞　謂進陽火退陰

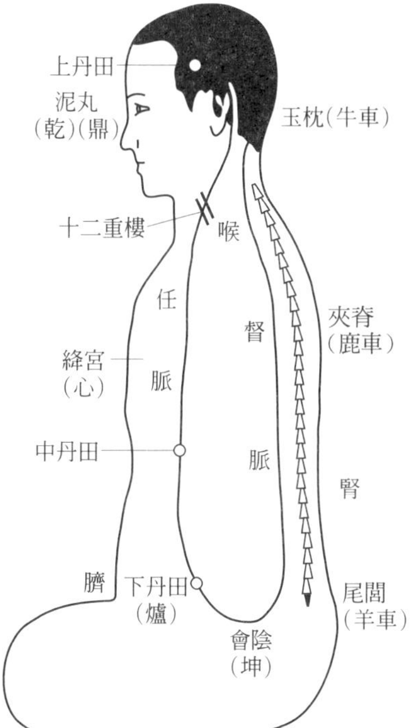

符的陰陽變化與北斗星的斗魁運轉自然暗合。晨，子時，六陽之首，與屯卦相應，進陽火。昏，午時，六陰之

源，與蒙卦相應，退陰符。火候，煉丹時的武火、文火，以及沐浴之時。天樞，斗樞；斗極。如一晝一夜一周天，而一月一移也。《周易參同契》：「朔旦屯直事，至暮蒙當受。」朱元育注云：「靜極而動，萬化萌生，屯之象也，動極而靜，萬花斂藏，蒙之象也。」❾大隱居朝市　謂真正的大隱士可以居於鬧市而過隱居生活。大隱，居住於鬧市而過隱居生活的人。《文選》晉王康琚〈反招隱〉詩：「小隱隱陵藪，大隱隱朝市。」朝市，或作廛市，古人稱居住地曰廛。《周禮．地師》：「以廛里任國中之地。」注：「廛，民居之區域也；里，居也。」孫詒讓《周禮正義》：「通言之，廛里皆居宅之稱。析言之，則庶人、農、工、商等所居謂之廛，士大夫等所居謂之里。」

【語　譯】元精叫做虎，元神叫做龍。元精元神運行不息，湧動如風似浪，猶如龍騰虎躍。真正金丹聚結的地方在下丹田，其時真精運轉，沿尾閭直透夾脊，上達泥丸，如雀卵甘香降入口中。金丹結聚，就像樹上成熟的水果一樣可愛。如果丹田有金丹，真氣自下元氣海而上，猶如母子相聚一般。假如以人體方位和《周易》卦象比喻煉製內丹，那麼，就是人體上南下北的方位互換，坤北乾南的卦象發生變化——始於屯卦、蒙卦，終於既濟卦、未濟卦，一日兩卦直事，周而復始，陰陽不斷發生變化，其中進陽火，退陰符的陽長陰消變化恰好與北斗星的斗魁運轉相合。真正煉丹的人可以不擇地點，猶如大隱士居住在鬧市過隱居生活一樣，不需要獨自到深山之中去過孤獨的生活。

【說　明】第一，煉丹中的火候與易卦的關係。以十二消息卦（復、臨、泰、大壯、夬、乾、姤、遯、否、觀、剝、坤）與十二辰（子、丑、寅、卯、辰、巳、午、未、申、酉、戌、亥）相配，兩者的關係是：子時復卦，一陽息陰。丑時臨卦，二陽息陰。寅時泰卦，三陽息陰。卯時大壯卦，四陽息陰。辰時夬卦，五陽息陰。巳時乾卦，六陽息陰。午時姤卦，一陰消陽。未時遯卦，二陰消陽。申時否卦，三陰消陽。酉時觀卦，四陰消陽。戌時剝卦，五陰消陽。亥時坤卦，六陰消陽。十二辰中，只有卯時不增進火，酉時不減退火。上述陽息是指武火，即呼吸之氣急重吹逼。陰消是指文火，即呼吸之氣微輕導引。如果以乾、坤、坎、離之外的六十卦表示陰陽升降的變化，那麼，就是始屯卦、蒙卦而終於既濟、未濟，周而復始，在一月之內，每月初一早晨用屯卦，晚上蒙卦受用，晝夜各用一卦表示陰消陽息。第二，為什麼火候要與「天樞」一致？因為內丹、外丹的基本理論都是「法天象地」，二者的區別在於：前者把人類延年益壽的問題放到化學運動（主要是無機化合物製備）的形式中解決，後者是賦予人體過程生命運動以客觀自然物變化的形式。俞琰說：「夫金丹者，身中之易也。易窮則變，變則通，盛衰相禪，消息相因，蓋未有窮而不變，變而不通者也。」（《周易參同契發揮》）「易」講變化，金丹即在法天象地變化中鑄成。按照丹法，天是鼎，地是爐，月為藥，日是火候（或者說，丹法是以乾坤為鼎器，以坎離為藥物，以其餘六十四卦為火候），採藥必須按月亮的盈虧，煉丹的過程「無一不與天地合」。首先，金丹大藥，孕育於先天，產在後天。如果以六卦比喻煉丹火候，並且以乾卦六爻相配，即是：每月初三日，吾身陽火起，其象為震，與乾卦初九爻相應。就二十八宿而言，恰似始於東北箕斗之鄉，萌發於西南昴畢之上。每月初八日，為吾身陽火用功之半，其象為兌，與乾卦九二爻相應。每月十五日，為吾身陽火圓滿時，其象為乾，與乾卦九三爻相應。每月十六日，為吾身陰符繼統之始，其象為巽，與乾卦九四爻相應。每月二十三日，為吾身陰符用功之半，其象為艮，與乾卦九五爻相應。每月三十日，為吾身陰符結括之時，其象為坤，與乾卦上九爻相應。其次，丹法生藥與天地生萬物相似，都是陰陽二氣變化的結果。丹法以五行為大要，其中的玄妙則不出坎卦與離卦。因為坎為水，金水合處而水中有金。離為火，木火為侶而火中有木。這樣，金水木火即為四象，加之坎納戊土，離納己土，即是五行。五行順則生物生人，逆而行之即是金丹之用。為什麼人能煉丹而求長生？在俞琰看來，就在於人之呼吸與天地之呼吸相似，就在於人能盜天地之正氣歸於丹田的緣故。所以他說：「天以晝夜運行而長且久，人能法天道而求諸身，亦能長生久視。」《周易參同契發揮》第三，煉丹與外部條件的關係。內丹煉製以個人處於幽靜的環境為佳。現代著名道教學者陳攖寧先生提倡做靜功時需要寂靜的環境，不可有人聲、車聲、機器聲、音樂聲、戲曲歌唱聲、小兒哭叫聲等。最好是山林泉石之間、郊外曠野之處。另外是空氣要十分新鮮，光線貴在陰陽調和，氣候的寒溫也要適度。狂風暴雨震雷閃電時要停止做靜功。正在做功時天氣熱，不宜開電扇。氣候冷，不宜燒火爐(熱氣管子沒有關係)。在熱到穿單衣也出汗，冷到穿厚棉衣還不暖和，或是露天潮濕氣重，做靜功很難有效。假如用靜功療法治病，要減少家人、朋友會晤，盡量少知道各方面情況。當然，在飲食上也要倍加注意。

六

人人自有❶長生藥❷，自是愚迷❸枉擺拋❹。甘露❺降❻時天地合❼，

黃芽❽生處坎離交❾。井蛙❿應謂⓫無龍窟⓬，籬鷃⓭爭知有鳳⓮巢？丹熟⓯

自然金滿屋⑯，何須尋草學燒茅⑰？

【章旨】敘述煉丹中藥凝聚的過程。

【注釋】❶自有　自身具有。《道樞》及《悟真篇講義》作「盡有」。或作「本有」。❷長生藥　長生久視的藥物。指人本身的精氣神或煉製的其他藥物。《韓非子・說林上》：「有獻不死之藥於荊王者，謁者操之以入。中射之士問曰：『可食乎？』曰：『可。』因奪而食之。王大怒，使人殺中射之士。中射之士使人說王曰：『臣問謁者，曰，可食，臣故食之。是以臣無罪，而罪在謁者也。且客獻不死之藥，臣食之而王殺臣，是死藥也，是客欺王也。夫殺無罪之臣，而明人之欺王也，不如釋臣。』王乃不殺。」❸愚迷　或作「迷徒」。❹枉擺拋　隨便白白地丟棄。《道樞》作「棄拋」。❺甘露　先天一氣；金丹異名；玉漿。《悟真篇三注》薛道光謂甘露乃金丹異名。《悟真篇三注》上陽子和《悟真篇闡幽》謂甘露乃先天一氣。❻降　自上而下之謂。《悟真篇講義》作「降須」。❼天地合　謂煉丹與天地契合。俞琰謂煉丹「無一不與天地合」。《悟真篇闡幽》謂「身心便是長生大藥，併倆歸一，真種自生，有若甘露之降自天中，黃芽之產在土內，蓋甘露從天而降，黃芽從地而出，喻天地相合，陰陽互化，一陽生而產藥也」。❽黃芽　金精；元陽；一氣。❾坎離交　謂坎水（腎）、離火（心）交會。坎，坎卦☵，在煉丹中指腎水或鉛。離，離卦☲，在煉丹中指心火或汞。❿井蛙　井底裡的青蛙。喻人的見識偏窄狹小；煉丹中的邪說。⓫應謂　即應為。謂，通「為」。《道樞》作「將為」。《悟真篇講義》作「應為」。⓬無龍窟　沒有龍棲息的地方。龍窟喻藥生出的竅位。龍，傳說中的神物。甲骨文金文中已有龍字。中國新石器時代的文化遺址中發現有人首蛇身陶器器蓋，這可能是人們較早幻想的龍。《左傳》、《山海經》、《論衡》等都有關於龍的描繪。《左傳・昭公二十年》記載古代有豢龍氏、御龍氏專門飼養龍，夏君吃過龍肉的傳說。《山海經》中也有首山至丙山諸神，以及天吳之山至南禺之山諸神都是龍身鳥首的說法。漢代王充著的《論衡・龍虛》列舉了人們對龍的種種描繪：或乘雲為天使；或居水澤之中，屬「魚鱉之類」；或為「鱗蟲之長」；或「屬馬蛇之類」，「馬首蛇尾」。⓭籬鷃　竹籬間小鳥。喻煉丹中的歪門邪說。⓮鳳　傳說中的神鳥（參見拙著《宗教與中國傳統文化》，第三頁）。⓯丹熟　丹已結聚可採。《道樞》作「丹就」。⓰金滿屋　內丹已經煉成，眾陰去盡，全是純陽。金，喻純陽之丹。屋，借喻為丹穴。明代陳繼儒《寶顏堂秘笈》「廣集四十七帙」：「內丹未凝前結丹之位置曰土釜，必須凝結之後，其結丹處所才可名做金胎神室。」⓱尋草學燒茅　煉外丹時，尋求仙草，而用茅草燒爐煉丹。

【語　譯】人人都有可以長生的藥物，可惜愚蠢的人白白把它拋棄了。金丹猶如甘露自上而下在下丹田結聚，而煉製它的過程與天地自然的陰陽變化完全一致。應該了解：元陽之氣產生的地方，也正是《周易》坎卦和離卦相交，亦即元精元神相合之處。井底裡青蛙可以居住，卻沒有蛟龍在此棲息。竹籬間的小鳥怎麼知道鳳凰的巢穴是什麼樣？因此，煉製金丹切忌聽信歪門邪說。假如金丹已經結聚可採，自然而然是群陰去盡，只有純陽。內丹煉製完全是自取身中精氣神，何必像煉外丹那樣借助柴草？

【說　明】第一，精、氣、神的關係。《太平經・聖君秘旨》說：「夫人本生混沌之氣，氣生精，精生神，神生明。本於陰陽之氣，氣轉為精，精轉為神，神轉為明。」氣和精是物質，神明是精神。從氣生精，精生神，神生明的說法，在邏輯上說明了先有物質而後有精神的基本理論。第二，為什麼煉丹要與天地合？因為煉丹的鼎器是效法天地，以乾為鼎，以神為爐；煉丹的火候完全是模擬自然界陰陽變化的節律，按照日月的運行，晝夜的更替的規律去操作的。而煉丹的目的正是在於求得人類個體生命的無限延續，這種長生久視幻想的追求也是中國先民觀察自然界變化，以人體生命運動模擬天地自然變化形式的思維結晶。第三，人的認識是有限和無限的完美統一。張伯端以井蛙、籬鷃比喻認識的有限性和偏執，隱喻人們應該在有限之中去追求無限，從而達到有限和無限的統一。第四，內因與外因的關係。健體應以人身內在條件為依據，同時又不忽視外部條件。道教內丹煉製是重在以人身自有的精、氣、神為依據，憑藉自然界的陰陽變化達到健身目的。道教的外丹對於人體健康僅是一種輔佐。葛洪說：「假求於外物以自堅固。」這說明道教學者也試圖借助外部條件強身健體。但是，他們都模糊地認識到了外因必須通過內因起作用。

七

要知產藥川源處❶，只在西南是本鄉❷。鉛遇癸生❸須急採，金蓮望遠❹不堪嘗。送歸土釜❺牢封閉❻，次入流珠❼廝配當❽。藥重一斤須二八❾，調停火候託陰陽❿。

【章旨】敘述丹藥產生的處所，以及丹藥出現的時候，如何調停火候，把握採封時機。

【注釋】❶產藥川源處　生產丹藥的發源地。藥，丹藥。川源處，河流發源地，借喻丹藥產生的地方。❷西南是本鄉　謂在後天八卦中，坤卦位居西南方，是一月所生之處，也是金水合氣的地方。西南，後天八卦中坤的方位，乃白虎之地；指丹田位置。本鄉，一月所生之處，故曰本鄉；或由此處產生藥物。薛道光說：「月是金水之精，上下兩弦，金水合氣而生，是以金丹藥物生產川源之處，實出坤地。」❸鉛遇癸生　謂丑時、子時或謂腎水中有壬水和癸水，壬水藏於癸水中，癸水生而壬水亦現，真鉛亦見。鉛，即腎水。或指金丹。腎水包括先天的壬水和後天的癸水，壬水清輕，癸水重濁。癸，天干之一，指後天的癸水。鉛遇，《道樞》及《悟真篇注釋》作「鉛見」。鉛遇癸生，俞琰《席上腐談》卷下為「才見藥生」，並云：「或以芽生為癸生，是皆學三峰之術者妄改之耳。」翁淵明《悟真篇注釋》謂：「鉛見癸生之時，月正圓也。」❹金蓮望遠　謂月將虧時。金，金丹；金氣。金蓮，《悟真篇注釋》為「金逢」。望，每月十五日，月圓之時。丹藥必須在活子時藥生時即採，過此時候不採，即不可用了。望遠，或作「望後」。❺土釜　丹田。❻牢封閉　把藥送入丹田，緊密封固，不使其滲漏。封，煉精化氣階段中的採封煉止四個步驟之一。或曰封爐。在藥入丹田後，為了防其走漏，以意守它，以目照它，先存後忘，從有入無，促其煉成金丹。❼流珠　元神；汞；火候。柳華陽《金仙證論・正道淺說第二》說：「藥產神知，此時須用凝神合氣之法，以歛聚微細之元神入於氣中；收付於本宮，則是為我所有之妙藥矣。本宮即丹田也。」❽廝配當　謂此時精氣合成為氣，在丹田中神氣相依相隨的情狀。或謂將藥送入丹田，配以流珠，調其火候以成聖胎（金丹）。廝配，相互配合。《仙佛合宗》曰：「古聖強言為火藥，不離神氣自相隨。」❾藥重一斤須二八　謂壬水和癸水各八兩，剛好一斤。藥，丹藥，指腎水中的壬水與癸水。一斤須二八，古時一斤為十六兩，二八恰為一斤，借喻先天壬水與後天癸水均勻。❿調停火候託陰陽　謂煉丹時，使陰陽消長恰如其分。或謂取坎填離。調停火候，使文火、武火恰到好處。或指坎離二卦的變化。坎卦中陽爻代表陽氣，離卦中陰爻代表陰氣，取坎填離，即成純陽。託陰陽，即取坎填離。

【語　譯】丹藥生產在什麼地方？我們當然應該了解。因為後天八卦中，坤卦居於西南方，是一月所生之處、是金水合氣的地方，也就是所謂的「本鄉」。腎水包括先天的壬水和後天的癸水，癸水生而壬水現，真鉛也出現，這是子時，即藥生，乃是採丹藥的最佳時刻。如果過了此時，月將虧損，到每月十五日，丹藥不可採，也不能用了。子時採了丹藥，應該立即送入丹田密實封固，不使它滲漏，同時調配火候。至於丹藥的多少、火候的調停也要了解：丹藥中的壬水和癸水一定要均勻，就像一斤十六兩，分而為二，各是八兩那樣不差分毫；火候調停要文火武火恰到好處，使陰陽消長恰如其分。

【說　明】第一，煉丹的火候及其六個步驟。它從活子時（正欲陽舉時）起火，經煉己、調藥、產藥、採藥、封爐、煉藥等六個步驟而圓滿完成。第一個步驟是煉己，就是在煉功時排除雜念，專意在下丹田，寄心於息，採用數呼吸的辦法——以一至十，十至百，攝心在數，勿令散亂的方式數息出，數息入，使心神安定，保持虛靜。這一步叫做煉己，是由於「納甲法」中「己」（十個天干之一）納離卦，離卦在人身為心。排除雜念，集中注意，實屬修心叫做煉己了（中國的古人都把「心」作為思維的器官，《金仙證論》也說「己即我心中之念耳」）。煉己雖是煉功中的第一步，但在整個大小周天功法過程中是不可須臾離開的。第二步驟是調藥。就是在煉己的基礎上，將注意力集中在下丹田，使精神安寧，精和氣旺盛。丹家把調藥的方法叫做凝神入氣穴。這裡的氣穴即下丹田，凝神就是「先以目光注所凝處，微以意斂真氣，氤氳四歸」。在練功中，一二兩步往往需要結合起來做。第三個步驟是產藥，就是在前兩步的基礎上，精氣逐步旺盛，產生小藥（非大周天六根震動之大藥），出現「身體輕健，容衰返壯，昏昏默默，如醉如痴」（見李時珍《奇經八脈考》），以及「泥丸風生，絳宮月明，丹田火熾，谷海波澄，夾脊如車輪，四肢如山石，毛竅如浴之方起，骨脈如睡之正酣，精神如夫妻之歡會」（見《金丹四百字》）的情景。具體來說，就是男子出現陰莖勃舉，甚至有少許洩精現象。此時可採取兩種方法防止：①守泥丸宮：閉目上視泥丸，良久，氣機自回，陽亦不洩。②守任督脈：凡是靜坐行動，或復仰交合，遇到陽舉欲洩時，可在督脈起處，清心固守，精可自回。不過，在此之後，還要守龜半時，才可不洩。第四步是採藥，就是在產小藥之時，用意（即心、即神）控制住腎中的精氣。採藥的方法是：①撮、抵、閉、吸四字訣：「撮提谷道，舌抵上齶，目閉上視，鼻吸莫呼。」（《類修要訣》）②「以手拿住龍頭龍尾，緊縮谷道，挾起小腹，豎起脊背，雙目上視泥丸，其陽火自息而升乎泥丸。」（《至道心傳》）第五步是封爐（即封固），即採用撮、抵、閉、吸四字訣繼續火逼金行（金指腎中的精氣；火指身與心，即用意），使氣自然上行於督脈。第六步是煉藥，就是第五步封爐以後，還是用上述火逼金行那樣的辦法，以武火使其自然而然沿人體背部督脈的路線，連續過尾閭關（在肛門的後上方，脊椎骨的最下段，上連骶骨，下端游離）、夾脊關（位於背部，俯仰的時候恰好在兩肘尖連線點正中的地方）、玉枕關（位於玉枕穴下面，兩側風池穴中間，正是仰臥時後腦接觸枕的地方），再從頭頂下接任脈，以文火（在精氣過泥丸後）使氣歸入下丹田。在小周天功法中，注意防止氣在下鵲橋（尾閭、谷道處）走漏（放屁）；在大周天功法中則要防止氣在上鵲橋（印堂、鼻竅處）走漏。在練小周天功法時，一定要保持「正身端坐，令腰、脊、頭、項、骨節相柱，耳與肩對，鼻與臍對，舌頂上齶，唇齒相著，目須微開不可全閉」。同時身軀要平直，不要左顧右盼、左傾右側、前躬後仰。也不要把肩豎起，倚靠几榻，而要一切任其自然。做到每次吸氣終了，恰是氣到百會；呼氣終了，恰好氣歸下丹田，這樣就成為小周天功法。然後再練大周天功法，促使腎、氣緊密結合，進入煉氣化神階段。最後再達到煉丹的最高境界和最後歸宿——煉神還虛，復歸虛無。

第二，大小周天的主要區別有幾點：一是小周天用後天八卦（指坎北、離南、震東、兌西、艮東北、巽東南、坤西南、乾西北的八卦圓圖）圖式，大周天用先天八卦（指坤北、乾南、離東、坎西、震東北、兌東南、巽西南、艮西北的八卦圓圖）圖式；二是小周天通三關，通任、督（任脈自會陰起，沿腹、胸正中線直上，止於承漿，或入目中。督脈也起於會陰，循脊柱上行，經百會而下，止於齦交），大周天是奇經八脈（即督脈、任脈、衝脈、帶脈、陰蹻脈、陽蹻脈、陰維脈、陽維脈）全通（但也有沿十二正經中的某幾條經脈走的）；三是從時間看，小周天煉功時間短，大周天煉功時間長。在內丹術三步功法中，煉精化氣稱初關，即小周天，煉功時間相對短一些，大約一百天。煉氣化神稱中關，即大周天，約四年左右。煉神還虛稱上關，約要九年；四是小周天取象於一日，內含十二時之理。大周天取象於一年，內含十二月之理；五是小周天講活子時（陰莖欲舉時），大周天講正子時——六根震動：「丹田火熾，兩腎湯煎，眼吐金光，耳後風生，腦後鷲鳴，身湧鼻搐之類」（《仙佛合宗》），出現似無脈而正常，氣息微綿，全身酥鬆柔和狀態。

八

休煉❶三黃❷及四神❸，若❹尋眾藥❺便❻非真。陰陽得類❼俱❽交感，
二八相當❾自合親❿。潭底⓫日紅⓬陰恠滅⓭，山頭月白⓮藥苗新。時人要

識⑮真鉛汞⑯，不是凡砂及水銀⑰。

【章　旨】敘述外丹和內丹燒煉的不同。

【注　釋】❶休煉　《道樞》作「伏煉」。《悟真篇注釋》為「休煉」。❷三黃　雌黃、雄黃、硫黃。❸四神　朱砂、水銀、鉛、硝。或指水銀、珠、丹砂。三黃和四神都是外丹燒煉用的主要原料。《悟真篇注釋》引《西華經》曰：「外肉不可成胎，綴花不可結子。真一之氣生於天地之先，杳杳冥冥不可測度，因二八同類相當之物合而成親，氤氳交感之中激而有象。」❹若　如果，表示假設。❺眾藥　《悟真篇注釋》作「草木」。❻便　《悟真篇注釋》作「更」。❼類　指事物在性質上的區別，或二者可以相互會合叫做得類。《周易・繫辭上》：「類聚物以群分。」《孟子・公孫丑上》也說：「有若曰：『豈惟民哉？麒麟之於走獸，鳳凰之於飛鳥，泰山之於丘垤，河漢之於行潦，類也。聖人之於民，亦類也。出於其類，拔乎其萃，自生民以來，未有盛於孔子也。』」薛道光說：「同類者，無情之情，不色之色，烏肝八兩，兔髓半斤是也。」❽俱　《悟真篇講義》和《悟真篇闡幽》作「歸」。或作「方」。❾二八相當　二八，見卷上第七首❾。二八相當，陸子野云：「在於得人，得人則藥物無虧耗，鼎器無滲漏之患也。」❿合親　凝聚；結合。《悟真真指》謂「自合親」為「是合親」。⓫潭底　借喻為下丹田或坎水，或指陰。陸子野曰：「藥在下丹田為火鍛鍊，如日在潭。一身之中陰氣盡為銷鑠也。」⓬日紅　指汞；陰中之陽。因與腎水同升頭頂，象徵一陽初生。如光芒自下而上，故云潭底日紅。⓭陰恠滅　謂陰氣完全銷鑠，變為純陽。恠，《悟真篇注疏》作「怪」。翁淵明云：「潭底日紅者，陰中陽也。陰中之陽為純陽而無陰氣，故陰怪滅也。乃虎之初弦氣也，謂之紅鉛。」⓮山頭月白　謂坎水之精隨神上升，已是鉛汞調和，陰陽會合，大藥歸根了。或山頭喻泥丸宮，月白即指鉛。泥丸至百會穴稱巨峰山。白乃西方之色，西方又為金。上陽子曰：「山頭者，仙翁每喻玄門為崑崙山頂也。」⓯識　《道樞》作「不識」。⓰真鉛汞　指元精元神，非外丹之鉛和汞。《西華經》曰：「陽中之陰名曰奼女，陰中之陽號曰金公，此乃壺中夫婦也，紫府梯階也。悟之者，神仙現在眉睫。迷之者，杳隔塵沙。夫外之真鉛真汞，即龍虎初弦之氣也。時人要識鉛汞之真，即此是也，其他悉非真道。此二真物，能化有形入於無形，為真仙子，而凡世之鉛汞難以比論也。」⑰凡砂及水銀指礦物質朱砂和水銀。砂，朱砂。水銀，汞。及，《悟真篇注釋》作「與」。

【語　譯】我們說的是用精、氣、神煉製內丹，不是用雌黃、雄黃、硫黃，以及朱砂、水銀、鉛、硝燒煉外丹。如果是用草木煉製金丹，那就失其本真了。世間的事物千差萬別，只有如像陰陽那樣可以相互會合的叫做得類，才互相感應。丹藥王水癸水均勻調和，先天後天結合。等待群陰去盡，只有純陽，陰陽調和，大藥歸根，金丹即在丹田中煉成。如果做一個比喻，猶如深潭之中現朝陽，巨峰山上藥苗新——就是元神與元精同升泥丸，如一陽初生，再由此下降至下丹田。丹藥在下丹田為火煉製，如日在潭。煉成群陰皆盡，只有純陽的金丹。現在的人應該知道真鉛真汞是元精、元神，不是礦物質朱砂和水銀。

【說　明】第一，內丹和外丹的區別與聯繫。簡單地說，外丹是把人類延年益壽的問題放到化學運動（主要是無機化合物製備）的形式中解決，內丹是賦予人體過程生命運動以客觀自然物變化的形式。具體來說，兩者使用的鼎器、藥物、火候，以及獲得的金丹，雖然在使用術語上相同，實際上完全不一樣：內丹的鼎器是人之丹田，外丹的鼎器是用六一泥等建造的丹爐；內丹的藥物是精、氣、神，外丹的藥物是礦物質，如雌黃、雄黃、硫黃、朱砂、水銀、鉛、硝；內丹的金丹是凝於丹田的氣團等，外丹的金丹是礦物燒煉後形成的化合物；內丹的火候是用意念控制呼吸的緩急，外丹的火候是指控制丹爐中的溫度的高低。道教的外丹術直接促進了中國古代的化學、醫藥學的發展，其內丹學在中國氣功學、人體科學、養生學上也有巨大的作用。

第二，「類」概念。「類」概念在中國源遠流長，不過，從先秦至兩晉，這個概念在認識史上卻有質的飛越。

在先秦時代，除了宗教祭祀使用「類」概念外，它基本上是指事物在性質上的區別，從其類的同與異中反映出事物的共相與殊相。《周易》中出現了十餘個類字，其基本涵義都是類別的意思。《周易・乾》說：「同聲相應，同氣相求，水流濕，火就燥，雲從龍，風從虎，聖人作而萬物睹，本乎天者親上，本乎地者親下，則各從其類也。」《孟子・公孫丑上》也說：「有若曰：『豈惟民哉？麒麟之於走獸，鳳凰之於飛鳥，泰山之於丘垤，河漢之於行潦，類也。聖人之於民，亦類也。出於其類，拔乎其萃，自生民以來，未有盛於孔子也。』」這是從事物的不同性質做出的類別判斷。所以，《周易・繫辭》以「方以類聚，物以群分」簡要概括了人們在認識自然和社會時的這種類分法。〈易傳〉的作者採用取象比類的方式，將宇宙萬物和紛紜複雜的社會現象逐一分類，雖嫌機械繁雜，但在中國古代也給人們認識世界提供了一種方法。不僅如此，《周易》作者還把這種從特殊到特殊的方法擴展到了思維領域。〈繫辭〉說：「將叛者其辭慚，中心疑者其辭枝，吉人之辭寡，躁人之辭多，誣善之人其辭游，失其守者其辭詘。」這段話反映了《周易・繫辭》作者對不同類別的人的心理狀態的仔細觀察，也是對其語言表達情況的區分。後期墨家提出「類」的概念，強調「以類取，以類予」。在這裡，「類」的涵義也同樣是表示同類事物的共同概念。

在秦漢時期，「類」的概念也是作為事物的邏輯推理之中同類事物的共同概念使用的。《呂氏春秋》注重邏輯推理，也重視「類」概念的運用，在〈別類〉中，作者提出了「類固不必，可推之也」的觀點，指出不能以個體之性推斷合體之性。認為莘與藟，「獨食之則殺人，合而食之則益壽。」漆與水都有濕性，合在一起則彊而堅，「濕之則為乾」。「金柔錫柔，合兩柔則為剛，燔之則為淖。」可貴的是：作者已經看到了不同物類事物的融合所發生的深刻變化，在「類」概念的使用上也有了靈活多變的思想。不過，兩漢的思想家在對「類」概念的認識上還是限於事物類別的區分，以「類」作為同類事物的共同概念。例如，王充認為，「諸生息之物，氣絕則死」，「體同氣均，稟性於天，其一類也」，「有血脈之類，無有不生，生無不死」（《論衡・道虛篇》）。

值得注意的是：東漢時期的魏伯陽在其《周易參同契》中，把「類」概念運用到了內丹、外丹的煉製上。在該書第三十三、三十四、七十八、八十三章，魏伯陽強調了同類相生，同類相益。他說：「欲作服食仙，宜以同類者。植禾當以黍，覆雞用其子。以類輔自然，物成易陶冶。魚目豈為珠，蓬蒿不成檟。類同者相從，事乖不成寶。」「雜性不同類，安有合體居。」「若藥物非種，名類不同，分刻參差，失其紀綱。」「同類勿施功兮，非種難為巧。」在這裡，魏伯陽一而再地強調同類相生，同類相益，告誡人們在修道成仙的實踐過程中也應遵守這一原則。此外，魏氏在煉丹中還把不同的礦物質，以及青龍、白虎、朱雀、玄武視為同類，大大擴展了「類」概念的內容，對漢代以前的「類」概念已經有所發展。

兩晉時期的葛洪首先駁斥「必須同類，乃能相益」（《抱朴子・內篇・對俗》）、「物各自有種」《抱朴子・內篇・論仙》）的形而上學觀點，對「類」概念的認識有了質的飛躍。在〈對俗〉、〈論仙〉、〈黃白〉等篇，葛洪闡明了如下幾個重要觀點：第一，駁斥了「必須同類，乃能相益」的錯誤觀點。葛洪指出，「必須同類，乃能相益，然則既斬之指，以灑之血，本自一體，非為殊族，何以既斬之而不可續，已灑之而不中服乎！余數見人以蛇銜膏連已斷之指，桑豆易雞鴨之足，異物之益，不可誣也。若子言不恃他物，則宣擣肉治骨，以為金瘡之藥，煎皮熬髮，以治禿鬢之疾耶？夫水土不與百卉同體，而百卉仰之以植焉。五穀非生人之類，而生人須之以為命焉。脂非火種，水非魚屬，然脂竭則火滅，水竭則魚死，伐木而寄生枯，芟草而兔絲萎，川蟹不歸而蛣敗，桑樹見斷而蠹殄，觸類而長之，斯可悟矣。金玉在九竅，則死人為之不朽，鹽鹵沾於肌髓，則脯臘為之不爛，況於以宜身益命之物，納之於己，何怪其令人長生乎？」（〈對俗〉）葛洪在這裡說明了自然物之間，以及自然物和人密不可分、互相依存的辯證關係，批駁了只有同類才能為益的形而上學觀點，為自然物的栽培、繁衍，為人類治療疾病開闢了廣闊的前景。第二，批駁了「物各自有種」的形而上學看法，揭示了自然界物類變化的複雜性。葛洪說：「愚人乃不信黃丹及胡粉，是化鉛所作。又不信騾及駏驉，是驢馬所生。云物各自有種。」（〈論仙〉）葛洪已經拋棄了魏伯陽那種同類相生、同類相益的理論，否認了某一種東西只能產生同一種東西的看法，為自然界物種的進化、變遷、種類的增殖提供了理論根據。第三，指出自然物可以用人工方法製造。葛洪說：「外國作水精椀，實是合五種灰以作之。今交廣多有得其法而鑄作之者。今以此語俗人，俗人殊不肯信。乃云水精本自然之物，玉石之類。況於世間，幸有自然之金，俗人當何信其有可作之理哉？愚人乃不信黃丹及胡粉，是化鉛所作。又不信騾及駏驉，是驢馬所生。」（〈論仙〉）「水火在天，而取之以諸燧。鉛性白也，而赤之以為丹。丹性赤也，而白之以為鉛。雲雨霜雪，皆天地之氣也，而以藥作之，與真無異也。」（〈黃白〉）葛洪的這種思想為利用科技開發新的產品，廣泛製造人類所需物品提供了理論和實踐的依據。

葛洪的「類」概念的深刻意義不僅在於他既把它作為認識事物的一種思想方法，更把它從理論和實踐的結合上創立了物類千變萬化，彼此互相聯繫，人工可以合成自然物的理論，從而把「類」概念作為動態來理解其共相與殊相，也使這種思想有了社會實踐的價值。

九

陽裡陰精質不剛❶，獨修此物❷轉羸尫❸。勞形按引❹皆非道，服氣飡霞❺總是狂❻。舉世謾求鉛汞伏❼，何時得見虎龍降❽？勸君窮取生身處❾，返本還元❿是藥王⓫。

【章旨】斥責邪門外道，闡明內丹是真正的功法。

【注釋】❶陽裡陰精質不剛　元精元氣元神乃人們生身自有，為先天無質之物。離卦（☲）內陰而外陽，摘取坎卦（☵）之陽來充填；由復卦（䷗）而成乾卦（䷀），就是煉陰為陽。陽裡陰精，以離卦（☲）卦象比喻陽中有陰，借喻煉陰為陽功法。對於陰精，陳摶《指玄篇》云：「涕唾精津氣血液，七者元來盡屬陰。若將此物為丹質，怎得飛神貫玉京？」「四大一身皆屬陰，不知何物是陽精。有緣遇得明師指，得到神仙在此今。」薛道光云：「陽裡陰精，己之真精是也。精能生氣，氣能生神，榮衛一身莫大於此。油枯燈滅，髓竭人亡，此言精氣實一身之根本也。奈何此物屬陰，其質不剛……。」❷此物　真精。《悟真篇三注》和《悟真篇講義》作「一物」。❸羸尫　瘦弱的情狀。❹勞形按引　勞累身體的按摩、導引方法。《修真十書》、《悟真篇三注》、《悟真篇闡幽》作「按引」。引，或作「影」。❺服氣飡霞　謂吐故納新、服霞飲露等功法。❻總是狂　《悟真篇講義》作「更是狂」。❼舉世謾求鉛汞伏　人們四處找尋水火會合的方法。舉世，所有的人。謾求，四處尋找。鉛汞，水火；腎和心。鉛重汞輕，火往上，水往下，煉丹時則使心火（或汞）下降，腎水（或鉛）上升，故稱兩者結合為「伏」。❽虎龍降　即心、火、汞和腎、水、鉛凝聚結合。❾勸君窮取生身處　奉勸你深入研究生命之源的奧秘處所。君，你，第二人稱代詞。窮取，追根究底。生身處，生命之源的奧秘處所。這是指順生人、逆成仙的處所或燒煉精氣神，使其還精補腦（非房中術之還精補腦）的地方。❿返本還元　從生身處領悟還丹藥物；從後天還返先天；從「道生一，一生二，二生三，三生萬物」逆反。⓫藥王　煉盡眾陰，只有純陽。陸西星云：「藥王陽精，是曰真鉛，真鉛曰真，即藥王也。」藥王即大藥。內丹稱煉精化氣為外藥，化氣終了生內藥，過大關時稱作大藥。朱元育《悟真篇闡幽》曰：「真鉛乃先天一氣，從虛無中來，及金丹大藥也。」

【語　譯】離卦卦象是內陰外陽，它好像人體之中的真精——陽裡陰精。雖然它質料柔弱，可是，精能生氣，氣能生神，實際上是一身的根本。如果一心一意煉製這種煉陰為陽的功法，身體一定可以由弱變強。應該知道勞累身體的按摩、導引方法都不是健身強體的大道，吐故納新、服霞飲露等等功法也是猖狂一時騙人罷了。所有的人都四處尋找以元精拘制元神的方法，但什麼時候促使元精元神結合過？我奉勸你還是深入研究生命之源的奧秘處所，從生身之處領悟還丹藥物，從後天返還先天，一定能夠煉盡群陰，得到純陽。

【說　明】第一，煉丹必須去盡眾陰，變成純陽。於此不再贅述。第二，按摩、導引、吐故納新、服霞飲露，是中國從古至今常見的健身強體辨法，也有一定實際效果。（參見拙著《道教精粹》第三五七～三八二頁；拙著《道教養生秘法》第二四四～二七五頁。）張伯端在《悟真篇》中斥責邪門外道的思想和具體內容，魏伯陽在《周易參同契》中也有較詳細敘述。（請參見拙著《周易參同契新譯》第三，道教的內丹煉製是與其宇宙生成論逆反的，其重要命題就是「順生人，逆成丹」。（見拙著《道教養生秘法》之〈順生人，逆成仙〉）

十

好把真鉛❶著意尋❷，莫教容易度光陰。
但將地魄❸擒朱汞❹，自有天魂❺制水金。
可謂道高龍虎❻伏，堪言德重鬼神❼欽。
已知壽永齊天地❽，煩惱無由更上心。

【章　旨】說明神與藥互相制約，防止神散和走丹。

【注　釋】❶真鉛　見卷上第九首⓫。薛道光曰：「真鉛即金丹也。」❷著意尋　指五行中土。元陳致虛謂「著意尋」指「真鉛一物，最不易尋」。❸地魄　鉛之異名；北方坤卦指代腎水，故稱地魄。或指金丹與白虎。薛道光曰：「地魄，在外藥則白虎是也，在內藥則金丹是也。」丹功名詞中，金水為一家，木火為一家，土為一家。在後天八卦中，東方為木，南方為火，西方為金，北方為水，中央是土。金生水，水中之金即先天元精。水則指代腎水和鉛。木生火，火中之木即先天元神。火則指代心神和汞。汞性易飛，心神易馳。鉛性沉重，腎水好靜持重。兩者都屬先天，自然互相制約，即以水制火，以鉛制汞，以精合神。清閔一得注《金丹四百字》說：「心火飛揚像汞（朱汞），腎水沉重像鉛（水金）。」明伍沖虛《仙佛合宗語錄》說：「古勝強言為火候，不離神氣自相隨。」土的作用就在於使鉛汞（或心腎）結合：汞為心火元神，燒煉時易飛，使其隨腎水下沉氣穴。腎水為鉛，為水中金，它生之後，由尾閭隨神上行，再由泥丸下降丹田，與元神相隨，不使其飛走，從而結成金丹。所以張伯端《金丹四百字》說：「真土擒真鉛，真鉛制真汞。鉛汞歸真土，身心寂不動。」❹朱汞　即汞。指代心火、元神。薛道光曰：「朱汞，在外則龍之弦氣是也，在內則己之真氣是也。水金，在外則虎之弦氣是也，在內則金丹是也。又謂之水中銀，此皆喻內外二事之藥也。」❺天魂　汞之異名；東方為木，亦稱魂，木代元神，屬於先天。木生火，火在南方為乾位，故稱天魂。❻龍虎　見卷上第九首❽。❼鬼神　擬想或盲目崇拜的死者靈魂、自然物等。❽壽永齊天地　人的壽命與天地一樣長生久視。

【語　譯】好好尋找到陽精才能煉製內丹，不要認為容易得到就隨便浪費時間。因為腎水持重，心神易馳，兩者都屬先天，可以互相制約。關鍵就是以水制火，以精合神。其中的道理就是：金生水，水中之金即先天元精。木生火，火中之木即先天元神。在後天八卦中，東方為木，南方為火，西方為金，北方為水，中央是土。要領是北方金水制木火，南方木火合水金，以元精制伏元神。這種奇妙的變化真的可以把金水制木火——心、火、汞和腎、水、鉛凝聚結合視為大道高深，連「龍虎」都降伏了，煉丹大德德高望重，鬼神也敬佩不已啊！應該知道：人的壽命與天地一樣長生久視，一切煩惱無一不是來自人們的精神。

【說　明】第一，道德品質的修養雖然同身體健康狀況不一定成正比例關係，但它的確與健康長壽有關。因為一個人品德的好壞容易造成本身及其周圍人群關係的和諧或不適，在心理上也容易產生和樂或抑鬱。這就必然對健康產生有利或有害的影響。

第二，張伯端在這裡講的「煩惱無由更上心」，是強調煉己煉心的重要。這種思想與佛教的十二因緣（十二支），以及「一切諸法唯依妄念而有差別」（《大乘起信論》）、「心生則種種法生，心滅則種種法滅」（《六祖壇經》）的思想極其相似。

十一

黃芽白雪❶不難尋，達者❷須憑德行深。四象五行全藉土❸，三元八卦豈離壬❹？煉成靈質❺人難識，消盡陰魔鬼莫侵❻。欲向人間留秘訣，未聞一箇是知音。

【章　旨】敘述黃婆和先天元精在內煉中的重要作用。

【注　釋】❶黃芽白雪　內煉中的鉛和汞。《修真十書》：「白雪乃汞之異名，黃芽乃鉛之異名。」《方壺外史》：「黃芽白雪，鉛汞之異名。」朱元育《悟真篇闡幽》：「坎中真陽是名黃芽。」「離中真陽（按：此陽字應為陰字），是名白雪。」《周易參同契》：「玄含黃芽，五金之主。」俞琰《周易參同契發揮》：「玄含黃芽者，水中產鉛也。」或龍之弦氣曰黃芽，虎之弦氣曰白雪。❷者　代名詞，可譯為「……的人」。❸四象五行全藉土謂青龍、白虎、朱雀、玄武，以及金、木、水、火、土等的和合，都是真意（即土、黃婆）作用的結果。四象，青龍、白虎、朱雀、玄武。五行，金、木、水、火、土。藉，依仗。土，真意；黃婆。❹三元八卦豈離壬　謂木（龍）金（虎）土和乾、坤、震、坎、艮、巽、離、兌等依仗真一之氣（真一之水）。三元，金、木、土。劉一明《悟真直指》謂指元精、元氣、元神。陸西星《方壺外史》謂指天元、地元、人元。三元又稱三性。八卦，乾（☰）、坤（☷）、震（☳）、坎（☵）、艮（☶）、巽（☴）、離（☲）、兌（☱）。壬，先天的壬水。即水，即真水之氣、真一之水。內煉中，腎水即坎水，又分壬水和癸水，其中壬水至清至靈，是先天的，乃煉丹的物質基礎。癸水由欲望產生，混濁不清，是後天的。❺靈質　大藥；善根所化的靈骨。朱元育《悟真篇闡幽》作「靈寶」。❻消盡陰魔鬼莫侵　謂內煉時化盡群陰，留得純陽，即使鬼魅也見之畏懼。

【語　譯】內煉中的鉛和汞不難找到，真正得到它的人需要品行高深。金、木、水、火、土的和合，都是土作用的結果。在煉丹過程中，元精、元氣、元神的變化與乾、坤、震、坎、艮、巽、離、兌等八卦中陰陽消長一致。不過，這一切變化都離不開先天的壬水。假如煉成了大藥，成為長生久視的人，一般人很難理解；群陰消盡，只有純陽之時，鬼怪也無法侵害。我很想把煉丹的秘訣留在世上，只可惜沒有遇到我的知音。

【說　明】第一，道教認為修道與修德是一致的，德行不佳的人不僅不能成仙，還對自己、子孫，以及自然界有「承負」。第二，道教學者認為內煉的物質基礎是壬水——先天真一之氣、先天真一之水，這與其宇宙生成論是一致的。例如《道法會元》卷一一一有兩道展示「元始」狀態的符：

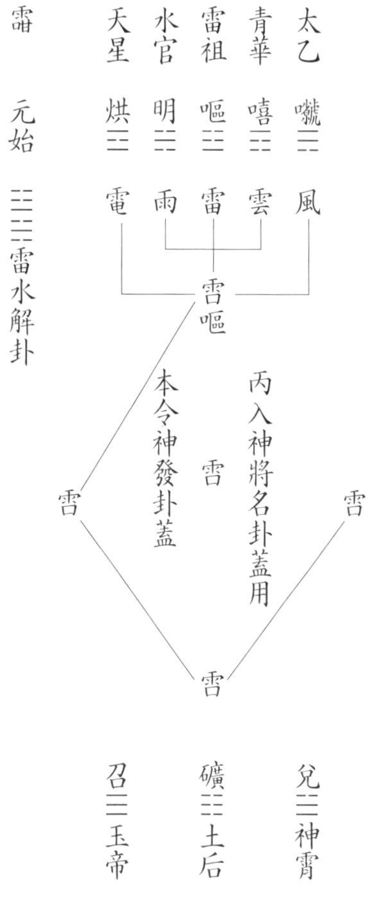

上面道符講的是水和雷電的關係，其中乾、坤、兌意味著天地萬物的產生，蘊含著對生命起源的樸素猜想。《道法會元》卷八九〈五字秘諱〉說：「天玄首建嶂，風、雲、雷、雨、電。」

十二

草木陰陽亦兩齊❶，若❷還缺❸一不芳菲。初開綠葉陽先唱❹，次發紅花陰後隨❺。常道❻即斯❼為日用，真源反覆❽有誰知？報言學道諸君子❾，不識陰陽莫強嗤❿。

【章　旨】敘述煉丹火候與陰陽消長交會的關係。

【注　釋】❶草木陰陽亦兩齊　煉丹的道理和植物的生長一樣，需要陰陽皆全，相互為用。陰陽，陰氣陽氣，喻指煉丹中進陽火，退陰符。兩齊，陰陽兼有。❷若　如果。❸缺　《悟真篇注釋》作「闕」。❹初開綠葉陽先唱　春風送暖，草木萌發，綠葉競開，好像陽氣先聲奪人。綠葉，植物的綠色葉片，顏色似陰，其發生和成長在陽。唱，或作「倡」。❺紅花陰後隨　植物茁壯成長，必然開花結實，似真陽之氣和真陰混合而成胎。借喻先進陽火，後退陰符。或紅花似陽，不過其受雄粉而結果，它實際上是陰，在綠葉生長之後，所以說陰隨其後。❻常道　一般的規律，正常的道理，喻指順生人。❼即斯　《悟真篇注疏》作「即茲」。《方壺外史》作「積斯」。❽真源反覆　謂逆反順生人的道理，而逆行成仙。陳致虛說：「蓋順則為凡夫凡母，逆則為靈父聖母。凡夫凡母之氣，順則成人，謂之常道也。靈父聖母之氣，逆則成丹，是曰真源反覆者，男返是女，而女返是男也。」丹法有返本生人的本源，或「道生一，一生二，二生三，三生萬物」中的「道」。反覆，顛倒；逆行。❾諸君子　眾位道德高尚的人。❿不識陰陽莫強嗤　謂不了解煉丹火候中的陰陽消長，就不要亂用。張伯端〈讀周易參同契〉詩說：「百姓日用不知，聖人能究本源。」「否泰交，則陰陽或升或降，屯蒙作，則動靜在朝在昏。」陰陽，進陽火退陰符。莫強嗤，或作「莫亂為」。

【語　譯】植物的生長需要陰陽互補，假如缺少其一，花草就沒有芳香，煉丹的道理也同植物完全一樣。草木萌發，是綠葉競開，似乎是陽氣先聲奪人。然後開花結果，好像是花受雄粉而結果。植物的這種生長成熟狀況與煉丹時先進陽火，後退陰符也很相似。一般人只知道順生人，逆行成仙的道理有誰能夠了解？現在告訴學道的各位：不了解煉丹火候中的陰陽消長就不要亂來。

【說　明】第一，煉丹中的陰陽消長。煉丹的關鍵是掌握火候，火候的核心是依時調整陰陽，使陽息陰消恰到好處。於此不再贅述。第二，真源反覆的道理。道教關於「順生人，逆成丹（仙）」的理論是從宇宙生成論的角度講的，具體而言，煉丹包括如下逆反內容：從五行關係來說，指的是五行相剋才相生；從先天八卦和後天八卦相互關係看，指從後天八卦返至先天八卦；從元精、元神相互結合的運行路線來說，也是沉重者上升，清輕者下降。至於丹道家們追求的那種返樸歸真思想境界是否可以使人們的生理生命無限延長，這是一種幻想，根本辦不到。如果人們回到無思無慮，「若嬰兒之未孩」的狀態，即使生理生命可以延續一定時期，人們沒有了生命的智慧，人的生存有何意義？社會的發展靠誰開拓？因此，我們要把內丹有益健身的功效和道家道教追求的靜態至高理想適當分開，不可只顧煉丹，忘記了鐵肩擔社會的重大責任。

十三

不識玄中顛倒顛❶，爭知火裡好栽蓮❷？牽將白虎歸家養❸，產箇明珠❹似月圓。謾守藥爐❺看火候❻，但安神息任天然❼。群陰消盡❽丹成熟，跳出凡籠❾壽萬年❿。

【章旨】敘述溫養金丹的方法及金丹煉成的情景。

【注　釋】❶玄中顛倒顛　謂煉丹的道理玄奧，其關鍵在於顛倒五行，扭轉乾坤，將順生人——「道生一，一生二，二生三，三生萬物」逆反而成三歸二，二歸一，一歸無。玄，冥；深；默然無有。《道德經》：「無名天地之始，有名萬物之母……此兩者同出而異名，同謂之玄，玄之又玄，眾妙之門。」顛倒顛，陰陽顛倒，陰中有陽，陽中有陰。❷火裡好栽蓮　謂蓮花可以在火中栽植。借喻內丹燒煉時，離卦是兩陽爻夾一陰爻，離為火，是陽中有陰，火中有水，蓮比喻水。離卦需要以坎卦中的陽爻填充，從而構成坎離相交，結成金丹。所以此句是說坎上離下——煉丹是逆反常道，顛倒顛。火，指離卦，或指龍（火）。蓮，指坎卦，或指白虎（水）。薛道光曰：「夫日為離是男，反為女。月為坎是女，反為男，此顛倒也。」火裡栽蓮，火中有水；陰中有陽；殺中有生。❸白虎歸家養　把白虎牽到家中飼養。借喻內丹燒煉時，使東方之龍（汞）和西方之虎（鉛）交合，促白虎歸於東方。薛道光說：「龍虎是真一之精，變為二物，分位東西，實同出而異名也。真一之精屬汞，為青龍，在東。白虎本是真一之子，寄體在西，其家在東。仙翁曰：『金公本是東家子，送在西鄰寄體生，認得喚來歸舍養，配將姹女作親情。』」故此詩之意：牽將白虎歸家，以青龍結為夫婦以產明珠。」白虎，西方金公；金精；鉛。歸，回來。從西回到東。家，指東方青龍所居之地。❹產箇明珠　生出了金丹。即卷上第五首之「玄珠」。亦喻指金丹的外藥法象和內藥法象。薛道光曰：其言明珠似月圓者，「修丹之法，先取上弦西畔半輪月，得陽金八兩。次取下弦東畔半輪月，得陰水半斤。兩箇半輪月合氣而生丹，故得金丹一粒似月圓也。此外藥法象也。即得此丹吞入己腹中，謂牽此白虎歸己腹中配以我汞，然後運陰符陽火鍛鍊而成金液還丹一粒，亦重一斤，此內藥法象也。」產箇，《悟真篇注疏》作「產下」。❺謾守藥爐　謂金丹已就，不需火候運作了，只要溫養而已。謾守，《悟真篇三注》作「漫守」。爐，丹田。❻火候　見〈自序〉第六段❿。❼但安神息任天然　謂煉精化氣結束，此時只需真息與元神相依即可。神息，真息與元神相依之息。任天然，任其自然，不加人為。謂過渡到煉氣化神階段，不再需用有為功夫。此時金丹處於溫養階段。此句《道樞》作「但修神定自然安」。《修真十書》將「但安」作「但看」。❽群陰消盡　金丹煉成後，已無陰氣，只有純陽。❾凡籠　凡世牢籠。謂人世貪欲太多，猶如無形的牢籠。❿壽萬年　《道樞》作「不是難」。

【語　譯】煉丹的道理玄奧高深，其中的關鍵是顛倒五行，扭轉乾坤，把順生人的規律逆反。《周易》中的離卦屬火，是陽中有陰，火中有水。若以蓮喻水，水為坎卦。煉丹時需要坎離相交，如像火裡栽了蓮花。這些比譬的道理人們哪裡知道？在四方五行的概念之中，煉丹家以東方為龍，為木，西方為虎，為金；煉丹時要促使白虎歸於東方，結果煉成金丹。從煉丹火候與月亮圓缺變化相一致看來，這好像上弦半輪月和下弦半輪月合氣而生丹。金丹已成，需要在丹田溫養，不要再運作火候，此時只需真息與元神相依即可，不要有任何人為的功夫。這是煉精化氣結束，處於金丹的溫養階段，一定要遵守這個法則。最後，只要金丹煉成，沒有了陰氣，也就與世俗的人完全不同，可以拋棄貪欲，延年益壽了。

【說　明】白虎歸家。按照四方五位的觀念，東方屬木，為龍為青為卯；南方屬火，為赤為朱雀為午；西方為虎，為金為白為酉；北方為玄武，為水為黑為子。內丹燒煉時要逆時針方向運轉，即「子當右轉，午乃東旋」。這樣才能龍虎交媾，鉛汞結合。另外，內丹燒煉要從後天還返先天。先天八卦是震東兌西，震為長男，兌為少女。在父權制之後，男女婚配一般是女到男家。這裡的「牽將白虎歸家養」是生動的比喻。

十四

三五一❶都三箇字，古今明者❷實然稀。東三南二同成五❸，北一西方四共之❹。戊己身居生數五❺，三家❻相見結嬰兒❼。嬰兒是一含真氣❽，十月胎圓入聖基❾。

【章　旨】總敘精氣神的交合過程，以及黃婆（意土）的重要作用。

【注　釋】❶三五一　謂三五合而為一。「河圖」東方木數三，南方火數二，木能生火，二物同宮，二與三合成一五，在人為元神；因其有木有火而無金水戊土，其異名或稱玄、無、妙。西方金數四，北方水數一，金能生水，四與一合成二五，在人為元精。因金水一家皆陰中寡陽，故異名曰牝曰有曰微。戊己土本數五，是三五，由它調和水火，成為嬰兒。三五合而為一，故稱三五一。或三五即指元神、元精、意土。或謂「一」指丹，即真一之氣，乃先天地之母；或指未成丹之丹母。或謂三五為十五，加一則得十六，恰為二八之數，與「藥重一斤須二八」吻合。❷者　代名詞，可譯成「……的人」。❸東三南二同成五　謂「河圖」中東方陽數三，南方陰數二，二與三相加為五。❹北一西方四共之　謂「河圖」中北方一陽與西方四陰為五。「河圖」生數西方為四，疑此句有誤。❺戊己身居生數五　「河圖」之中央為意土，與十干中的戊己相配。東方屬木，與甲乙相配。南方屬火，與丙丁相配。西方屬金，與庚辛相配。北方屬水，與壬癸相配。戊己，十干中之第五、六。生數，「河圖」以內圈一二三四五為生數，外圈六七八九十為成數。此句《悟真篇講義》作「戊己自居本生數」。身居，《悟真篇注疏》作「自歸」。❻三家　指元精、元神、意土。二三為神，一四為精，五為意土、真意、黃婆。因為後天心即先天元精，後天身為先天元氣，後天意為先天元神，故三家也叫身心意。❼嬰兒　金丹。或指代丹母。❽嬰兒是一含真氣　謂金丹乃由先天真一之氣煉成。一，指先天之精；丹母；金丹；太極。真氣，真一之氣，有先天的後天的分別。薛道光曰：「一者丹，即彼之真一之氣，乃先天地之母也。我之真一之氣，乃天地之子也。以母氣伏子氣，如貓捕鼠而不走失也。子母之氣相戀於胞胎之中以結嬰兒也。」《悟真篇注疏》將「嬰兒是

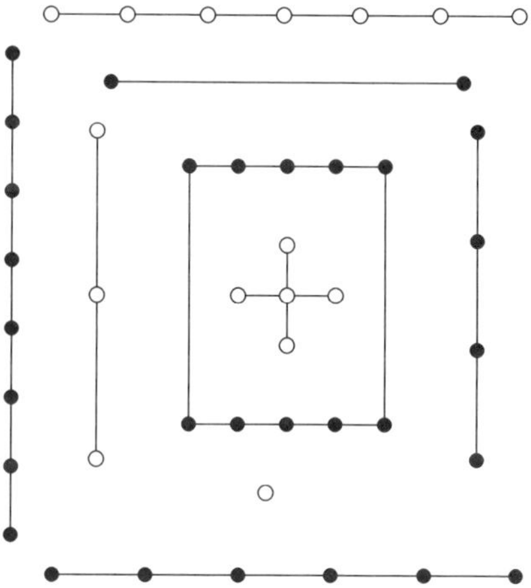

河圖

一」作「是知太一」，《悟真直指》則作「是知太乙」。❾十月胎圓入聖基　謂由丹母煉成金丹，猶如母親懷孕子女，十月而有碩果。或因煉內丹將煉氣化神叫「十月關」，故有「十月胎圓」之說。聖基，謂金丹煉成，亦如母親懷胎，十月功成，自然降生，奠定成聖根基。《道樞》和《方壺外史》作「合聖基」。

【語　譯】按照「河圖」陰陽的顯示，東方為木，陽數三，南方為火，陰數二，木能生火，二與三合成一五，在人為元神。西方為金，陰數四，北方為水，陽數一，金能生水，四與一合成二五，在人為元精。中央戊己土本數五，是三五。由它調和水火，燒煉金丹。這就是「三五」的涵義。但是，從古到今，明白這個道理的人實在太少。原來，東方甲木是為三，南方丁火是為二，北方為水是為一，西方白虎是為四，中央戊己土為五。木火、金水各一家，都由土來促合成金丹。試問金丹是什麼？它乃是由真一之氣煉成。丹母煉成金丹並不容易，其間的陰陽變化猶如母親懷孕子女，需要經過十個月才能奠定成聖的基礎。

【說　明】第一，河圖、洛書說。河圖、洛書之名最早見於《尚書・顧命》：「赤刀、大訓、弘璧、琬琰，在西序；大玉、爽玉、天球、河圖，在東序。」《文選》卷四八載班固〈典引〉，其中「御東序之秘寶，以流其占」下蔡邕注云：「東序，牆也。《尚書》曰：顓頊河圖。洛書，在東序。」可見西周時代的「河圖」、「洛書」是陳列於禮堂東序的秘寶，不知為何物。後人推測其為刻有上天符命的寶石。漢儒則認為「河圖」、「洛書」即是八卦九疇，此說由孔安國注《論語》「河不出圖」倡先，揚雄、劉歆步其後。此外，漢魏六朝還編有大量的讖緯式河圖、洛書，其主要內容是推算吉凶的卜筮數術之類。現代所見河圖、洛書黑白點數圖是宋人所繪，「河圖」已見於卷上第十四首

❶，「洛書」則是：

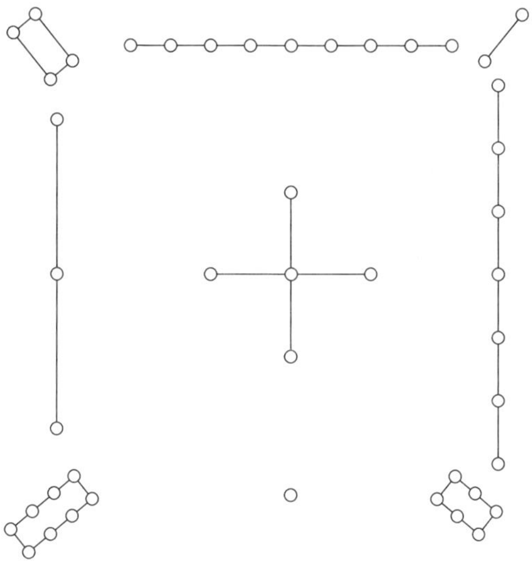

不過，應該說明的是：宋代劉牧正好將上述河圖、洛書顛倒。

第二，生數、成數與五行的關係。關於「生數」、「成數」相配而生五行的問題，可能與中國古代數學、天文曆法有關。一九七七年春，在阜陽雙古堆發掘了西漢汝陰侯墓，其中有一面「太乙九宮占盤」，《文物》一九七八年第八期〈阜陽雙古堆西漢汝陰侯墓發掘簡報〉說：「太乙九宮占盤的正面，是按八卦和五行（水、火、木、金、土）屬性排列的。九宮的名稱和各宮節氣的日數與《靈樞經·九宮八風篇》篇首圖完全一致。小圓盤的刻劃則與河圖、洛書完全符合。」由文中的第十六頁「3·太乙九宮占盤」的詳細介紹看，小圓盤過圓心劃四條等分線，四條等分線分別由「一君」對「九百姓」，「二」對「八」，「三相」對「七將」，「四」對「六」。繞圓心刻「吏」「招」「搖」「也」四個字（連同圓心恰好為五，與「洛書」中間五個白圓圈的分布式樣正同）。這個圖實與「洛書」完全相符，而與「河圖」不符。而漢代的《大戴禮記·明唐篇》記載有二、九、四；七、五、三；六、一、八。後周甄鸞注謂：「九宮者，即二四為肩，六八為足，左三右七，戴九履一，五居中央。」《資治通鑑》卷二一五云：「漢順帝陽嘉三年時，九宮貴神壇，……吾為中，戴九履一，左三右七，二四為肩，六八為下……。」這說明在漢順帝時已有了上述「九宮」。後來，鄭玄運用象數學的形式，在〈說卦〉以八卦配八方的基礎上，將「九宮」與漢代流行的五方同五行相配，這就是他在《周易·繫辭》注中說的：「天一生水於北，地二生火於南，天三生木於東，地四生金於西，天五生土於中。陽無耦，陰無配，未得相成。地六成水於北與天一並，天七成火於南與地二並，地八成木於東與天三並，天九成金於西與地四並，地十成土於中與天五並也。」（王應麟輯《周易鄭康成注繫辭》）在這裡，鄭玄還沒有把「生數」、「成數」、五行、五方與八卦聯繫起來，更沒有說明「天一生水於北」的道理。道教學者吸取了上述數學成就，並參照中國農曆四季變化的規律，將後天八卦與「生數」、「成數」、五方、五行聯繫起來，認為北方天一生水應是立冬之時，乃是「元氣」萌發，象徵陽氣始通，萬物即將孕育產生。於是，他們就在此基礎上，運用天為陽、地為陰，陽為奇、陰為偶這樣的象數學形式，以「九宮」配以五方、十二支、四季、八卦等說明了萬物的生成變化。從後漢魏伯陽的《周易參同契》到宋（趙）初陳摶的《易龍圖序》、《正易心法注》就基本上闡述了上面說的思想。《周易參同契》說：「五行錯王，相據以生，火性銷金，金伐木榮。三五與一，天地至精，可以口訣，難以書傳，子當右轉，午乃東旋，卯酉界隔，主定二名，龍呼於虎，虎吸龍精。」「物無陰陽，違天背原，牝雞自卵，其雛不全，夫何故乎？配合未連，三五不交，剛柔離分。」「丹砂木精，得金乃並，金水合處，木火為侶，四者混沌，列為龍虎，龍陽數奇，虎陰數偶，肝青為父，肺白為母，腎黑為子，心赤為女，脾黃為祖，子五行始，三物一家，都歸戊己。剛柔迭興，更歷分部，龍西虎東，建緯卯酉，刑德並會，相見歡喜，刑主伏殺，德主生起，二月榆死，魁臨於卯，八月麥生，天罡據酉，子南午北，互為綱紀，九一之數，終則復始，含元抱真，播精於子。關關雎鳩，在河之洲，窈窕淑女，君子好逑。雄不獨處，雌不孤居，元武龜蛇，糾盤相扶，以明牝牡，畢業相胥。」《周易參同契》的作者魏伯陽認為：北方為玄武，南方為朱雀，東方為青龍，西方為白虎。如果與五行相雜，則北方為水屬子，南方為火屬午，東方為木屬卯，西方為金屬酉，中央為土。在他看來，東三陽為奇，南方二陰屬偶，二者相加等於五。北方一陽為奇，西方的四陰為偶，二者相加等於五。上述兩個五加上中央的「五」正好是三個五，所以叫做「三五與一」。一、二、三、四、五是生數，六、七、八、九、十是成數。因為陰陽需要相互配合，二者的組合就是：天一以生水，地六以成之；地二以生火，天七以成之；天三以生木，地八以成之；地四以生金，天九以成之；天五以生土，地十以成之。魏伯陽這種思想也蘊藏著「河圖」、「洛書」的雛形。

唐代道士作《上方大洞真元妙經品》，繪「道妙惚恍之圖」，進一步闡發了《周易參同契》中上面所說的思想。他認為：宇宙萬物源於氣，（按：《雲笈七籤・老君太上虛無自然本起經》云：「何謂無？無者氣也。氣有形可見，無質可得，故為無。」）由氣產生太極，再由清濁二氣形成天地萬物，它們再按照北方水位，當坎卦，乃天一地六之數。東方木位，當震卦，乃天三地八之數。南方火位，當離卦，乃天七地二之數。西方金位，當兌卦，乃天九地四之數。這樣四方、五行、生數、成數和八卦相互配合的圓圈循環往復變化。如果以圓圈表示，則氣居中圈，太極次之，清濁二氣再次之，而以木、火、金、水和天三地八、天七地二、天九地四，天一地六這樣相配的圓圈居第四圈，再以坎、艮、震、巽、離、坤、兌、乾八卦環繞其外的封閉圓圈，就是宇宙萬物生成變化遵循的模式。

五代至北宋初年的著名道教學者陳摶撰《易龍圖》，此書已佚，但現存的〈易龍圖序〉已足以說明他用「生數」「成數」相配說明宇宙萬物生成的問題。他說：「始龍圖之未合也，惟五十五數。上二十五，天數也。中貫三五九，外包十五，盡天三天五天九並五十之用，後形一六元位，又顯二十四之為用也。十分而為六形，地之象焉，六分而幾四象。地六不配在上，則一不用。形二十四在下，則六不用，亦形二十四後既合也。天一居上，為道之宗，地六居下，為氣之本。天三干，地二地四為之用。三若在陽則避孤陰，在陰則避寡陽大矣哉！龍圖之變歧分萬途，今略述其梗概焉。」（見《易象圖說內篇》卷上，《正統道藏》第九函第七十一冊）陳摶在這裡說的五十五數，即天數二十五，地數三十，乃是從《周易．繫辭》中「天數二十有五，地數三十，凡天地之數五十有五」而來。所謂「中貫三五九」，乃指「河圖」（即一六居下，二七居上，三八居左，四九居右，五十居中之圖）中東方三陽，中央戊己土陽，西方九陽而言。所謂「外包十五」，乃指「河圖」中北方水位天一生（即天一生水），東方木位有三陽（即天三生木），南方火位二陰生（即地二生火），西方金位有四陰（即地四以生金），中央土位有五陽（即天五以生土）。這樣，五位之數加起來正好等於五十五。因為西、南為陰方，東、北為陽方，一、二、三、四、五是生數。按照陰陽配合乃能相生的道理，天一以生水，地六以成之；地二以生火，天七以成之；天三以生木，地八以成之；地四以生金，天九以成之；天五以生土，地十以成之。這樣生數一、二、三、四、五，成數六、七、八、九、十皆為五位，乃天地分五位之象。如果生數加成數，按照一六、二七、三八、四九、五十奇偶相配加起來，其和數也是五十五。又因為北方陰位陽生，乃萬物將萌之時。從「河圖」內圈看，北方是一陽，乃天一。從「河圖」外圈看，北方是六陰，乃地六。從「河圖」內圈看，北方一陽在外圈六陰之上，而陰陽的結合又構成萬物。所以〈易龍圖序〉中說「天一居上，為道之宗，地六居下，為氣之本」。

由上述可知：道教學者認為，由於「生數」與「成數」相配象徵著陰陽交接，於是生成五行。有了五行，「即能佐佑天地生成萬物」。（《易數鉤隱圖遺論九事》，《正統道藏》第九函第七十一冊）

十五

不識真鉛正祖宗❶，萬般作用枉施功❷。休妻❸謾遣❹陰陽隔❺，絕粒❻從教❼腸胃空。草木❽金銀❾皆滓質❿，雲霞日月⓫屬朦朧⓬。更饒吐納⓭並存想⓮，總與金丹事不同⓯。

【章　旨】告誡人們摒棄旁門邪道，一心修煉正統的煉丹大法。

【注　釋】❶真鉛正祖宗　謂只有鉛（元精）才真正是煉丹的物質基礎。真鉛，腎水；元精；坎中一陽。祖宗，根源。《悟真篇正義》云：「祖宗即指其出處也。」劉一明《悟真直指》說：「坎中一陽，乃乾家剛健中正之氣，取象為真鉛，乃天一所生，具有先天真一之氣，為生物之祖氣，為金丹之正祖宗。」❷施功　《悟真篇闡幽》作「勞功」。施，作。❸休妻　離棄妻子。在道教中，委絕妻子修道當以陸修靜為先。❹遣　或當作「道」。清董得寧《悟真篇正義》曰：「遣當作道，乃字體相近之誤也。」❺陰陽隔　男屬陽，女屬陰，夫妻離婚，故陰陽隔離。❻絕粒　即辟穀而不吃穀物的修煉方法。❼從教　或作「徒教」。❽草木　指以植物的根、莖、葉、果、樹皮為藥物，食用而求延年益壽。❾金銀　指外丹以燒煉出藥金藥銀而為藥。❿滓質　殘餘的廢料，隱喻內丹之外的旁門邪道。⓫雲霞日月　謂吞雲吐霧，吸取日精月華等吐故納新一類的煉氣功法。⓬朦朧　模糊不清；虛幻不可捉摸。⓭吐納　指呼出體內濁氣，吸進新鮮空氣的修煉功法。⓮存想　靜思體內各器官皆有神靈住守，並且都與身外神靈、仙境相連通的求神通天修煉方法。⓯總與金丹事不同　謂上述邪門外道與內丹修煉的真功夫不一樣。金丹，見卷上第三首❷。

【語　譯】煉內丹需要了解它的真正根基是元精，如果不知道這一點，什麼功夫都是白費。如果夫妻離婚，陰陽間隔；辟穀而不吃穀物，腸胃經常空虛。或者食用草木的根、莖、葉、果和樹皮，以及外丹煉成的藥金藥銀等等廢物。或者採用吞雲吐霧，吸取日精月華那樣的煉功方法，都是虛幻不真，沒有效果的。更有吐故納新的呼吸鍛鍊方法，以及靜思體內器官都有神靈住守，而且都與身外神靈、仙境相通的修煉方法，都是與修煉內丹不同的邪門外道。

【說　明】第一，道教徒「始斷婚事」自陸修靜始。道士本來是有家室的，受了沙門的影響，逐漸向獨身生活方面過渡。寇謙之《老君音誦戒經》十二謂「齋法：素飯菜，一日食米三升，斷房室，五辛、生菜、諸肉盡斷」。這裡僅僅談到齋練、齋功時「斷房室」，並不是不要妻室。陸修靜卻遺棄妻子，專精教法，不合寤寐。他隱居雲夢山修道，下山尋藥，路過故鄉，停家數日。其女忽然病危，家人請他救治，他卻說：「我本委絕妻子，托體玄極。今之過家，事同逆旅，豈復有愛著之心。」於是拂衣而去，直逝不顧。（《三洞珠囊・卷一・救導品》引《道學傳》）在他之後，道教逐漸有了斷婚娶的戒律。例如，玄嶷《甄正論》云：「宋文明等更增其法。……行其道者，始斷婚娶。」第二，道教的存想。存想，或名存思，常簡稱為存，它既在道教法術中廣泛運用，也是道教的思維方法。早期的道教存想，乃是以意念引導人體內諸神歸位的修煉術。例如，《太平經・以樂卻災法》說：「夫人神乃生內，返游於外，游不以時，還為身害，即能追之以還，自治不敗也。追求如何？使空室內旁無人，畫象隨其藏色，與四時氣相應，懸之窗光之中而思之。上有藏象，下有十鄉，臥即念以近懸象，思之不止，五藏神能報二十四時氣，五行神且來救助之，萬疾皆愈。」後來的《上清大洞真經》和《黃庭經》則是存想修煉術的集大成者。作為一種思維方法，存想是溝通人和神的重要橋梁，也與思維有一定的聯繫。

十六

萬卷仙經❶語❷總同，金丹❸只此是根宗❹。依他坤位生成體❺，種向乾家交感宮❻。莫恠❼天機❽都漏洩❾，卻緣學者自迷蒙❿。若人了得詩中意，立見⓫三清⓬太上⓭翁⓮。

【章　旨】總括以上各首詩的內容，指出只有種乾產坤，把握火候，才能煉成金丹。

【注　釋】❶仙經　因道教提倡不死成仙，故稱其典籍為仙經。❷語　《修真十書》作「話」。❸金丹　見卷上第三首❷。❹根宗　根基；根本。❺依他坤位生成體　謂大藥在後天八卦中的西南方坤位（人身腹部）結成金丹。依他，指產藥的地方。坤位，文王後天八卦之西南方為坤卦位，純陰，在人身即小腹和丹田。卷上第七首詩曰：「要知產藥川源處，只在西南是本鄉。」《周易・說卦》：「乾為首，坤為腹。」體，大藥；金丹。❻種向乾家交感宮　謂煉丹時陰陽消長，將火候運向頭上百會穴，自此之後即退陰符。種向，即採藥。乾家，文王後天八卦中西北方為乾位，純陽，在人身為頭部。交感，陰陽的變化，喻指鉛汞相交。或謂坤三變而為乾，乾三變而為坤。宮，宮殿；室。此處隱喻上丹田。因為大藥產生之後，需採升而至泥丸提煉，在此鉛汞交合，故稱交感宮。❼恠　《悟真篇講義》作「怪」。❽天機　見〈自序〉第二段⓱。❾都漏洩　《悟真篇注疏》和《悟真真指》作「都露洩」。❿卻緣學者自迷蒙　卻是學道的人自己迷惑愚昧的緣故。卻緣，《悟真篇注釋》作「蓋緣」。學者，《悟真篇講義》作「學道」。迷蒙，《悟真篇注疏》作「愚蒙」。⓫立見　《悟真篇講義》作「即見」。⓬三清　道教三位最高尊神玉清、上清、太清的合稱。玉清即元始天尊，或稱天寶君，因居清微天之玉清境而名為玉清。上清即靈寶天尊，或稱靈寶君，因居禹餘天之上清境而名為上清。太清即道德天尊，又稱神寶君（即老君），因居大赤天之太清境而名為太清。三清合稱初見於六朝。⓭太上　泛指最高尊神。⓮翁　對老人的尊稱。

【語　譯】千萬卷的道教經典幾乎總是講長生的道理，煉內丹卻是其中的根本。先在後天八卦的西南方位找到大藥，適當進陽火，退陰符，使火候將元精運向頭上百會穴，達到陽長陰消煉成金丹的實效。大家不要怪我在這裡漏洩天地自然變化的奇特機密，都是因為學道的人迷蒙無知的緣故。如果人們了解我在詩中講的本意，就可以立刻飛升成仙，看見道教最高尊神玉清、上清、太清了。

【說　明】第一，乾卦、坤卦和煉丹。從先天八卦圖看，乾卦位南，坤卦位北。從後天八卦圖看，乾位西北，坤位西南。按五行方位，東方屬木，南方屬火，西方屬金，北方屬水，中央屬土。而五行相生是：金生水，水生木，木生火，火生土，土生金。由於北方水乃西方金所生，《周易參同契》：「金為水母，母隱子胎。水者金子，子藏母胞。」後天八卦中坎卦位北方，離卦位南方，煉丹之坎離相交即是煉丹的一大進程。而坎離乃乾坤之用，乾之坤為坎，坤之乾為離。從人身穴位來說，乾卦在頭頂為泥丸，坤卦在下部為會陰，煉丹時氣的運行路線是始自尾閭，經督脈上升至乾（泥丸），再經任脈下降至會陰而循環往復。所以，不管從煉丹大藥的產生，以及煉丹的進程、路線，還是從後天還返先天的內煉目的講，煉丹都與乾坤兩卦密切相關。

第二，道教的尊神。道教尊神有：三清、四御、日月五星與四方之神。三清是道教信奉的三位最高尊神，是玉清、上清、太清的合稱，初見於六朝。四御是僅次於三清的四位天帝，即玉皇大帝、中央紫微北極大帝、勾陳上宮天皇上帝、后土皇帝祇。玉皇大帝簡稱玉帝，或稱昊天金闕至尊玉皇大帝、玄穹高上玉皇大帝，全稱是昊天金闕無上至尊自然妙有彌羅至真玉皇上帝，乃總執天道的最崇高神，猶如人間的皇帝。中央紫微北極大帝是協助玉皇執掌天經地緯、日月星辰、四時氣候的天神。勾陳上宮天皇上帝的職責是協助玉皇執掌南北極、天地人三才、統御眾星，主持人間兵革。后土皇帝祇，或稱承天效法后土皇帝祇，職責是掌管陰陽生育，萬物之美，大地山河之秀。古代敬祀為男像，唐宋後為女像。日月五星，即日為大明之神，月為夜明之神。五星又稱五曜，即木星、土星、金星、水星、火星（或歲星、鎮星、太白星、晨星、熒惑星）。四方之神，即青龍、白虎、朱雀、玄武四神。按照古代神話傳說，二十八宿中東方七宿（角、亢、氐、房、心、尾、箕）組成龍形，在五行中屬木，其色青，稱青龍（或蒼龍），故東方之神為青龍。南方七宿（井、鬼、柳、星、張、翼、軫）組成鳥形，在五行中屬火，其色赤，稱朱雀（或朱鳥），故南方之神為朱雀。西方七宿（奎、婁、胃、昴、畢、觜、參）組成虎形，在五行中屬金，其色白，故西方之神稱白虎。北方七宿（斗、牛、女、虛、危、室、壁）組成龜形，在五行中屬水，其色玄（即黑），故北方之神稱玄武。

卷中

【題解】這是分論，共有七言絕句六十四首，追述《悟真篇》、《周易參同契》、《陰符經》的關係，概述了煉丹的過程；指明了他煉丹的方法步驟是在性命雙修的基礎上先命後性，從有為入於無為；強調築基補虧，丹法逆行的道理，敘說火候、意土在內煉中的重要；抽鉛添汞、煉己的重要，煉丹必須取法天道。同時對煉精化氣、煉氣化神作了闡發。

一

先把乾坤❶為鼎器❷，次摶烏兔藥來烹❸。既驅二物歸黃道❹，爭得❺
金丹不解生❻！

【章旨】概括內煉旨要。指明煉丹藥物、煉藥丹穴、成就金丹等。

【注釋】❶乾坤　乾卦（䷀）和坤卦（䷁），內丹乃指人之頭頂泥丸宮與下丹田；真龍真虎，按照《周易》

先天卦位，是乾南坤北，而煉內丹時，人身方位是上南下北。❷鼎器　煉丹器具，往往是在上的叫做鼎，在下的叫做器。在內丹中，位置在頭上的叫做鼎，在下腹丹田的叫做器。不同的是：煉精化氣階段頭上的稱鼎，煉氣化神時則鼎在黃庭穴。或鼎器指靈父聖母，藥物指靈父聖母之氣。《周易參同契》：「乾坤剛柔，配合相包。陽稟陰受，雄雌相須。須以造化，精氣乃舒。」❸次摶烏兔藥來烹　謂促成日月交合，鉛汞（即元精元神）相交。次摶，或作「次將」。烏為日，為陽，為神。兔為月，為陰，為精。烏兔亦指鉛汞。烏兔即藥物。烹，煮。❹既驅二物歸黃道　謂引導鉛汞交合而至丹田。驅，趕；引導。二物，元精與元神，亦即鉛汞。黃道，中宮意土。天文學認為：日行中道為黃道，月行八道共九道，黃道即日月交會的處所。❺爭得　怎麼；怎能。❻金丹不解生　謂金丹不會不生成。金丹，見卷上第三首❷。《悟真篇講義》為「黃芽」。《悟真篇注釋》作「靈丹」。

【語　譯】首先要把人的頭頂泥丸宮和下丹田作為煉內丹的煉丹爐，其次要促成日月交合，元精元神相交。既然已經引導元精元神歸往中宮意土，金丹當然不會煉不出來！

【說　明】第一，煉丹的基本條件。不管內丹還是外丹，煉丹都必須有鼎器、藥物、火候。不同的是：內丹的鼎器是丹田，藥物是人之精、氣、神，火候即是煉功中用神（即意）來掌握呼吸。

第二，意土（黃婆）在煉丹中的作用。黃婆是促使坎離相交、陰陽結合、龍虎交媾的最重要的關鍵，離了它，煉丹即不可能。

二

安爐立鼎法乾坤❶，鍛煉精華制魄魂❷。聚散氤氳為變化❸，敢將玄

妙等閑論❹？

【章　旨】闡明煉丹乃是效法天地，變化陰陽。

【注　釋】❶安爐立鼎法乾坤　效法乾坤的位置確定煉丹的鼎爐。此句安、立、法都是動詞。《周易・繫辭》：「天尊地卑，乾坤定矣。」內丹燒煉是顛倒陰陽，扭轉乾坤，這裡講「法乾坤」，是說仿效陰陽的變化，並非固定天尊地卑、乾上坤下的位置。煉丹時需要安爐於下，立鼎於上。❷鍛鍊精華制魄魂　謂燒煉藥物制約元精元神。鍛鍊，即以火煉物（金屬）。精華，藥物；陰陽交合之氣。制，牽制；互相制約。魄魂，陰陽；元精元神。神的代號為魂，精的代號為魄。因為神易散飛，精易下流，煉丹時以鉛制汞，以精制神，不使神上飛而散，精下沉而流，以火候使兩者在爐鼎中燒煉，得到凝合，從而使元神下沉不散，將魂制住，又使元精逆而上行，將魄制住。故稱這種火候運轉為制魄魂。❸聚散氤氳為變化　謂陰陽二氣相交感而為一，又氣化而為萬物。《周易・繫辭下》：「天地絪縕，萬物化醇。」《周易・咸卦・彖辭》：「天地感而萬物化生。」北宋張載《正蒙・參兩》云：「一物兩體，氣也。一故神（自注：兩在故不測），兩故化（自注：推行於一），此天之所以參也。」一和氣是指統一體，其中包含著互相對立的陰陽，陰陽互相感應，產生了無窮的變化，這就是「一故神」。陰陽兩端「聚散相蕩，升降相來，絪縕相揉」相互作用，變化成新的統一體，即是「兩故化」。❹敢將玄妙等閑論　怎麼敢把深奧的丹道功法隨便同人議論。敢，怎麼敢。玄妙，深奧。此句《悟真篇講義》作「敢將方體預言論」。《悟真篇注釋》作「托言論」。

【語　譯】內丹煉製的鼎爐不但要仿效乾上坤下的位置，重要的是效法它們陰陽變化的法則。內丹煉製也需要武火文火燒煉，而其中的關鍵是使元精元神相互制約，讓元神下沉不散，又使元精逆而上行，以火候使兩者在丹田凝合。元精元神相互交感，千變萬化而結成金丹，怎麼敢隨便把深奧的煉丹功法同人議論呢？

【說　明】第一，煉丹需要效法乾坤。一是煉丹的鼎器以乾為首為鼎，以坤為腹為爐。二是煉丹的實踐過程即是效法乾坤，變化陰陽。煉丹的火候即有進陽火、退陰符，從而煉成純陽之體。三是煉丹需要從後天八卦返還至先天八卦，正如宋末元初道士俞琰所說：「丹法以天為鼎，以地為爐，以月為藥之用，而採取必按月之盈虧。以日為火之候，而動靜必視日之出沒。自始至終，無一不與天地合。」（《周易參同契發揮》）

第二，氣化思想在中國哲學上很流行。先秦時代的《管子》四篇（指〈心術上〉、〈心術下〉、〈白心〉、〈內業〉）和《莊子》、《易傳》都從宇宙論的角度談到了氣化問題，漢代的王充，宋代的程顥、程頤、張載、王廷相，明代的王夫之等都沿襲了氣化論的宇宙觀。道教的早期經典《太平經》、《老子想爾注》等也都涉及到氣化問題。南北朝宋梁時代的陶弘景也談到了氣化問題。他說：「道者混然，是生元氣。元氣成，然後有太極。太極則天地之父母，道之奧也。」（《真誥・甄命授》第一）這種四個層次、三個組合的論述，雖然與《周易・繫辭》太極生兩儀、《老子》中的「道生一」有關，但已有了很大不同。

三

休泥丹竈費工夫❶，煉藥須尋偃月爐❷。自有天然真火候❸，不須柴炭及吹爐❹。

【章　旨】從生陽與生火方面闡明火候在煉丹中的地位，實際是講初功位置。

【注　釋】❶休泥丹竈費工夫　謂用泥土修築煉丹爐竈是枉費工夫。泥，動詞，即使用泥土。指六一泥。或泥指凝滯之意。丹竈，爐竈，煉外丹時所用。❷偃月爐　狀似農曆每月初三月象，隱喻夜間新月有一絲陽光，它即是藥，即是火，由此點燃火候之火。《周易參同契》：「始於東北，箕斗之鄉。」即指月初時，白天看不見，位當東方震卦。或謂偃月爐即丹田。元夏宗禹《悟真篇講義》謂：「偃月爐者，即人身中煉丹之器，其狀如月之初生，自有天然真陽之火，四時溫養，洞照天地。」薛道光謂偃月爐即陰爐。❸天然真火候　謂內丹燒煉中的武火文火，即中央戊己土的作用。真火候，《悟真篇注釋》作「真火養」。《修真十書》作「真火用」。或作「真火育」。❹不須柴炭及吹爐　不需要煉外丹時用的柴炭和風火。不須，或作「何須」。吹爐，《悟真篇講義》作「吹噓」。

【語　譯】不要用六一泥修築丹爐白費工夫，真正煉丹需要的是以丹田作為鼎器。內煉中自然具備的是武火文火，不再需要煉外丹時用的柴炭和風火。

【說　明】第一，偃月爐。比喻偃月之爐。表面上講煉丹的鼎器，實際上是隱喻煉丹中的真陽之火初生。

第二，六一泥。這是外丹爐鼎必備材料。據已故著名的中國化學史、道教專家陳國符先生考證，六一泥，或稱神泥，用礬石、戎鹽、鹵鹽、東海左顧牡蠣、赤石脂、滑石和醋為泥，或用左顧牡蠣、蚡螻土、馬脫落細色、滑石、赤石脂、羊細毛、大鹽，或用東海左顧牡蠣、戎鹽、黃丹、滑石、赤石脂、蚵螻黃土、東海細鹽。凡以上三配方所成配料皆成六一泥，亦稱神泥。

四

偃月爐中玉蕊❶生，朱砂鼎內水銀平❷。只因火力調和後❸，種得黃芽漸長成❹。

【章　旨】闡明煉精化氣的初步、二步、三步過程。

【注　釋】❶玉蕊　陰中之陽，坎中之物。即偃月爐中產生的元精。❷朱砂鼎內水銀平　謂使元精運上頭頂。朱砂鼎，頭頂穴位。水銀，運至頭頂的元精。或「朱砂鼎內水銀」，即陽中之陰、離中之火。❸火力調和後　即運用武火文火恰如其時。火力調和，火候運用。按照《周易》的卦象，坎卦（☵）是陰中有陽，包含有元神（汞質），離卦（☲）是陽中有陰，包含有元精（鉛質），煉丹即取坎填離——以坎中一陽填離中之陰而成純陽。❹種得黃芽漸長成　謂調和陰陽，使金丹早日成熟。種，動詞，栽種，喻指坎中一陽——內煉元精昇華而為丹母。黃芽，見卷上第十一首❶。《周易參同契》及其〈鼎器歌〉有「陰陽之始，玄含黃芽」，「將欲制之，黃芽為根」，「陰火白，黃芽鉛」等語。

【語　譯】坎卦外陰內中有一陽，這是下丹田中新生的丹藥元精。內丹煉製是把元精運至頭頂百會穴，拘制元神下降至下丹田，從而使元精元神交合。產生上面這種變化的原因是武火文文在恰如其時的調和，因而才能使陰陽變化，金丹漸漸成熟。

【說　明】鼎爐。煉外丹的鼎爐是用六一泥等築成，如鼎爐的器物。內丹之鼎爐是指乾坤，實際上是丹田。

五

嚥津納氣❶是人行，有藥❷方能造化生❸。鼎內若無真種子❹，猶將水火煮空鐺❺。

【章　旨】指出無藥不能煉丹，轉空輪而通氣沒有益處。

【注　釋】❶嚥津納氣　吞嚥唾液，吐出濁氣，吸進新鮮空氣的道教修養方法。津，唾液；水。氣，空氣；火。❷藥　指內丹修煉中的人體精、氣、神，是煉精化氣中的主要成分。《玉皇心印妙經》云：「上藥三品，神與氣精。」藥，《悟真篇注釋》、《悟真篇講義》作「物」。❸造化生　造成育化萬物，隱喻運煉藥物，生化金丹。《道樞》、《悟真篇講義》作「萬物生」。❹鼎內若無真種子　謂丹田裡如果沒有精、氣、神（或先天真一之氣）聚結的上藥，煉金丹就是空話。鼎內，指丹田。《悟真篇講義》作「裡面」。真種子，精、氣、神；真鉛。❺猶將水火煮空鐺　謂沒有精、氣、神而煉丹，就像在空空的鐵鍋下面燒火一樣。水火，一般所指的水和火，非指內丹燒煉中的水與火。水火，《道樞》、《悟真篇注釋》作「猛火」。鐺，鐵鍋。

【語　譯】吞嚥唾液，吐出濁氣，吸進新鮮空氣的方法是人們經常採用的。不過，只有精、氣、神才能經過陰陽化育，生成金丹。假如丹田裡沒有先天真一之氣，就像在空的鐵鍋下面燒火，絕對煉不出金丹。

【說　明】第一，道教的嚥津納氣功夫。服氣，又稱「行氣」、「食氣」、「煉氣」。是道教的呼吸修煉法。在中國，現存最早而又完整描述呼吸修煉的，那是石刻文〈行氣玉佩銘〉。該銘文共計四十五字，刻在一個十二面體的小玉柱上。郭沫若認定是戰國初年（西元前三八〇〇年左右）的實物，並把銘文譯成了現在通行文字：「行氣，深則蓄，蓄則伸，伸則下，下則定，定則固，固則萌，萌則長，長則退，退則天。天幾春在上，地幾春在下。順則生，逆則死。」在《奴隸制時代》一書中，郭沫若繼續對上述銘文作了說明，認為「這是深呼吸的一個回合，吸氣深入則多其量，使它往下伸，往下伸則定而固；然後呼出，如草木之萌芽，往上長，與深入時的徑路相反而退進。退則絕頂。這樣，天機便朝上動，地機便朝下動。順此行之則生，逆此行之則死」。《莊子‧刻意》也說：「吹呴呼吸，吐故納新。」吹是吹出涼氣，呴是呵氣；呼則呼出體內二氧化碳，吸即吸進新鮮的氧氣。一九七三年長沙馬王堆三號墓出土的古佚書〈卻穀食氣〉篇講到食氣的方法：「食氣者為呴吹，則以始臥與始興。凡呴中息而吹，年廿者朝廿暮廿，二日之暮二百；年卅者朝卅暮卅，三日之暮三百，以此數準之」，認為一般適宜在下述情況進行：「為首重、足輕、體軫，則呴吹之，視利止。」強調掌握四種不宜進行食氣的氣候以及不同季節特點的食氣方法。可見，在道教產生之前，中國就有呼吸修煉法。東漢末年道教產生後，繼承並發展了上述呼吸修煉法。早期道教經典《太平經》以神、精、氣分屬於天、地、人，把三者都看成是一種氣，提出「人欲壽者，乃當愛氣尊神重精也」（卷一五五至卷一七〇）。晉代道教學者葛洪對「行氣」方法作了具體論述，提出「初學行氣、鼻中引氣而閉之，陰以心數，至一百二十，乃以口微吐之。吐之及引之，皆不欲令己耳聞其氣出入之聲。常令入多出少，以鴻毛著鼻口之上，吐氣而鴻毛不動為候也。漸習轉增其心數，久久可以至千，至千則老者更少，日還一日也」。認為行氣的時間應在半夜至日中六時（古人以一日一夜為十二時），而以日中至夜半六時為死氣，不宜行氣。南北朝時的道教學者兼醫學家陶弘景撰《養性延命錄》，其中的〈服氣療病〉講述了閉氣納息法，指出：「凡行氣，以鼻納氣，以口吐氣，微而引之，名曰長息。納氣有一，吐氣有六。納氣一者，謂吸也；吐氣六者，謂吹、呼、唏、呵、嘘、呬，皆出氣也。凡人之息，一呼一吸，原有此數，欲為長息吐氣之法時，寒可吹，溫可呼；委曲治病，吹以去熱，呼以去風，唏以去煩，呵以下氣，嘘以散滯，呬以解極」，一反以前以練吸為主的呼吸鍛鍊，開創了練呼為主的吹、呼、唏、呵、嘘、呬法。唐代孫思邈著《攝養枕中方》，其中有一節專講行氣。他說：「氣息得理，即百病不生，若消息失宜，即諸疴競起。善攝養者，須知調氣方焉，調氣方療萬病大患。」孫思邈還對如何進行呼吸鍛鍊作了說明，指出：「凡調氣之法，夜半後日中前，氣生得調；日中後夜半前，氣死不得調。調氣之時，則仰臥床，鋪厚軟，枕高下共身平，舒手展腳，兩手握大拇指節，去身四五寸，兩腳相去四五寸。數數叩齒，飲玉漿，引氣還鼻入腹，足則停止。有力更取，久住氣悶，從口細細吐出盡，還鼻細細引入。出氣一準前法，閉口以心中數，數令耳不聞，恐有誤亂。」這裡講了練吸的方法。此外，他還講了練呼的六字訣：「冷病者，用大呼三十遍，細呼十遍。呼法：鼻中引氣入，口中吐氣出，當令聲相逐呼字而吐之。熱病者，用大吹五十遍，細吹十遍。吹如吹物之吹，當使字氣聲似字。肺病者，用大噓三十遍，細噓十遍。肝病者，用大呵三十遍，細呵十遍。脾病者，用大唏三十遍，細唏十遍。腎病者，用大呬五十遍，細呬三十遍。此十二種調氣法，若有病依此法恭敬用心，無有不瘥。」自北宋之後，內丹修煉術盛行，呼吸修煉法遂融於內丹修煉術之中。而道教講的「行氣」，「其大要者胎息而已。胎息者，不復以口鼻為之，如在胞胎之中則成道矣。」（《道藏》之《神仙食氣金櫃妙錄》）所謂胎息，即「徐徐引氣出納，則元氣亦不出也。自然內外之氣不雜，此名胎息」（《延陵先生集新舊服氣經》之〈胎息雜訣〉，《正統道藏》第六十四函第五百七十冊）「喘息如嬰兒在腹中，故名胎息矣」（〈胎息口訣並序〉，同上）。根據〈胎息口訣並序〉記載，凡是做胎息的人，必須獨自居於靜室之中，不要其他人出入。身體要正身端坐，將左腳搭在右腳上，並解緩衣帶，徐徐按擦肢體關節，然後兩手握固（以兩拇指掐第二指手紋，或以四指都握拇指，兩手拄腰腹間）在兩腿上，吐納三五次，再徐徐搖身，再正身直坐，鳴天鼓（即腦）三十六，同時口中漱滿津液，奇意於明堂、洞房、三丹田、五臟六腑，自覺五臟中及三丹田氣合之為一，其氣自項中出，念想身在其中，此時即口鼻俱閉，心存之海中，胎氣出入，喘息只在臍中。假如氣急，即鼻中細細放通，至氣平之時，再以前法操作，至出汗為一遍。消化不良，當須閉氣，以手摸腹一百下。再寄意心、肺、肝、膽、腎及周身各個骨節，似乎見血液從左腳中指第二節湧流而出，至右腳中指第二指循環不已。如此久久行之，口鼻俱無喘息，如嬰兒在胎，以臍通氣一樣。

如何鍛鍊呼吸？道教學者對之進行了多方面探討。現存《正統道藏》中對呼吸鍛鍊的方法言之甚詳。陶弘景《養性延命錄》中有〈服氣療病篇〉。《枕中記》中有〈行氣法〉。《太上老君養生訣》中有《服氣吐納六氣》、《服氣論》。《延陵先生集新舊服氣經》中有《張果先生服氣法》、《鸞法師服氣法》、《李奉時山人服氣法》、《蒙山賢者服氣法》、《王說山人服氣新訣》、《大威儀先生玄素真人用氣訣》。此外，還有《太上養生胎息經》、《太清調氣經》、《太清服氣口訣》、《幼真先生服內元氣訣》、《氣法要妙至訣》、《莊周氣訣解》、《嵩山太無先生氣經》、《存神煉氣銘》、《神仙食氣金櫃妙錄》、《胎息精微論》、《服氣精義論》、《胎息經注》、《胎息秘要歌訣》……等等。

道教重視呼吸鍛鍊可能是受到了中國古代元氣生萬物思想的影響。道教學者葛洪曾說：「人在氣中，氣在人中，自天地至於萬物，無不須氣以生者也。」（《抱朴子・內篇・至理》）「夫人皆稟天地元氣而活之。」（《太清導引養生經》）這些話道出了道教重視「行氣」的根本原因，也說明了「行氣」的理論依據。但是，《周易參同契》卻斥責此種修煉方法，稱其為「食氣鳴腸胃，吐正吸外邪」。

第二，真種子在內煉中的重要性。道教學者認為精、氣、神是人之生命賴以生存的基礎。《太平經・聖君秘旨》說：「夫人本生混沌之氣，氣生精，精生神，神生明。本於陰陽之氣，氣轉為精，精轉為神，神轉為明。」氣和精是物質，神明是精神。道教長生久視的主要理論和實踐依據是「假求於外物以自堅固」屬外丹外，其他都是憑藉人體自身的機能，調節自身的機制，通過內因的作用達到延年益壽的目的。其中，構成人體基本要素的精氣神是基礎，內丹煉製就是煉精化氣，煉氣化神，煉神還虛。

六

調和鉛汞要成丹❶，大小無傷兩國全❷。若問真鉛❸是何物❹？蟾光終日照西川❺。

【章　旨】闡明內煉中調和陰陽的重要，指出其過與不及的危害。

【注　釋】❶調和鉛汞要成丹　謂煉丹火候恰如其時，促使元精元神凝聚成金丹。調和，陰陽和協；文火武火恰如其時而不傷丹母。鉛汞，鉛，即元精的代號，屬陰。汞，即元神的異名，屬陽。一般情況下是陽尊陰卑，陽大陰小。但若陽欺陰，陰懼陽，則陰陽不能協調，金丹就煉不成。丹，金丹。❷大小無傷兩國全　謂陰陽互不傷害，互相制約，就大吉大利。大小，指陽和陰。因陽尊，故稱大，陰卑，故稱小。兩國，亦喻陰陽。❸真鉛　即指元精，此處指內煉運作過程中的基本元素。❹是何物　或作「何物是」。《悟真篇闡幽》作「何處是」。❺蟾光終日照西川　謂月亮藉日光而有明，進而日月交會，日光終日照耀坤地陰方，隱喻內煉中以神運藥，採藥恰如其時，真精在丹田（以西方代稱）中煉成了丹母。蟾光，月光，金水之精，或謂蟾魄為月之水。《周易參同契》：「蟾蜍與兔魄，日月契雙明。蟾蜍視卦節，兔者吐生光。」終日照，日月交會，陰陽和協，陽光日日照臨金水陰方，隱喻丹母。或謂八月十五，夜合金木之氣，結真一之精。夏宗禹《悟真篇講義》云：「月既為水，屬陰，其陰則暗，不能自明，必假太陽之火而後明，故終日有蟾光也。」西川，西方庚辛金之水。因西方為庚辛金，川為水，故稱西川。或謂西川即坤申之金。

【語　譯】煉丹的時候，要用火候恰如其時地調和元精元神，不要因為元精屬陰，元神屬陽，就以陽欺陰，使陰陽傷害，互不協調。如果要追問元精是什麼？以日月交會做一個比喻：因為月亮藉日光而有光明，它經常照耀坤地陰方。這就是說，西方是庚辛金，由於金生水，坎卦為水，煉丹的丹母——元精就從這裡產生。

【說　明】第一，為什麼西川指的是坤方、庚辛金之地？按照後天八卦方位說，坤卦居西南方，坎卦在北，離卦在南，而天干與八卦、四方五位相配即是庚辛在西。五行與四方五位相配也是東方木，南方火，西方金，北方水，中央土。五行生剋恰是金生水。

第二，中國古代方位有多種說法，以〈兆域圖〉(平山戰國中山王墓出土)、馬王堆漢墓帛書《陰陽五行》，以及〈禹藏圖〉是上南下北說，天水放馬灘秦墓出土的古地圖是上北下南說，而商代是東、南、西、北排列，西周衛鼎是北、東、南、西排列，《左傳》、《國語》、《戰國策》是東、西、南、北，西、東、南、北，南、西、北、東，東、西、北、南等排列。

七

未煉還丹❶莫入山❷，山中內外盡非鉛❸。此般至寶家家有❹，自是愚人識不全❺。

【章　旨】強調煉內丹的環境和內煉藥物皆在自身。

【注　釋】❶還丹　人身失而復得的內丹。陸子野云：「已失而後得者謂之還，已去而後來者謂之返。」❷入山　道教宮觀多數在名山，故稱在山中結廬為舍修道叫入山。《悟真篇注疏》、《悟真篇注釋》、《悟真篇講義》、《悟真篇闡幽》作「隱山」。❸山中內外盡非鉛　謂人身的凡精和山裡的鉛礦物質都不是內丹燒煉的真鉛。內，指人身內的凡精；人身百脈百骸所會之處。外，外部環境生成的礦物質。內外，或指人身的涕、唾、精、津、氣、血液等陰物。❹此般至寶家家有　謂精氣神人人皆有。至寶，人身的精氣神。家家，即人人。朱元育曰：「夫真鉛藥物，具在自己，不用他尋，而山中之凡鉛，乃非其所用。家家者，即人人也。以對山而言，故稱之謂家，言此鉛之寶，人人具足，不必遠索他求也。但愚者不之識，乃當面錯過，以輕棄之耳。」❺愚人識不全　愚蠢的人認識不到人身真鉛是至寶。愚人，《悟真篇講義》作「時人」。識不全，認識不到，對人身精氣神這種至寶沒有認識。

【語　譯】沒有煉成金丹不要到大山裡面去，因為人身的凡精和山裡的鉛礦物質都不是煉內丹需要的元精。這些煉丹的真寶本來人人都有，只是人們認識不到精、氣、神就是這種寶物。

【說　明】第一，關於煉丹的環境。可參考卷上第五首的說明，此不贅述。第二，精、氣、神的關係如何？《太平經》說：「夫人本生混沌之氣，氣生精，精生神，神生明。本於陰陽之氣，氣轉為精，精轉為神，神轉為明。」氣和精是物質，神和明是精神。從氣生精，精生神，神生明的說法，這說明了先有物質後有精神。

八

竹破須將竹補宜❶，覆雞當用卵為之❷。萬般非類❸徒勞力❹，爭得真鉛❺合聖機？

【章　旨】說明以先天精氣補虧，做好築基功夫。

【注　釋】❶竹破需將竹補宜　謂竹器破損了還得用竹料去修補它，隱喻人成年後身體受損，氣血不足，精神受損，必須以自身精氣神去補充。竹，喻人身。須將，《道樞》、《悟真篇注釋》作「還將」。❷覆雞當用卵為之　謂孵化小雞必須用雞蛋，隱喻身體虧耗，必須用自身的元精元氣元神去補助，才能使人體復原。《悟真篇正義》云：「蓋得吾身有質之軀體，既已衰殘，若非烹煉無形之真氣，用以補助，則安能返本還原？」覆雞，或作「抱雞」。當用，《方壺外史》作「須用」。此句《修真十書》作「覆雞當用子為之」。❸非類　《悟真篇注釋》為「作用」。類，見《悟真篇》卷上第八首❼。宋俞琰注《周易參同契》云：「氣類相感，是為同類。」這裡的「同類」與「非類」不可機械地理解。❹徒勞力　《悟真篇注釋》作「徒為巧」。❺真鉛　先天元精。《悟真篇講義》云：「譬之有元精可以補元氣，有元氣可以補元神，皆出自然感化之道。以真鉛為攝群陰，若用凡鉛，非類之物，則徒勞耳。」《悟真篇注釋》曰：「真鉛是天地之母氣，我真氣為子氣，豈非同類之妙者乎？」

【語　譯】竹製器具破損了需要用竹料去修補，孵化小雞必須用雞蛋。假如身體虧損，不用精、氣、神補充，而用不同於人體的非生命礦物質補救，這是徒勞無益的。結果怎麼能夠以先天元精去謀合聖人了解的自然奧秘呢？

【說　明】內煉中的「同類」指什麼？內丹中的「同類」是指人身中固有的精、氣、神，因其陰陽互補，雖有差別亦屬同類。至於「類」概念可參考卷上第八首的說明。

九

用鉛不得用凡鉛❶，用了真鉛也棄捐❷。此是用鉛真妙訣❸，用鉛不用是誠言❹。

【章　旨】闡述內煉中從築基到煉精化氣，乃至到煉氣化神時真鉛的發展變化。

【注　釋】❶用鉛不得用凡鉛　謂內煉時用的鉛是先天真一之氣，並不是礦物鉛。此句第一個「鉛」字指先天真一之氣，後面的凡鉛即後天生滓之物——礦物鉛。❷用了真鉛也棄捐　謂築基時用真鉛，煉精化氣時則鉛漸化而汞漸增，煉氣化神時即不用鉛。真鉛，先天真一之氣，即真精。棄捐，拋棄。指煉精化氣過程結束，精（即鉛）已化成了氣。整個過程是：三歸二，精氣歸一，神是加固，這叫小成，乃煉精化氣；中成即是二歸一，只有一神了，這是煉氣化神；大成是把神再煉成純陽，這叫煉神還虛（合道）。❸用鉛真妙訣　謂掌握內煉中真鉛變化的深奧方法。真妙訣，《道樞》作「玄妙訣」。❹用鉛不用是誠言　謂築基和煉精化氣時用鉛，煉氣化神時則不用鉛。從築基開始的煉丹過程，是抽鉛添汞，鉛逐漸減少，汞逐漸增加，從而使神漸漸牢固。到煉氣化神階段，已不用鉛，只用氣（精氣所化）即可。

【語　譯】煉內丹要用先天真一之氣，不可使用後天的礦物鉛。但是，真鉛也是在築基時採用，到煉精化氣階段，鉛漸化而汞漸增，到煉氣化神時就不用鉛了。上面講的是如何掌握內煉中元精變化的真正奧妙，即是在築基和煉精化氣階段用鉛，到煉氣化神時不用鉛，從而使汞逐漸增加，汞漸漸牢固。這是煉製內丹的真摯良言。

【說　明】鉛汞在內煉時的變化。鉛的代號是精，汞的代號是神。在內煉中，鉛是逐漸化盡，神是逐步加固，乃至不再飛揚散亂。在丹道三步功法中，第一步是煉精化氣，有鉛有汞，趨勢是鉛漸少而汞漸增。第二步是煉氣化神，已無鉛，只存一神。第三步是煉神還虛，即將神煉為純陽，丹功告成。

十

虛心實腹義俱深❶，只為虛心要識心❷。不若煉鉛先實腹❸，且教❹守取滿堂金❺。

【章　旨】闡明先命後性功法義蘊。

【注　釋】❶虛心實腹義俱深　謂心空則一塵不染的性功，與煉精氣神而至實腹不虧的命功的道理都很深奧。虛心實腹，見《老子》第三章：「不尚賢，使民不爭。不貴難得之貨，使民不為盜。不見可欲，使民心不亂。是以聖人之治，虛其心，實其腹，弱其志，強其骨。常使民無知無欲，使夫智者不敢為也，為無為，則無不治。」虛心，即排除一切雜念，使思想入靜，一切事都不受情慾干擾。此處隱喻性功，俗稱「抱一」。實腹，謂使腹中充實。此處隱喻內煉元精而成大藥。因金丹藏於丹田，故曰實腹。❷只為虛心要識心　謂做到心空而無雜念，必須找到心性外馳的根源。虛心，一念不生，一事不想，思想上一片空白。心，指心臟，這裡指思想。識心，了知思想上有慾念的原因，以及做到心空的辦法。要識心，《悟真篇注釋》作「安識心」。❸不若煉鉛先實腹　謂不如首先抽鉛添汞煉內丹為好。不若，《修真十書》作「莫若」。煉鉛，即煉精氣神而成金丹。具體而言，即是卷中第九首所述丹道三步功法。❹且教　《方壺外史》作「任教」。《悟真篇講義》作「見教」。❺守取滿堂金　謂抽鉛添汞煉成了金丹，既要使它滯留在丹田，還要採取使用它。守取，見《老子》第九章：「金玉滿堂，莫之能守。」張伯端在這首絕句中是反其意而用之。滿堂，堂即屋，喻指丹田。金，金丹。

【語　譯】性功和命功的道理都很高深，不過性功是心空而無雜念，命功是煉內丹而實腹。要做到心無雜念，就一定要找到心性外馳的根源。在性功與命功的修煉中，不如首先抽鉛添汞煉內丹為好。這樣就可以煉成金丹，滯留在丹田隨時使用。

【說　明】在中國古代，心指思維器官大腦，如《孟子・告子上》：「心之官則思，思則得之，不思則不得也。」在這裡，將心臟與腦的功用混淆了，直到清代的王清任才糾正了這個錯誤。

十一

夢謁❶西華❷到九天❸，真人❹授我《指玄篇》❺。其中簡易無多語，只是教人煉汞鉛❻。

【章　旨】假託仙人傳承，說明煉精氣之重要。

【注　釋】❶謁　拜見。❷西華　西嶽華山，隱指陳摶。因陳摶有《指玄篇》，並在華山修道，故西華當指陳摶。西華，或指西華天門；或指藥產於西南（腹部）。《悟真篇三注》、《悟真篇正義》謂西華為西華太乙夫人。《悟真篇闡幽》謂西華指西蜀劉海蟾。❸九天　指中央、四正、四隅。《楚辭．天問》：「九天之際，安放安屬。」注：「九天，東方皞天，東南方陽天，南方赤天，西南方朱天，西方成天，西北方幽天，北方玄天，東北方變天，中央鈞天。皞，一作昊。變，一作樂，一作鸞。」❹真人　見〈自序〉第三段㉔。《悟真篇注釋》、《悟真篇講義》作「分明」。❺指玄篇　陳摶著作，載於《正統道藏》第八函第六十六冊《紫陽真人悟真篇講義》及《性命圭旨》摘引。呂洞賓亦有《指玄篇》，載於《呂祖全集》中。因呂洞賓、陳摶在張伯端前，張與呂、陳或有思想淵源關係。❻教人煉汞鉛　教人煉元精元神。教人，《悟真篇講義》作「教君」。汞鉛，此處指元神元精。《悟真篇正義》云：「西華係指藥產於西南（腹部），而修治之道，乃極為簡易，總無非教人烹煉汞鉛，以結聚丹胎而已。」

【語　譯】我做夢朝拜了西嶽華山和九天，見到了陳摶老祖，他親自教授我《指玄篇》的真義。這篇著作言簡意賅，絲毫沒有多餘的話，其中的宗旨不過是教導人們以元精元神煉內丹罷了。

【說　明】《指玄篇》的作者和主要內容。陳摶的《指玄篇》在夏宗禹的《紫陽真人悟真篇講義》有摘引。此外，曾慥《道樞》卷一三亦有〈指玄篇〉。陳摶《指玄篇》主要思想是闡明內丹煉製的目的是：去盡眾陰，得到真陽。例如它說：「涕唾精津氣血液，七者原來盡屬陰。若將此物為仙質，怎得飛神貫玉京。」「四大一身皆屬陰，不知何物是陽精。有緣得遇明師指，得道神仙在只今。」曾慥《道樞》之〈指玄篇〉說明「五行不順行，虎向水中生，五行顛倒術，龍從火中出」等內丹煉製的主要理論和秘訣。《宋史‧隱逸傳》云：「摶好《易》，手不釋卷。常自號扶搖子，著《指玄篇》八十一章，言導養及還丹之事。」楊文公《談苑》亦云：陳摶「作詩八十一章，號《指玄篇》。」

十二

道自虛無生一氣❶，便從一氣產陰陽❷。陰陽再合生三體❸，三體重生萬物昌❹。

【章　旨】說明丹法順行的義理，隱含丹法逆行的緣由。

【注　釋】❶道自虛無生一氣　謂無中生有。道，萬物之源；道理；道德。虛無，虛空無物，即「無」、元始之無極。《道德經》云：「道生一，一生二，二生三，三生萬物。」一氣，《修真十書》、《方壺外史》作「一氣」。陳致虛云：「道生一氣，一氣生形，形中又含始氣，是為先天真一之氣。」《正統道藏》第二十三函第一百九十六冊《上方大洞真元妙經品》有「道妙惚恍之圖」，認為宇宙萬物源於氣，由氣產生太極，再由清濁二氣形成天地萬物。❷便從一氣產陰陽　謂從混沌的原始物質中產生了陰氣陽氣。❸三體　指天地人或精氣神。❹三體重生萬物昌　謂萬物的變化沒有窮盡。

【語　譯】萬物之源的道是從蘊含氣的元始無極產生的。千差萬別的物質都來源於混沌未分的氣，由它分成陰氣、陽氣，再由陰陽二氣生成天、地、人。世界上有了天、地、人，萬事萬物也隨之繁榮昌盛了。

【說　明】第一，關於順生人、逆成丹的問題。可參考卷上第九首的說明，此不贅述。第二，順生、逆生反映了道教正反兩種思維方法，而這種思維方法在《道德經》中已成功地使用了。

十三

坎電烹轟金水方❶，火發崑崙陰與陽❷。二物❸若還和合了❹，自然丹熟遍身香❺。

【章　旨】闡明元神功用，敘述火候運轉。

【注　釋】❶坎電烹轟金水方　謂水火（元精元神）在西北方坤位互相挾制。坎，坎卦，指水，喻元精。電，指火，喻水中之火，即元神。烹轟，擊搏，即沖關的情狀。金水方，西北方坤卦之位。或西方為腹，為丹田處所。❷火發崑崙陰與陽　謂元神升至頭頂而陰陽交合，喻煉精化氣時，汞漸多而鉛漸少。火發，純陽之氣上升，指元神伴元精上升至頭頂（乾）。《悟真篇注疏》作「火教」。崑崙，峻極於天之山，喻人之頭頂，指泥丸。《黃庭經》云：「子欲不死修崑崙。」❸二物　陰與陽。或烏兔之物。❹若還和合了　謂陰陽交會，結聚了金丹。若，假設連詞。還，見。和合，元精與元神挾制，已無元精，只存一神，進而煉神還虛過程完成。了，完成，喻了手功夫。因煉丹稱築基為下手功夫，故稱金丹煉成為了手功夫。和合了，《悟真篇講義》作「歸一處」，夏宗禹謂「歸一處者，交感之宮也」。❺丹熟遍身香　謂金丹煉成之效驗。丹，內丹。

【語　譯】《周易》之中坎卦為水，離卦為電，為火。水火即是內丹煉製中的元精元神，兩者在西北方的坤位互相挾制，從而使上面的元神下降，下面的元精上升，在文火武火的配合下達到陽長陰消。假如元精元神交會，進而沒有了元精，只存一神，達到煉神還虛，自然金丹煉成，周身都會布滿丹成的香氣。

【說　明】煉丹的下手功夫與了手功夫。在《直洩天機圖論》中，張伯端把下手功夫叫做性命雙修中的命功。他說：「先就有形之中，尋無形之中，乃因命而見性也。就無形之中，尋有形之中，乃因性而見命也。先性故難，先命則有下手之處。」元末明初的高道張三豐提出學道十六字法則：「無為之後，繼以有為。有為之後，復返無為。」他把性命雙修和下手功夫、了手功夫說得十分明白。他還說：「修煉不知玄關，無論其他。只此便如入暗室一般，從何下手？玄關者，氣穴也。氣穴者，神入氣中，如在深穴之中也。神氣相戀，則玄關之體已立。」「游方枯坐，故非道也。然不游行城市、雲山，當以氣游行於通身關竅內乃可；不打坐於枯木、寒堂，須以神打坐於此身妙竅中乃可。」

十四

離坎若還無戊己❶，雖合四象❷不成丹❸。只緣彼此懷真土❹，遂使金丹有返還❺。

【章　旨】闡明真意（土）的重要功用。

【注　釋】❶離坎若還無戊己　如果坎離兩宮沒有戊土己土，就無法煉成內丹。離，離卦☲，在後天八卦中居南，代號為火，納己土，為心，中有陰氣。坎，坎卦☵，在後天八卦中居北，代號為水，納戊土，為腎，中有陽精。還，還原。指坎卦中一陽填離卦中一陰，從而使坎離變成先天八卦（乾南坤北）。戊己，天干中第五、六位，戊為陽，己為陰。如果以天干、四方五位、五行、四象相配，則是戊己為土，位中央。從納甲來看，坎納戊，離納己，即戊己土，兩者是陰陽的結合，是二而一的，其中戊土屬陽，己土屬陰。總其名曰真土、真意、黃婆，其作用是調和身心，調和四象，使心腎相交。《周易參同契》云：「離己日光，坎戊月精。」❷四象　乾坤坎離；水火木金；子午卯酉；東南西北；青龍、白虎、朱雀、玄武；天地日月。❸不成丹　金木水火各自一方，不能交會，惟有意土調和，四象才能一家。❹彼此懷真土　謂四象各自有土，即北子為水子，有女土蝠；南午為火午，有柳土獐；東卯為木卯，有氐土貉；西酉為金酉，有胃土雉（夏宗禹語）。真土即真意、意土。❺返

還　見卷上第九首⑩。

【語　譯】離卦在南是為火，坎卦在北是為水。假如二者沒有戊己土做媒介，雖然東方之木、西方之金、南方之火、北方之水可以湊合，但是，它們不可能結成金丹。只是由於四象各自有土的緣故，才能使後天返往先天，從生身處領悟到金丹這種藥物。

【說　明】第一，四象之說。四象又叫四正，指子、午、卯、酉分別處於東、南、西、北，分別為青龍、朱雀、白虎、玄武所居之地，也分別為開始進火、開始退火、不增進火、不減退火時。

第二，意土之說的涵義。《淮南子・天文》對「五星」「五帝」有如下說法：「東方，木也，其帝太皞，其佐句芒，執規而治春，其神為歲星（木星），其獸蒼龍，其音角，其日甲乙。南方，火也，其帝炎帝，其佐朱明，執衡而治夏，其神為熒惑（火星），其獸朱鳥，其音徵，其日丙丁。中央，土也，其帝黃帝，其佐后土，執繩而治四方，其神為鎮星（土星），其獸黃龍，其音宮，其日戊己。西方，金也，其帝少皞，其佐蓐收，執矩而治秋，其神為太白（金星），其獸白虎，其音商，其日庚辛。北方，水也，其帝顓頊，其佐玄冥，執權而治冬，其神為辰星（水星），其獸玄武，其音羽，其日壬癸。」在這裡，土有中央統治四方之意，已不同於秦漢之前分裂時代的五帝說。後來，道教內丹學說引入五行思想，也突出了「土」的作用，目的是強調意念的重要，煉己的作用，實際上也凸現了道教扭轉乾坤，逆反宇宙，「宇宙在乎手，萬化生乎身」（《陰符經》）的精神。

十五

日居離位翻為女❶，坎配蟾宮卻是男❷。不會箇中顛倒意❸，休將管見❹事高談❺。

【章　旨】藉坎離之體而言元精元神。

【注　釋】❶日居離位翻為女　謂離卦為日，屬陽，在後天八卦中位於南方，其中有一陰，故反為女。或謂離卦乃由乾卦索坤之中爻而成，即稱中女，屬陰。火生於地二，亦為陰。從乾卦變成離卦而言，反為中女了。隱喻煉丹非順生，乃逆行。日居離位，《方壺外史》作「離居日位」。翻為女，或作「反為女」。❷坎配蟾宮卻是男　謂坎卦為月屬陰，在後天八卦中位於北方，其中有一陽，故為男子。薛道光曰：「日中烏屬陰，故為離女，月中兔為陽，故為坎男。」或謂坎卦由坤卦索乾之中爻而成，稱中男，為陽。水生於天一，也是陽。從坤卦變成坎卦為言，反為中男。蟾宮，月宮。❸不會箇中顛倒意　謂不知曉內丹中陰陽顛倒、逆行成丹的道理。不會箇中，《悟真篇闡幽》作「不會此中」。顛倒意，謂取坎中一陽，填離中之一陰，使坎北離南的後天法象變成乾南坤北的先天法象。也由於離火為心，為元神，坎為腎為水，為元精，煉內丹要使坎水上升，離火下降，使元精牽制元神而不飛散，迫使它們在黃道中運行，在丹田中結成金丹。所以內煉的道理是與常道相反的。❹管見　狹窄的認識。❺事高談　《道樞》是「作高談」。

【語　譯】離卦為日，在後天八卦中位居南方，其中陰爻為女。坎卦為水，在後天八卦中位居北方，其中陽爻為男，若陽住月宮。如果不了解煉內丹需要坎水上升，離火下降，使元精挾制元神，如此坎卦和離卦顛倒方位的道理，就不要以褊狹的認識去對內丹煉製高談闊論了。

【說　明】內丹是五行相剋才相生。五行相生是按照木、火、土、金、水次序變化的。丹法的五行說是以相剋為相生的。因此，一般來說，元氣是在十一月，子時、冬至時始生，然後向東、南、西旋轉，與春、夏、秋相應，象徵萬象成熟乃至衰落。內丹煉製則是：上弦之氣（即坎中真金）從後天八卦圖中北方的子位向右旋轉，經酉而至未。下弦之氣（即離中真水——木液、真汞）是從後天八卦圖中南方的午位向左旋轉，經卯而至丑。兩弦之氣於子時，在二十八宿的虛、危交會結成金丹。《周易參同契》說：「子當右轉，午乃東旋。」正好說明了丹道五行說相剋方相生的道理。

十六

取將坎位中心實❶，點化離宮腹裡陰❷。從此變成乾健體❸，潛藏飛躍❹盡由心❺。

【章　旨】借坎離之用而言元精元神。

【注　釋】❶取將坎位中心實　謂將坎卦（☵）之中爻（陰中之陽）取出。實，指坎卦中滿，為陰中之陽。❷離

宮腹裡陰　離卦（☲）是陽中有陰，中虛，故謂腹裡陰。❸從此變成乾健體　謂坎卦之中爻轉變為離卦之中爻，由此成為乾卦，隱喻坎（水）離（火）顛倒，由元精元神煉而存一神，最後元神煉為純陽。❹潛藏飛躍　即沉伏、昇華。《周易・乾卦》初九、九四、九五爻辭有「潛龍勿用」、「或躍在淵」、「飛龍在天」等語。❺盡由心　謂都受意念控制。心，思想；意念。

【語　譯】坎卦之中為陽爻，離卦之中為陰爻。假如以坎卦中的陽爻填充離卦中的陰爻，從而使離卦變成乾卦，坎卦變成坤卦，結果就有了乾卦為龍，蘊含潛藏、跳越、飛躍的涵義。內丹煉製也是坎離顛倒，從後天還返先天。其實，這些變化都是意念在那裡控制。

【說　明】心是意念。在內丹煉製中，陰陽的變化，亦即坎離的顛倒，元精上升，元神下降，武火文火的運用等，其關鍵都是意念控制。

十七

震龍❶汞自出離鄉❷，兌虎❸鉛生在坎方❹。二物❺總成❻兒產母❼，
五行全要入中央❽。

【章　旨】深化金木水火關係。

【注　釋】❶震龍　指東方青龍。因為後天八卦方位是東方震卦，五行屬木，為青龍，亦稱震龍。❷汞自出離

鄉　謂朱砂為火，為離。按常理是木生火，離卦在南方，屬火。木生火，可是，丹法是逆反常理，只有火剋木才能生丹，故木火為一家，龍也出於離卦南方了。或從先天八卦看，離卦在東方，龍（汞）出於東方了。鄉，方位之意。《悟真篇注疏》、《悟真篇闡幽》作「汞出自離鄉」。《修真十書》、《悟真篇注釋》、《悟真真指》等與本文同。❸兌虎　指西方白虎。因為後天八卦方位是西方兌卦，為白虎，五行屬金，故成兌虎。❹鉛生在坎方　謂鉛（元精）生於北方坎水。鉛，真鉛；元精。屬水，在北方。按照五行相生道理，金生水，後天八卦之西方為兌，屬金。金水一家，所以說金也生在坎方。《悟真篇注疏》作「金生在北方」。《悟真篇闡幽》作「金生在坎方」。若從先天八卦看，西方是坎卦，即金生在西方了。❺二物　指龍虎。❻總成　或作「總因」。❼兒產母　常理是木生火，金生水，木（青龍）為火母，火為木子，金為水母，水為金子。丹法是火反生木，水反生金。故云兒產母。因為水為後天腎水，稱為鉛，蘊藏先天元精。火為心，為後天識神，稱為汞，蘊藏先天元神。此處云兒產母，隱喻後天腎水識神生產先天元精元神。《周易參同契》云：「金為水母，母隱子胎，水者金子，子藏母胞。」❽五行全要入中央　謂金水一家（北一西方共四之），木火為一家（東三南二共成五），土為一家（戊己自居生數五）。居中央，起調和三家的作用。五行，木、火、金、水、土。入中央，以真意運轉河車，從而使鉛汞結聚成為金丹。

【語　譯】在後天八卦中，震卦在東方，為青龍，五行屬木。離卦在南方，為朱雀，五行屬火。按照一般的道理是木生火。不過，丹法是逆反常理，只有火剋木才能生丹。兌卦在西方，為白虎，五行屬金。坎卦在北方，為玄武，五行屬水。按照常理是木為火母，金為水母。但是，丹法卻是火生木，水生金。從常理去看，如此水火變化不就是兒子生產了母親嗎？從內丹煉製來看，金水一家，木火一家，土為一家，前兩家完全要由中央戊己土來協調才能結成金丹。

【說明】先天八卦與後天八卦。先天八卦是乾南、坤北、震東北、坎西、艮西北、巽西南、離東、兌東南。後天八卦是離南、坎北、艮東北、兌西、乾西北、坤西南、震東、巽東南。〈說卦〉有「離為火，為日……為乾卦」。漢荀爽注《周易・繫辭》「陰陽之義配日月」一句云：「乾舍於離，配日而居，坤舍於坎，配月而居。」注〈坤・文言〉「天玄而地黃」又說：「天者，陽始於東北……地者，陰始於西南。」《淮南子・詮言》說：「陽氣起於東北，盡於西南，陰氣起於西南，盡於東北，陰陽之始，皆調適相似。」其實，「陽始於東北」，「陰始於西南」應指先天八卦中震卦在東北，巽卦在西南的方位。這種八卦方位圖式後來由宋人演化為「先天圖」，即是人們所說的先天八卦。至於後天八卦，《周易・繫辭》說：「萬物出乎震，震東方也。齊乎巽，巽東南也。……離也者，明也，萬物皆相見，南方之卦也。……兌，正秋也……。戰乎乾，乾西北之卦也，言陰陽相薄也。坎者，水也，正北方之卦也……艮，東北之卦也，萬物之所成終而所成始也，故曰成言乎艮。」

十八

月纔天霽半輪明❶，早有龍吟虎嘯聲❷。便好用功修二八❸，一時辰內管丹成❹。

【章旨】說明進火時候，要求把握其中時機。

【注　釋】❶月纔天霽半輪明　謂農曆每月初八，月初受日之微陽，是上弦已平，半夜到中天之象。隱喻煉內丹藥生之時，如月出庚而至丁，乃上弦金半斤之氣候。月纔天霽，農曆初八日上弦平月。半輪明，圓月的一半受日之光而明亮，喻內煉藥生。明，內丹藥氣出現之喻，恰好元精至清，有氣無質。❷龍吟虎嘯聲　謂內煉藥生，一陽初動，以喻元精元神在煉精化氣開始時的狀況。龍虎，喻鉛汞、元精元神、震兌、木金。❸二八　即兩個半斤，恰好為一斤。中國過去的度量衡規定一斤是十六兩，八兩為半斤，故二八即一斤之謂。此處隱喻煉丹火候時刻，即先天將化，而後天未現之間的採藥之候，即有質無質之間。按照丹法道理，金水總共是一斤。精氣有先天無質，後天有質之分。先天精氣是指精氣產生後，有氣無質的時候，稱「金半斤」。質生的時候即是後天的，稱「水半斤」。夏宗禹《悟真篇講義》又謂「二八，非卯酉之二八門也，非二八為一斤數也。正是以二合八，其數為十，乃天地造化之大數，五行生成之總括也」。❹一時辰內管丹成　謂掌握火候恰當，金丹即可煉成。一時辰，掌握火候恰當，不超過時候。

【語　譯】農曆初八日是上弦平月，月亮的一半受日之光而明亮，這恰似內丹藥氣出現，如像有龍吟虎嘯的聲音。因為木金為龍虎，為鉛汞，為元精元神，上弦平月正如一陽初動，比喻元精元神在煉精化氣開始的時候的狀況。按照丹法，金水總共是一斤。精氣有先天無質，後天有質的區別。前者是有氣無質的時候，是金半斤，後者是質生的時候，是水半斤。在這個時候，只要恰當運用火候，一個時辰之內就可以煉成金丹。

【說　明】晦、朔、弦、望說明月亮盈虧的變化，內丹煉製藉此說明火候的變化——初三日一陽初進，初八日為上弦月，比喻內丹修煉陽火上升之半。十五日喻陽氣盛滿。二十三日為下弦月，比喻煉丹陰符下降之半。三十日喻陰氣盛滿，陽氣即將復始。同時也由此說明元精元神在內丹煉製時的微妙變化。

十九

華嶽山頭❶雄虎嘯❷，扶桑❸海底牝龍❹吟。黃婆❺自解❻相❼媒合，
遣作夫妻共一心❽。

【章　旨】說明元精元神俱動，靜中之動的意土即促使二者交合。

【注　釋】❶華嶽山頭　西嶽華山之頂；西山之顛；月出之地。喻西方金地。按照先天八卦、河圖方位，坎在西方，代號金、鉛。虎即鉛。❷雄虎嘯　喻初弦之氣、陰中之陽；剛金（土生金）之象狀。隱喻鉛動。因坎中有一陽，是為中男，故稱雄虎。❸扶桑　灌木，花有紅、白、紫等；指東海、日本、美洲。❹牝龍　喻初弦之氣、陽中之陰、柔木（水生木）之象狀。按照先天八卦、河圖方位，離在東方，木與火為一家，龍即火與汞的代稱。火性上揚，煉丹卻使其沉伏，離之卦象是陽中有一陰，是為中女。故稱牝龍。❺黃婆　即意土、真意、戊己土。❻自解　《悟真篇注疏》作「日解」。❼相　《悟真篇講義》作「為」。❽遣作夫妻共一心　引導夫妻同心同德，喻真意促使易飛的汞下降，使沉重的鉛上升，兩者相互挾制，在丹田結聚，成為丹母。遣作，命令。

【語　譯】在先天八卦中，坎卦位西方，為白虎。離卦位東方，卦象是陽中有一陰，比喻上弦之氣，陽中之陰，柔木的象狀，恰似雌龍。在這種情況下，只有靠戊己土去引導，龍虎才能相交，金丹

才能煉成。

【說　明】陰陽互補，彼此交融，這既是自然界和人類社會的通例，也是內丹煉製必須遵循的原則。

二十

西山白虎性猖狂❶，東海青龍❷不可當❸。兩手❹捉來令死鬥，化成一塊紫金霜❺。

【章　旨】進一步說明元精元神的運動，以及意土在元精元神交合中的作用。

【注　釋】❶西山白虎性猖狂　謂位於西方的坎卦屬白虎，本性不受任何約束。或謂西指兌卦，山指土，白虎指金，土生金，其象為虎。性猖狂，獸性橫行，不受任何約束。❷東海青龍　或謂東指震卦，海指水，青龍指木，水生木，其象為龍。❸當　同「擋」。阻攔；抗拒。❹兩手　喻真意。或作「兩獸」。《悟真直指》云：「『兩手』，有的丹經作『兩獸』，似不如兩手為是。」劉海蟾有詩云：「左手捉著青龍頭，右手拽著白虎尾。一時將來入口吞，思量此物甚甘美。」❺化成一塊紫金霜　元精元神經真意促合而凝結。化成，元精元神交合而變化。一塊，《悟真篇闡幽》作「一片」。紫金霜，喻內丹大藥。

【語　譯】位居西方的坎卦為白虎，本性不受約束。位居東方的離卦為青龍，其性猛烈，不可阻擋。真意從中作媒介，促成龍虎在鬥爭中交合，中間歷經陽長陰消的火候煉化，終成內丹大藥。

【說　明】世間事物都是對立統一的，不可能是相同的。構成一個事物的矛盾雙方既互相挾制和鬥爭，又互為存在的條件並且相互融合。

二十一

赤龍黑虎各西東❶，四象❷交加戊己❸中。復姤❹自茲❺能運用❻，金丹❼誰道不成功？

【章　旨】闡明四象和合，河車運轉，自復卦進陽火，至姤卦退陰符的陰陽變化。

【注　釋】❶赤龍黑虎各西東　謂汞（火、元神）和鉛（金、元精）分別在東西兩個方向。見卷中第十九首❶❹。赤龍，《悟真篇闡幽》作「青龍」。此處所指龍虎已顛倒位置。各西東，《悟真篇注釋》、《悟真篇注疏》、《悟真篇講義》作「合東西」。❷四象　見卷中第十四首❷。❸交加戊己　指金木水火四象合於中宮。交加，會合之意。見卷中第十四首❶。陳致虛又謂：「龍之頭為己，虎之門為戊，龍虎因之而交會。」❹復姤　復即復卦䷗，一陽初生，指內丹進陽火。姤即姤卦䷫，一陰生，指內丹退陰符。依人身而言，復卦生尾閭（危虛穴），姤卦起於月窟。❺自茲　指金木水火土交會之後，即「五行攢簇，入於中宮」以後。自茲，《悟真篇直指》、《悟真篇注釋》、《悟真篇講義》作「自此」。❻能運用　指河車運轉，元精元神會合。❼金丹　見卷上第三首❷。此處指內丹三個階段都已完成。

【語　譯】在先天八卦中，離卦居東方，為木，為青龍，內丹煉製中為汞。汞為紅色，故稱赤龍。坎卦居西方，為金，為白虎，內丹煉製中為鉛。鉛近黑色，故稱黑虎。木、火、金、水，亦即青龍、朱雀、白虎、玄武，叫做四象。它們在真意的引導下交合於中宮。因為復卦是一陽初生，似內丹進陽火之像。姤卦是一陰生，似退陰符之像。元精元神就這樣在武火文火中會合變化。如果能夠像上面講的去做，哪一個人能夠說煉不成金丹呢？

【說　明】十二辟卦，又名十二消息卦。就是以復卦為始，次之以臨卦、泰卦、大壯卦、夬卦、乾卦、姤卦、遯卦、否卦、觀卦、剝卦、坤卦等，說明陽息陰消的變化，並且配以十二辰、十二月。即：

復卦䷗一陽息陰，	建子，	十一月中	冬
臨卦䷒二陽息陰，	建丑，	十二月中	冬
泰卦䷊三陽息陰，	建寅，	正月中	春
大壯卦䷡四陽息陰，	建卯，	二月中	春
夬卦䷪五陽息陰，	建辰，	三月中	春
乾卦䷀六陽息陰，	建巳，	四月中	夏
姤卦䷫一陰消陽，	建午，	五月中	夏
遯卦䷠二陰消陽，	建未，	六月中	夏
否卦䷋三陰消陽，	建申，	七月中	秋

觀卦䷓四陰消陽，建酉，八月中　秋

剝卦䷖五陰消陽，建戌，九月中　秋

坤卦䷁六陰消陽，建亥，十月中　冬

其中又以泰、大壯、夬配春，乾、姤、遯配夏，否、觀、剝配秋，坤、復、臨配冬，以明十二消息相變通二周於四時。

二十二

先且觀天明五賊❶，次須察地❷以安民❸。民安國富❹方求戰❺，戰罷方能見聖人❻。

【章旨】闡明煉己在內丹中的重要性。

【注釋】❶觀天明五賊　謂觀察天上金木水火土各星辰的陰陽變化，洞察地上五行相生相剋的道理，明瞭天人合一的真諦。天，指宇宙或星辰，喻人之心（意識、思想）。五賊，金木水火土五行相剋之謂。陸子野云：「五賊者，心中具五行之性，五行各具一性，則至相戕賊之元氣皆為賊矣。金主怒，木主喜，水主涼，火主炎，土主靜，此五行之性。能見此賊者，則心無雜念，體若太虛。」或謂丹道所指五賊，即：眼耳鼻舌身為天之五賊，色聲香味觸為世之五賊，愛欲貪嗔痴為內之五賊。其間關係是：天之五賊不謹於內，則內之五賊蜂起。世之五賊不除於外，則天之五賊豺生。賊，侵害；戕賊。《陰符經》曰：「天有五賊，見之者昌。」❷察地　五行顯現於地的變化。即五行相生，萬物化生，五行相剋，大地不安。此處「地」喻人身或吾身的地位。謂內丹煉製乃依照人身方位，逆轉五行，以木火、金水、土各為一家，而三家相見是內丹的根本。❸民　士農工商天下之民。此處喻身中精氣神，或精氣，或耳目口鼻心肺肝腎等。❹民安國富　謂人民富足，國家安寧。喻天、地、人之變化互相協調，五行相生相成。或指人身精不動搖，神氣充裕。陸子野云：「身中精氣神，人民也。精全氣壯，謂之民安，四大康健，謂之國富。」陳致虛曰：「修行之人，以身為國，以精氣為民，精不動搖謂之民安，神氣充裕謂之國富。」❺方求戰　與五賊開戰。即使五賊降伏，妄念不生，金水、木火俱歸中央戊己土，則民安國富。否則盜賊遍生，精氣神皆耗，則戰敗無疑。方，或作「當」。❻戰罷方能見聖人　謂身心安定，精滿氣足神旺，由此可以降伏五賊，開始煉氣化神而成金丹。戰罷，謂與五賊鬥爭得勝，煉己且打好基礎。或以求丹為戰敵。《悟真篇注釋》作「戰勝」。聖人，道德高尚的人，喻聖胎；金丹；真人；先天一氣。

【語　譯】首先要觀察天上金木水火土各星辰的陰陽變化，其次要洞察地上五行相生相剋的道理，只有這樣胸懷天地自然變化的法則，才能知道如何安撫天下的士農工商。煉內丹也是這樣的道理，只有了解心中五行的特性，考察人身方位各個場所，逆轉五行，才能會合四象。由此，才能使體內精不動搖，神氣充裕，金水和木火交合歸於中央戊己土。經過如此陰陽變化，才能結成金丹。

【說　明】本文談到「天明五賊」，可能與《陰符經》有關。《陰符經》的成書年代及其基本思想：《陰符經》不是所謂的黃帝書或戰國時代的書，也非寇謙之或李筌作。據王明先生考證，該書約寫成於西元五三一～五八〇年這段時間。因為，第一，唐初歐陽詢、褚遂良已寫《陰符經》帖，李筌、張果等已為之作注，吳筠還引其文作論。《神仙感遇傳・李筌傳》託驪山老母說《陰符經》，曾把後出的《陰符經》和以前流行的《黃庭經》相比，而《黃庭經》大致作於魏晉之際，《陰符經》應是晉以後的著作。第二，《陰符經》成書當在東晉以後。《列子·天瑞》載齊之國氏說：「吾聞天有時，地有利，吾盜天地之時利，雲雨之滂潤，山澤之產育，以生吾禾，殖吾稼，築吾垣，建吾舍。陸盜禽獸，水盜魚鱉，亡非盜也。」又載東郭先生說：「若一身庸非盜乎？盜陰陽之和，以成若生，載若形，況外物而非盜哉？」這裡人盜天地陰陽思想，正是《陰符經》裡「天地，萬物之盜；萬物，人之盜」思想的淵源。第三，唐末杜光庭《神仙感遇傳》曾有「大魏真君二年七月七日，上清道士寇謙之藏之名山，用傳同好」的傳說，這暗示該書大約出於西元五三一年「以魏為大魏」之後。因為五三一年以前拓跋魏是不稱「大魏」的。

《陰符經》裡有比較豐富的唯物主義和辯證法思想：首先，說明了意識從物質產生，意識不能離開物質而存在。《陰符經》說：「心生於物，死於物；機在目。」這裡講的「心」，指的是人的思想意識或精神。「心生於物，死於物」，是講意識產生的根源是物質，意識不能離開物質而獨立存在。「機在目」，這是依照一般習慣的說法，生人與死人的區別，主要表現的特徵在於人的眼睛。人死了，就說人閉上眼睛；人活著，就說眼睛睜著。因為古人還不知道意識活動主要在於大腦。

其次，樸素地闡述了自然法則的客觀性，以及人和自然的關係。《陰符經》說：「天之無恩而大恩生，迅雷烈風，莫不蠢然，則在氣。」這是說，無意志的天對於萬物的生長，本是「無恩」可言。但萬物依循自然法則而生長，這就是「大恩」。「迅雷烈風」的產生是自然而然的、無意識的，叫做「蠢然」。制伏迅雷烈風也是依靠氣的自然力量，所以是「制在氣」。《陰符經》又說：「聖人知自然之道不可違，因而制之。」「觀天之道，執天之行，盡矣。」「自然之道」是指客觀世界的法則是自然無為的，人們不可違背的。但人們可以認識（即「觀」），可以掌握自然界萬物運行變化的性能，這叫「執天之行」或「制天」。

第三，包含有樸素的辯證法思想。《陰符經》說：「火生於木，禍發必剋。」「生者，死之根；死者，生之根。恩生於害，害生於恩。」鑽木取火，是火生於木。火發則木為之焚。這是說，木生火，又死於火，二者相生而又相剋。生與死、恩與害是對立的兩面，二者互相聯繫，互為存在，並在一定條件下彼此互相轉化。《陰符經》又說：「天生天殺，道之理也。天地，萬物之盜；萬物，人之盜；人，萬物之盜。三盜既宜，三方既安。」這是說，天地、人、萬物之間的關係有相生的一面，也有相殺的一面，突然相殺一面叫做「盜」。因為宇宙間萬物受天地陰陽之氣以化成其體，如盜竊一般。而人又盜萬物以養其身，故稱「三盜」。《陰符經》作者認為，只有天地、萬物、人三方面生殺各得其當，則三盜宜，天地、萬物與人三方面才會相安有利。

二十三

用將須分左右軍❶，饒他為主我為賓❷。勸君臨陣❸休輕敵❹，恐喪吾家無價珍❺。

【章　旨】闡明火候變化的至關重要，以及精和神在內煉中的互相挾制與變化。

【注　釋】❶用將須分左右軍　謂選派將領率兵打仗需要分清左路右路軍分工不同，隱喻煉丹火候有文火武火之別。將，將領，喻煉丹火候。左右軍，左喻文火，右喻武火；左為我，右為彼。《道德經》：「偏將軍居左，上將軍居右。」河上公注云：「偏將軍卑而居左者，以其不專殺也；上將軍尊而居右者，言其主殺也。」意思是：左為文火，主靜，為春夏萬物發生之德。右為武火，主動，為秋冬萬物肅殺之刑。❷饒他為主我為賓　謂陽雄好爭而謙讓，陰雌好靜者，做到守雌而不雄，持靜而不爭。按照內煉功法，必須從後天還返先天，使坎離顛倒，後天八卦與先天八卦契合。因為在先天功法裡，我為主，為乾卦，代號為神。彼為賓，為坤卦，代號為精。但是，神性易飛，精之性易往下流，因而使心不安定，腎不固。在下手求藥的時候，必須使腎水上升，精氣上行而制神，做到心靜神安，這時即主賓顛倒：後天精反為主，神卻為賓了。從先天八卦與後天八卦的契合看，先天乾卦變為後天離卦，其陰爻為中女，乃後天識神，這是由主變為賓。先天坤卦變為後天坎卦，其陽爻為中男，為後天凡精，這是由賓而成為主。❸臨陣　喻進火採藥。❹敵　喻煉丹中的干擾。《道德經》：「禍莫大於輕敵，輕敵幾喪吾寶。」❺無價珍　即丹母。或金丹；元氣。

【語　譯】選派將領率兵打仗必須分清左路軍右路軍分工的不同，煉內丹必須區別進陽火，退陰符。因為煉內丹必須從後天返還先天，使後天八卦與先天八卦契合。在先天功法裡，我為主，為乾卦，代號為神。彼為賓，為坤卦，代號為精。在下手求藥時，必須腎水上升，精氣上行而制神。這樣，就主賓顛倒：後天精反為主，神卻為賓了。奉勸煉內丹的先生們：在進火採藥之中，一定要排除干擾，不留雜念。否則，就可能喪失煉成金丹了。

【說　明】內丹煉製中的主賓關係。《周易參同契》云：「子當右轉，午乃東旋。」張伯端〈自序〉

云：「其如鼎器尊卑，藥物斤兩，火候進退，主客後先，存亡有無，吉凶悔吝，悉備其中矣。」這是指煉丹時，本來位於北方的子時初生陽氣逆時針方向運轉，此時以酉為主，卯為客。位於南方的午時則陽盡陰將生，此時乃以卯為主，酉為客。這種主客關係及其變化，既說明了丹道與常道的不同（常道是順生物生人，丹道是逆生，即五行相剋才相生），也說明了內丹煉製中進陽火、退陰符的火候變化。

二十四

火生於木本藏鋒❶，不會鑽研莫強攻❷。禍發祗因斯害己❸，要須制伏覓金公❹。

【章旨】藉五行生剋闡明以鉛製汞的內煉道理。

【注釋】❶火生於木本藏鋒　謂木生火，火又可毀木，其中暗藏禍患。隱喻內煉時的火候運用不當即有災殃。火，五行之一，此處比喻元神運動之狀。木，五行之一，比喻元神，或謂木喻此身。按照五行相生關係，火由木生。本藏鋒，《悟真篇注疏》作「木藏鋒」，謂木生火，木中有火，即有禍患的意思。《陰符經》：「火生於木，禍發必剋；姦生於國，時動必潰；知之修煉，謂之聖人。」李筌注云：「火生於木，火發而木焚；姦生於國，姦成而國滅。木中藏火，火始於無形。」❷不會鑽研莫強攻　謂不會鑽木取火或摩擦使木生火，就不要隨便弄火，隱喻煉丹需要知火候。鑽，即鑽木取火。研，即以摩擦使木生火。鑽研，比喻煉丹中如何運用火候。莫強攻，指掌握火候法則。內煉火候有文火、武火，以及沐浴。如果任意用火，元神受傷，丹母無法再煉。❸禍發祗因斯害己　謂內煉用火不當，則生災害，反而害了自己。禍發，指用火不恰當而反生災害。斯，指不懂火候的瞎煉舉動。己，自身。❹要須制伏覓金翁　謂只有金才能制伏木中藏火的隱患。木生火，其性浮動，比喻心神易馳。而金性鎮定，不僅能剋木，而且能生水，水又能滅火。所以，要防止木生火，木中有火之災患，只有金（即鉛、元精）可以制伏它。金翁，或作金公，兩字合文為「鉛」，鉛的異體字。

【語　譯】在五行生剋之中，木生火，火又可以毀木。如果不會鑽木取火，不要勉強以木生火。內丹煉製也是這個道理：火候的運用十分重要，如果文火武文操作不當，也會損害煉丹。這種災禍不是來自外部，完全是不懂煉丹火候，自取其咎。假如要避免木生火，木中有火的禍患，就只有金才能制伏木中藏火的隱患，原因就是金能生水，水能剋火。

【說　明】內丹煉製中的木、火、金、水等的關係反映了道教學者樸素的辯證法思想。《陰符經》說：「火生於木，禍發必剋。」鑽木取火，是火生於木，火發則木為之焚。這是說，木生火，又死於火。

二十五

金翁本是東家子❶，送向西鄰寄體生❷。認得喚來歸舍養❸，配將姹女❹作親情❺。

【章　旨】從金公切入講述抽鉛添汞之法。

【注　釋】❶金翁本是東家子　謂元神（火，離卦）本來在東方。金翁，即鉛。見卷中第二十四首❹。從內丹煉製的取坎填離，坎離顛倒看，其先天八卦象是離東坎西，離為心、火、汞、元神的代號。坎為腎、水、鉛、元精的代號。而坎離之先天原屬於乾卦——乾卦破體，中為陰爻，為離，其一陽之坎，故坎卦中一陽爻本來屬於乾卦破體，是離卦中物，離在東，稱東家子。夏宗禹《悟真篇講義》又云：「金生於巳，胎養於卯，卯屬東方，是金乃東家之子也。金旺於西，酉為西方，是金寄體在西鄰也。」❷送向西鄰寄體生　謂離卦陽爻流往西方坎卦之中，即坎卦中之陽爻。以上兩句表示坎離顛倒。❸認得喚來歸舍養　謂認清流落在外的離中之真陰（陰爻），以真意為媒，促成其與坎中之鉛真陽——元精會合，入於離中真陰之汞。認、歸，陳致虛云：「震是東家，西是兌。若求兌位莫離王，如此方是認歸。」金，房屋，比喻丹田。❹姹女　即神之代號。❺作親情　指元神元精交合而成丹母。作親情，《方壺外史》作「結親情」。

【語　譯】在先天八卦中，坎卦位西方，為庚辛金。但是，其中的陽爻本來是離卦之物，而離卦位於東方。從這個意義上講，西方的金乃是來源於東方，是離卦把陽爻送到西方，從而促成了坎離顛倒。在煉丹的時候，只有將離中真陰之汞和坎中之鉛真陽——元精會合。也就是說，在真意的引導下，使元精元神交合而成丹母。

【說　明】坎離為易之說。《周易參同契》云：「易謂坎離，坎離者乾坤二用。」這是認為：天上地下，乃乾坤之象，各居陰陽之位；坎離兩卦為變易的根源。就卦象講，坎為月，離為日，坎離乃指日月運行於天地之間。從天象看，日月的運行，形成節氣的變化，這就是「易為坎離」。從筮法講，坎離兩卦是乾坤兩卦的體現——乾升於坤為坎，坤降於乾為離，這即是「坎離者乾坤二用」。因為十二消息卦與月體納甲中無坎離象，所以說「故推消息，坎離沒亡」。坎離兩卦雖然沒有爻位，但是，它卻流行於消息卦或一月卦即震兌巽艮乾坤之中。這樣，坎離兩卦雖為乾坤兩卦之用，它不主管某一氣候，卻是消息卦陰陽升降的依據，如同日月在天地之中運行一樣，不主管某一季節，卻是四時變易的根本。所以魏伯陽說坎離兩卦「包囊萬物，為道紀綱」。二是坎離兩卦與內外丹煉製分不開。在外丹煉製之中，以乾坤喻爐鼎，其上釜為乾，下釜為坤，正是天上地下的取象。坎離涵義有二：⑴坎為鉛，離為汞，坎離謂是藥物；⑵坎為水，離為火，水指藥物熔為液體，火指藥物蒸餾。坎離指煉丹中之水火。從內丹燒煉講，離為心、為火、為汞，坎為腎、為水、為鉛。內丹煉製必須腎水上升，心火下降，使二者相交才能結成金丹。所以《周易參同契》說「坎離冠首」，意思是鉛汞和水火是煉丹的根基。這樣，坎離為易說就包含了天地的變化與道教關於煉丹的一個根本思想，廣泛涉及了包括人體內部變化在內的宇宙觀。

二十六

姹女遊行❶自有方❷，前行須短後須長❸。歸來❹卻入黃婆舍❺，嫁箇金翁❻作老郎❼。

【章　旨】從姹女切入講述抽鉛添汞之法。

【注　釋】❶姹女遊行　元神的運行。姹女，即離卦，為火，為元神。因為離卦中爻為陰爻。《周易・說卦》：「離再索而得女，故謂之中女。」姹女即中女。遊行，元神的運行。《修真十書》、《悟真篇注疏》作「遊從」。《悟真篇注釋》作「從遊」。❷自有方　所行路線熟通。《悟真篇闡幽》作「各有方」。❸前行須短後須長　謂一身精氣在內腎之下就近處運一點真鉛以迎先天真鉛叫做前行短。真鉛由尾閭歷三車（鹿車、羊車、牛車）經夾脊入泥丸，叫做後須長。前行，即從泥丸經上鵲橋，過重樓，下絳宮（心），入下丹田，乃神和精運行，此乃由泥丸退符至丹田（下），時間短，運行路線也短。或謂日沒於西方酉位，月隨之生於庚。日行在前光景短，月行在後光景長。後須長，謂由尾閭進火，精挾制神，經尾閭、夾脊、玉枕而上泥丸，此乃神伴精逆行，時間長。《悟真篇三注》引陳致虛語云：「大修行人煉己純熟，身心不動，魂魄受制，情欲不干，精氣滿盈如驟富之家，何處不有金玉？待彼一陽初動之時，先天真鉛將至，則我一身之精氣不動，只於內腎之下就近處運一點真鉛以迎之，卻隨真鉛升轆轤三車、由雙關夾脊上入泥丸，遍九宮，注雙目，降金橋，下重樓，入絳宮冶煉。此謂遊行自有方，此謂後須長也。然後還歸黃庭神室，交結成丹，此謂歸來卻入黃婆舍而嫁金翁也。此為顛倒五行而逆修也。」後須長，《悟真篇注釋》、《修真十書》作「後行長」。❹歸來　謂前行後行之後，還歸黃庭神室交結金丹。或「歸來」即返還之意。❺卻入黃婆舍　謂返還退入，以真意為媒，以神運藥歸爐。卻入，返還退入。黃婆舍，指真意；中央土；坤方。此句可參考注❸。❻金翁　或作「金公」。見卷中第二十四首❹。❼老郎　指汞鉛交合，坎離顛倒，坎卦中陽爻填離卦中陰爻，由此變化成純陽的乾卦。老郎即指乾卦。

【語　譯】先天八卦中的離卦本來在東方，其中陰爻為中女。在坎離顛倒的時候，它必須由東至西，至西方坎卦之中爻。對於這條運行路線，它很熟悉。但是，煉丹時必須了解：真鉛由尾閭歷鹿車、羊車、牛車，經夾脊入泥丸，運行路線和時間長，這叫做後行長。元神從泥丸經上鵲橋，過重樓，下絳宮，入下丹田，運行路線和時間短。這叫做前行短。經過上面說的前行後行之後，還是要以真意為媒，返還黃庭神室，達到坎離交合，煉成純陽之體。

【說　明】煉丹的運行路線。煉丹即煉元精、元神，亦即煉鉛汞。煉丹的運行路線是：一是指元精和元神的運轉，抽鉛添汞的變化。鉛沉需上升制汞，汞易飛宜下降。整個路線如❸「前行須短後須長」所述，此不贅述。二是指火候的變化——按照十二辟卦和人體相應的位置進陽火退陰符。於此亦不再述。

二十七

縱識❶朱砂與黑鉛❷，不知火候❸也如閑。大都全藉修持力❹，毫髮差殊不作丹❺。

【章　旨】從煉丹的藥物講起，闡明火候在煉丹中的重要性。

【注　釋】❶縱識　縱然知道；即使了解。❷朱砂與黑鉛　即汞、鉛。喻北方天一生水之真精，以及南方地二生火之元神。與，《修真十書》、《悟真篇注疏》、《悟真篇講義》、《悟真篇闡幽》作「及」。❸火候　內丹煉製的火和候。火指存神用息，候指小周天的運轉。火乃神的代稱，其運行時叫做真意。火候既是命功，也是性功。《金仙證論》分火候之候為六個階段。這裡的火候是指煉精化氣時的火候。夏宗禹《悟真篇講義》云：「蓋火是火，候是候，學者以火候為一事，非也。且以外丹言之，有文火，有武火，有插火，有寄火，有周天火，有四正火，有既濟火，有未濟火，與內丹之火無異也。五日為一候，三候為一氣，七十二候為一年，此一歲之候也。亥至子為陰交陽候，巳至午為陽交陰候，此一日之候也。子與丑交，是陽交陰候，丑與寅交，是陰交陽候，此一時之候，與內丹之候亦無異也。」朱元育《悟真篇闡幽》曰：「真火者我之神，真候者我之息；以火煉藥而成丹，即是以神御氣而證道也。」清代柳華陽《金仙證論》第十六云：「火候有文火有武火。神氣欲交未交之時，存神用息，綿綿若存，念茲在茲，即為武火；神氣既交，陽氣已定，又當忘息、忘意，用文火養之，真忘真照，即為文火。」內丹採封用武火，煉止用文火。❹修持力　對意念的控制能力。《悟真篇闡幽》云：「火候之秘，只在真意，大約念不可起，念起則火燥；意不可散，意散則火冷。只要一念不起，一意不散，時其動靜，察其寒溫，此修持行火之功，倍難於得葯也。」❺毫髮差殊不作丹　謂煉丹法則不能有一點差錯，否則不能結聚金丹。毫髮差殊，指性命雙修（主要指性功）要做到：杜絕念起意散，防止鉛汞喪失（即走火）；採藥、煉藥、運轉時需知藥之老嫩、清濁，以及火有文火、武火，如何進火？退符及沐浴時如何用火？如何不增進火、不減退火？以上功法都要沒有差錯，完全符合原則。差殊，《悟真篇闡幽》作「差遲」。

【語　譯】縱然知道元神和元精，不了解內丹煉製的火候，也是隔著門觀火的門外漢。煉丹的關鍵完全憑著意念的控制能力，對性命雙修功法，要杜絕念起意散，防止走火；知道採藥、煉藥、運轉時藥的老嫩、清濁，以及如何進火？退符及沐浴時如何用火？如何不增進火，不減退火？這些都要完全符合法則，沒有差錯。否則煉不成金丹。

【說　明】性功與命功。無論道教或佛教都是性命雙修的。所謂只修命，或只修性，在實踐中是不可能的。明代張三丰在《道言淺近說》中闡明了學道法則應是：「無為之後，繼以有為。有為之後，復返無為。」張伯端在《玉清金笥青華秘文金寶內煉丹訣》中說：「先就有形之中，尋無形之中，乃因命而見性也。就無形之中，尋有形之中，乃因性而見命也。」因為修煉即指神氣二者而已。一神一氣即是一陰一陽。氣指先天氣，乃腎中真陽之精。其實，氣與精實為一物，其動為精，其靜為氣。人在氣中，氣在人中，人因氣而得生。人們修煉氣而健康長壽，叫做修命。所以，修命或修性是指煉功的入手從有為或無為著眼，最後達到煉虛合道（佛言形神俱化，道言煉虛合道）則是性功與命功合璧。

二十八

契論丹經講至真❶，不將火候著於文❷。要知口訣❸玄通❹處，須共神仙仔細論。

【章　旨】敘述火候秘訣必須師傳，只讀丹經無法找到火候真訣。

【注　釋】❶契論丹經講至真　謂魏伯陽的《周易參同契》及其以後的論、歌等，都敘說了內煉的最高功夫。契，指《周易參同契》。論，丹經之一種。至真，最高的丹道秘訣。朱元育《周易參同契闡幽》云：「學道者最高經典為《陰符》、《道德》兩經。契則指漢魏伯陽《參同契》。從此以後，接踵而起者，有論，有歌。」❷不將火候著於文　謂歷代丹經都不把煉丹火候用文字表敘出來。《火記》是講火候的，早已失傳。魏伯陽提到《火記》，也未明言，他在《參同契》第三十六章說：「《火記》六百篇，所趣等不殊。文字鄭重說，世人不熟思。尋受其源流，幽明本共居。竊為賢者談，曷敢輕為書。寫情著竹帛，又恐泄天符。」《悟真篇三注》薛道光云：「聖人傳藥不傳火，從來火候少人知。」陸子野也在該書中曰：「火候丹中要，非師勿妄猜。」❸口訣　道教傳授秘法都用口傳心授，不准筆錄。❹玄通　或作「通玄」。將深奧的道教功理功法融入煉功口訣。玄，深奧。指深奧的功理功法。

【語　譯】《周易參同契》和它以後的論、歌等等，都講了最高的丹道秘訣。不過，歷代丹經都沒有用文字表敘煉丹的火候。如果要知道道教煉丹功法口訣的深奧道理，一定要同神仙詳細討論才行。

【說　明】道教的神和仙有區別。「神」是超越自然的天上的執政者，「仙」多是超脫塵世、有神通變化、長生不死的人。道教信奉的神仙分為天神、地祇和人鬼。天神包括三清、玉皇大帝、天官、地官、水官，日月星辰主管之神，風伯、雨神、司中、司命、司民、司神等。地祇包括土地、社稷、城隍、門神、灶神、五祀、五嶽、四瀆、山嶽河海之神，百物之神。人鬼有：先王、先祖、先師、功臣、歷代聖哲賢才等。道教神仙有等級之分。南朝陶弘景分神仙為元始天尊、玉宸道君、金闕帝君、太上老君、九言尚書、定祿真君、酆都大帝等七個等級。仙又分混元無始金仙、洞元太初金仙、靈元造化真仙、人世修證而仙者，還有天仙、地仙、神仙、人仙、鬼仙等九品。

二十九

八月十五❶翫❷蟾輝❸，正是金精❹壯盛時❺。若到一陽❻纔起處❼，便宜❽進火❾莫延遲❿。

【章　旨】專門敘說採藥的火候。

【注　釋】❶八月十五　指農曆八月十五日，比喻金水氣旺，一陽來起，活子時陽生之候。因為八月十五秋氣正中，金氣正旺，其卦屬兌；八月建酉，而金又生水，冬至陽生於坎，坎屬水，故以金水相生喻一陽初動。夏宗禹《悟真篇講義》云：「八月十五，秋氣正中，金氣正旺，其卦屬兌，修真之士必於此時而留意。至一陽起後，其卦為復，是冬至之候，便當施功而進火，不可遷延，恐失時也。雖然平叔託喻如此，以明金水相生之理，非曰每年直待八月與十一月而後修丹，其餘月日不可用，非也。謂一日之間，自有秋旺之金精，陽生之冬至。」❷翫　同「玩」。❸蟾輝　月光。古人認為月中有蟾，故以蟾喻月。此蟾輝比喻元精光華。❹金精　元精。❺壯盛時　指由靜而動的時候。《悟真篇注釋》作「盛壯時」。❻一陽　坎卦中陽爻；復卦初爻。比喻初動的陽精。❼纔起處　復卦（䷗）初爻為陽爻，乃陰極陽生，比喻陽精初動尚未大動，正是癸水一動的活子時。口訣云：「下手立丹基，休將子午推。靜中方一動，便是癸生時。」按照丹法，癸水一動的活子時，馬上要進火，乃採藥的火候。纔，即方。《悟真篇注釋》、《悟真篇講義》、《修真十書》作「才起復」。❽便宜　《道樞》作「便將」。❾進火　癸水初動的活子時，一陽初起，用武火採此藥，由尾閭、夾脊、玉枕上升至泥丸，這叫進火。《道樞》

作「見火」。❿莫延遲　不要錯過活子時採藥。《丹經》云：「以老為質重不起，嫩則氣微不昇。」採藥正好。延遲，《道樞》作「淹遲」。

【語　譯】農曆八月十五日是金水氣旺，一陽初動，正如月中玩蟾。內煉元精光華，正是它由靜而動的旺盛時候。假如到了癸水一動的活子時，陽精初動尚未大動，這時馬上要進火，千萬不要錯過活子時採藥的良好時機。

【說　明】什麼叫活子時？從生理上講，是男子出現陰莖勃舉，甚至有少許洩精現象。從十二辟卦看，乃復卦（䷗）初九，一陽萌動之時。從內丹煉製過程看，乃癸水一動，陽精初動氣通上下，兩目即有感覺的時候。

三十

一陽纔動❶作丹時❷，鉛鼎❸溫溫❹照幌幃❺。受氣之初❻容易得❼，抽添❽運用❾卻防危❿。

【章　旨】敘說採藥情狀，闡明「進火」火候和「抽添」火候。

【注　釋】❶一陽纔動　見卷中第二十九首❻❼。❷作丹時　指丹功從靜到動，功法即刻運用。❸鉛鼎　指鼎爐，喻人身中煉丹之器（丹田）。❹溫溫　溫暖。謂活子時癸水初動，氣通上下，兩目即有感覺。❺幌幃　閉目內視，活子時癸水初動，丹田惚恍，兩目生明，全身也有暖暖真氣的感覺。只不過每個煉丹者感覺不同而已。夏宗禹《悟真篇講義》云：「幌帷者，即云房塞兌，垂簾之旨，洞賓光透簾帷之詞，故平叔引而用之。謂一陽自子時始生，即受氣之始，乃作丹之時。若過此以往，則有防危之患。」呂洞賓〈沁園春詞〉曰：「七返還丹，在人先須煉己待時。正一陽初動，中宵漏水，溫溫鉛鼎，光透簾幃。造化爭馳，龍虎交會，進火工夫牛斗危。曲江上，見月華瑩淨，有個烏飛。」❻受氣之初　採藥之初，剛好進火。氣，《悟真篇注釋》、《方壺外史》作「炁」。❼易得　《修真十書》、《悟真篇注疏》作「易識」。《悟真篇闡幽》作「易吉」。❽抽添　即抽鉛添汞。見卷中第九首❹和說明。所謂抽添，即指在進火退符過程中，精逐漸減少，並且與神聚凝。在抽精添氣（即化氣）、抽氣添神（即化神）的過程中，精逐漸減少，神漸漸增加。❾運用　清朱元育《悟真篇闡幽》作「運火」。❿卻防危　防止走火。見卷中第二十七首❺。《修真十書》作「且防危」。《方壺外史》、《悟真真指》作「切防危」。《悟真篇注疏》作「慎防危」。

【語　譯】陽精初動尚未大動的活子時，正是丹道功法即刻啟用的時候。煉內丹的人這時可以感覺到丹田溫暖，氣通上下，兩目生明，全身也有暖暖真氣薰蒸。但是，採藥之初，剛好進火，這時容易了解。從築基開始和煉精化氣的過程是抽鉛添汞，鉛逐漸減少，並且與汞凝聚，汞漸次增多。到煉氣化神時就不用鉛了，這時運用火候要特別注意，一定要防止走火。

【說　明】何謂走火？就是內煉時念起意散，導致鉛汞喪失，使內丹煉製前功盡棄，甚至使煉功者的精神失去控制，俗稱走火入魔。

三十一

玄珠有象逐陽生❶，陽極陰來❷漸剝形❸。十月霜飛❹丹始熟❺，恁時神鬼也須驚❻。

【章　旨】敘說內丹法象，抽添溫養之事。進陽火退陰符過程之變化一目了然。

【注　釋】❶玄珠有象逐陽生　謂煉丹藥物因感陽氣而從無到有之景象。玄珠，藥物在活子時初萌的景象。參見卷上第五首❹。《悟真篇三注》引陸子野之語云：「玄珠者，藥之象。藥不能自生，須感陽氣而生。自微至著，陽極陰消，十月數周，大丹成就。」夏宗禹《悟真篇講義》曰：「仰之彌高，鑽之彌堅，瞻之在前，忽焉在後者，此儒氏之玄珠有象也。圓陀陀，光爍爍，明了了，活潑潑者，釋氏之玄珠有象也。靈明寶藏，洞照乾坤，一點真如，虛室生白者，道氏之玄珠有象也。三教雖殊，大道則一。然大道無形，生育天地。黃帝遺珠，罔象得之。今云玄珠有象者何也？蓋大道從無入有，其象自著，故現出深潭日一輪者，此象也。真人自出現者亦此象也。曰玄珠，曰金丹，皆罔象中之象也。不來而自至者也，玄哉妙哉！此象能有能無，能隱能顯，時方陽生而玄珠有象，時至陰生而玄珠無象，故顯於陽極之初，而隱於陰極之後，其卦為復，是一陽生於子而玄珠有象矣。其卦為剝，是六陰極於亥而玄珠無象矣。」逐陽生，指進火火候。從子到亥，從復卦到坤卦，恰是陽生（子、復卦）→陽極（午、乾卦）→陰生（未、姤卦）→陰極（亥、坤卦），也是由虛危穴→尾閭→夾脊→玉枕三關→泥丸→絳宮（心）→丹田（爐）、會陰（坤）。這樣的循環乃是陽息陰消的過程，也是進陽火、退陰符的過程。

復卦正當由靜至動，一陽初萌，藥隨陽生，需進陽火。❷陽極陰來　指陽息陰消，即進陽火退陰符的過程。從復卦䷗歷臨卦䷒、泰卦䷊、大壯卦䷡、夬卦䷪，至乾卦䷀，這是陽息至陽極。從姤卦䷫歷遯卦䷠、否卦䷋、觀卦䷓、剝卦䷖，至坤卦䷁，這是從陰消至陰極。陰來，《悟真篇講義》作「陰消」。❸剝形　退符至剝卦，九月之象，萬物凋落。剝，指剝卦。❹十月霜飛　十月當坤卦，陰氣已極，為純陰。十月，農曆十月。霜，指陰氣。《周易參同契》曰：「姤始繼序，履霜最先。」姤卦一陰生，當五月，不是有霜之始，以陰喻霜。❺丹始熟　丹方凝結。此指煉精化氣階段丹母即成。夏宗禹《悟真篇講義》云：「必待十月而丹始熟者，乃霜飛凜冽之時，萬物歸根復命，陰極陽生，周天數足，至此丹方凝結矣。」❻恁時神鬼也須驚　恁，那麼；那樣。此句《悟真篇講義》作「此時入口鬼神驚」。也須，《悟真篇注疏》、《悟真篇注釋》、《悟真篇闡幽》作「亦須」。

【語譯】煉丹的藥物在活子時因感陽氣而從無到有。經過從復卦到坤卦十二辟卦那樣的陽長陰消，至剝卦為九月之象，似萬物凋落。到了農曆十月為坤卦，陰氣至極，如霜滿地，丹母煉成。那樣的奇妙結果，神鬼也會為之驚訝。

【說明】第一，十二辟卦與煉丹。十二辟卦是指復卦䷗、臨卦䷒、泰卦䷊、大壯卦䷡、夬卦䷪、乾卦䷀、姤卦䷫、遯卦䷠、否卦䷋、觀卦䷓、剝卦䷖、坤卦䷁。以上十二辟卦標誌著陽息陰消，陰陽互相變化的過程，恰與十二支（子、丑、寅、卯、辰、巳、午、未、申、酉、戌、亥）相應。因為十二支也可以說是一年十二月、一天十二個時辰，這就將十二辟卦與陰陽變化緊緊聯繫了起來。而煉丹的元精、元氣乃是一陰一陽，煉丹的火候亦是隨著始復終坤的順序，進陽火退陰符的。所以，內煉是離不開十二辟卦的，它必須以其說明內丹煉製的過程。

第二，丹藥產生的情狀。藥分小周天之小藥和大周天之大藥。小藥在煉己和調藥的基礎上，在精氣逐步旺盛時產生，出現「身體輕健，容衰返壯，昏昏默默，如醉如痴」（見李時珍〈奇經八脈考〉），以及「泥丸風生，絳宮月明，丹田火熾，谷海波澄，夾脊如車輪，四肢如山石，毛竅如浴之方起，骨脈如睡之正酣，精神如夫妻之歡會」（見《金丹四百字》）的情景。大周天之大藥產生時，則六根（眼、耳、鼻、舌、身、意）震動。

三十二

前弦之後後弦前❶，藥物平平❷氣象全❸。採得歸來❹爐裡鍛❺，鍛成溫養自烹煎❻。

【章　旨】說明丹藥生後的採、封、煉及其溫養。

【注　釋】❶前弦之後後弦前　謂初一至初七日以後，二十四至三十日以前，隱喻丹藥從未發到初發景象，此時藥物不老不嫩，乃火候正中之候。前弦，即上弦。陰曆初八日；上弦初七八日；太陰領覽初生之氣以成金丹，非指上弦下弦。後弦，即陰曆二十三日。前弦後弦以十五日為分界，十五日前叫前弦，十五日後叫後弦。《悟真篇三注》陸子野云：「前弦之後後弦前，乃日月合璧之後，太陰將復生之時，此時藥材正新，得其平平之味，急採已與身中陰汞凝結。始於溫養，終於烹煎，此丹熟自能清。」❷藥物平平　謂內煉丹母乃金水均勻，火候恰當。或將「藥物」作「藥味」，指金水均勻的調劑情況。平平，金水均平。兩者雖生，未過中間之候。因為金即元精，在初動時，水在動後時，已是後天。如果將已動之初比喻金，將初動之際比喻水，按照五行相生的原理，金生水，水助金，此時火候如金水各半那樣均勻，是已生未過中間之候。❸氣象全　金水均等；丹華澄清，金精壯盛，藥味平和。❹採得歸來　採藥的時機，以及採到藥的情狀。❺爐裡鍛　即將藥送入爐（丹田）烹煉，指運轉河車。爐，丹爐，指丹田。鍛，即煉製。《悟真篇注疏》作「爐內煉」。❻鍛成溫養自烹煎　即丹藥入爐後宜用文火溫養。烹煎，以文火烹藥物。自烹煎，《修真十書》、《悟真篇注疏》、《悟真篇闡幽》作「似烹鮮」。

【語　譯】農曆每月十五日之前和十五日之後月亮圓缺的變化，恰如內丹丹藥從未發到初發的景象，此時丹母金水均勻，火候恰當，丹華澄清，金精壯望，藥味平和。這正是採藥的良好時機，應該把採到的藥在丹田裡煉製。在丹藥入丹田之後宜用文火溫養。

【說　明】丹藥的成分，以及藥生的過程和火候（時間、分寸）是什麼？內煉丹藥是由元精、元氣煉成的、近似氣團的特殊物質。丹藥生成的過程就是始復終坤、陰陽變化的過程，其間「精」漸少，「神」漸多。具體來說，就是煉精化氣，煉氣化神，煉神還虛，煉虛合道等步驟。丹藥生時的火候乃是復卦一陽初動，藥從未發到初發時。從時間和分寸上看，正如金生水，水亦助金。

三十三

長男❶乍飲❷西方酒❸，少女❹初開北地花❺。若使青娥❻相見後，一時關鎖❼在黃家❽。

【章　旨】借喻八卦、五行說明內煉中陰陽歸中的道理。

【注　釋】❶長男　指震卦，即龍、神之代稱，位屬東方，五行屬木。❷乍飲　初次會合。❸西方酒　指西方金生水。西方，西為金方，元精代稱。酒，即水象，比喻金生水。指危虛穴（會陰）動，也即指靜中一動之元精。❹少女　指兌卦，即元精代稱。❺北地花　北為坎水，花為鉛華，乃水中鉛之喻。此句喻元精元神會合，即後天之水昇華與元神會合而放出之景狀。《悟真篇注疏》、《悟真篇闡幽》作「北苑花」。❻青娥　即東方青龍和西方白虎；西方青女與東方木汞。❼關鎖　《方壺外史》作「鎖住」。❽黃家　黃家，乃真意；真土。亦稱黃婆，五行屬中央土。

【語　譯】《周易》中震卦為龍，為長子，在後天八卦中位東方，為木。在內丹中是元神的代號。兌卦位西方，為少女，為金，金能生水，在內丹中水是元精的代號。元精元神初次會合，猶如東方的長男到西方飲酒，見到了美麗的少女，於是一見鍾情，歡樂無比。因為坎在北方，為水，金能生水。元精元神會合猶如北方遍地開花。假如促使青龍和白虎會合，一定需要真意為媒介，才能把它們引入丹田。

【說　明】為何把坎水元精和離火元神的代稱又說成了震龍元神和兌虎元精呢？一是煉丹必須從後天返還至先天，坎北離南的後天八卦還原為先天八卦，即是離卦與震卦合，坎卦與兌卦合，此即隱喻後天還返先天。二是從內煉的路線來說，正如魏伯陽所說：「子當右轉，午乃東旋。」坎卦在後天八卦中居北，為水，元精代稱，它右轉至西方。離卦在後天八卦中居南，為火，元神的代稱，正好旋轉至東方。三是因為木生火，南方丙丁火為陽火、陰火。金生水，北方水為元精。

三十四

兔雞之月❶及其時，刑德臨門❷藥像之❸。到此金砂❹宜沐浴❺，若還加火❻必傾危❼。

【章　旨】闡述沐浴火候。

【注　釋】❶兔雞之月　謂陰曆二月和八月。陰曆二月屬卯為兔，陰曆八月屬酉為雞。❷刑德臨門　二月為春之半，萬物萌生，喻德。八月為秋之半，萬物凋落，喻刑。《周易參同契》云：「刑主殺伏，德主生起。二月榆落，魁臨於卯。八月麥生，天罡據酉。」《悟真篇三注》陸子野云：「兔雞之月卯酉，春秋平分之時，陰中有陽，陽中有陰。故於此時不敢進火，但以真氣薰蒸而為沐浴，保其危險。」❸藥像之　運火煉藥，卯時不進陽火，酉時不退陰符，此時休息緩解火力。藥，大藥，指運火煉藥。像，好像；如是。之，指示代名詞，喻二月、八月。❹金砂　即先天精後天精之喻，金喻前者，砂喻後者。此兩者相合而成藥，沿任脈督脈運行，至泥丸金純後下降。《悟真直指》作「金丹」，喻藥。❺宜沐浴　謂卯酉時不進陽火，不退陰符，火力稍緩，略休息停頓。在周天運轉之中，火候的變化是：六陽時由背後行，子時始於會陰，卯時至夾脊，神住於此，呼而休歇，目的是使進火不會過猛。這叫後升之沐浴。六陰時由泥丸下至丹田（下），午時始於頭頂（泥丸），酉時至黃庭，神住於此，呼而休歇，目的是使之緩降。這叫前降之沐浴。宜，《修真十書》作「須」。❻加火　不調劑火候；火力過猛。❼傾危　走火。

【語　譯】農曆二月為兔，屬卯，八月為雞，屬酉。二月春之半，萬物萌生，八月為秋之半，萬物凋落。因為春為德主生，秋為刑主殺。在內丹煉製時，恰好卯時不進陽火，酉時不退陰符，以休息緩解火力。此時的先天精後天精即在火候稍緩，略為休息停頓之時。如果不遵守煉丹運火法則，在此時火力過猛，必然走火，功敗一時。

【說　明】沐浴在煉丹中的重要作用。沐浴就是在煉丹中，當陰陽火候運行至卯酉時，不增進火，不減退火，使「神」分別住於卯酉，呼而休歇，既避免進火過猛，使丹藥不可採，又不至於使丹藥急至下丹田而難以溫養。

三十五

日月三旬一遇逢❶，以時易日❷法神功❸。守城野戰❹知凶吉❺，增得靈砂❻滿鼎紅❼。

【章　旨】敘述丹道陰陽變化與天時相符。

【注　釋】❶日月三旬一遇逢　謂太陽和月亮三十晝夜交會一次。旬，十日。月亮借太陽而生光輝，故有晦、朔、弦、望。晦即陰曆每月三十日，月亮全暗。朔即陰曆每月初一日，月亮始有光輝。晦朔之間日月交會，亦喻陰陽之精相交。❷以時易日　謂以一日為一時。煉丹以日月相交會為喻，將三十日集中於一日，又將一日分為十二時，故又將一日之陰陽交會集中於一時中，亥子之間即為陰極陽生之時。❸法神功　效法天地陰陽變化的神妙。法，效法。神功，天地陰陽變化的鬼斧神工。❹守城野戰　喻以文火武火煉丹。❺知凶吉　喻火候運用恰當或不當。❻靈砂　指煉丹藥物。❼滿鼎紅　喻金丹結凝很有希望。鼎，指鼎爐，此喻丹田。

【語　譯】太陽和月亮三十個晝夜交會一次。如果將三十日集中於一日，又將一日分為十二時，再將一日的陰陽交會集中在一時之中，這正好是亥子之間——陰極陽生的時候。內丹煉製正是效法天地陰陽的這種神妙變化。如果以城市的防守戰爭比喻煉丹的文火武火，從雙方爭戰的狀況可以看見戰事的成敗。那麼，內丹煉製的成敗也取決於火候運用的恰當與否。如果火候運用適當，在丹田中聚結金丹一定不成問題。

【說　明】煉丹火候與天道相合。煉丹中的進陽火、退陰符與自然界的陰陽變化緊密相關。內煉以十二辟卦與農曆十二個月相配，以日月交會比喻元精元神相交。因其將一月三十日的陰陽變化集中於一日，一日為十二時，故將陰極陽生的變化集於亥子之間。對此，後蜀彭曉在《周易參同契分章通真義》中有精闢論述。他說：「此喻一年十二月，一日十二辰，運陰陽進退之火符，合乾坤坎離之精氣，周而復始，妙用無窮。因使聖女靈男交陰陽於神室，飛龍伏虎，媾魂魄於母胞。是以神變無方，化生純粹者也。」另外，清代董得寧在《周易參同契正義》中說：「《易》曰：『數往者順，知來者逆。』……今修丹之道亦然，故順逆相須，陰陽交互，而後造化無窮也。」其實《周易．說卦傳》所說「數往者順，知來者逆」同《周易．繫辭傳上》說的「原始反終，故知死生之說」是一致的，都蘊含著順生人，逆成丹（仙）的思想。（見劉國樑〈周易丹道思想初論〉，

《周易研究》，一九九二年第四期。）

三十六

否泰纔交萬物盈❶，屯蒙受卦稟生成❷。此中得意❸休求象❹，若究群爻謾役情❺。

【章　旨】從河車運轉談煉丹火候。

【注　釋】❶否泰纔交萬物盈　謂陰陽相交，萬物即生。否，否卦䷋，天在上地在下，喻陰陽不交。泰，泰卦（䷊），地在上天在下，喻陰陽相交。纔交，指否卦䷋和泰卦䷊互相轉化，比喻初調煉丹火候。萬物盈，萬物萌生。《周易．繫辭下》：「天地絪縕，萬物化醇。」「一陰一陽謂之道。」《道德經》：「道生一，一生二，二生三，三生萬物。」一即元初，二即陰陽，三即萬物。❷屯蒙受卦稟生成　屯卦蒙卦象徵萬物初生和成熟，喻內丹煉製中進陽火和退陰符。屯，屯卦䷂，震下坎上，象萬物初生；或如一陽始生，象進陽火；坎為水，為精，在震之上，象真鉛制真汞，精神相依相隨，初採藥而升泥丸。蒙，蒙卦䷃，艮上坎下，象萬物成熟。喻煉丹退陰符。象徵退陰符時金水由泥丸入於丹田。稟，稟賦。生成，「河圖」中的生數和成數。見卷上第十四首的說明。此句《修真十書》作「屯蒙二卦受生成」。❸得意　得到了煉丹的真意。❹休求象　不要按屯蒙的卦象理解。清朱元育《悟真篇闡幽》作「必忘象」。❺若究群爻謾役情　謂按照《周易》的卦爻探究煉丹火候，實際上是耗散精神，枉費功夫。若，假如。群爻，《周易》六十四卦各爻。謾役情，做無用之功；枉費精神於形式之中。謾，欺騙；亂。《悟真篇注疏》作「漫」。

【語譯】否卦是陰陽不交，泰卦是陰陽相交。如果否卦和泰卦互相轉化，即可陰陽絪縕，萬物充盈。這正如內丹煉製時的陰陽相交，初調煉丹火候。屯卦和蒙卦象徵萬物初生和成熟，正像內丹煉製中進陽火和退陰符。因為屯卦是震下坎上，如萬物初生，或如一陽初生，如進陽火，象徵初採之藥上升泥丸。蒙卦是艮上坎下，如萬物成熟，象徵退陰符時金水由泥丸入於丹田。內丹煉製時只能理解否泰屯蒙各卦的涵義，不要按它們的卦象理解。假如按照《周易》的卦爻探究內丹煉製火候，實在是耗散精神，枉費功夫。

【說明】得意忘象。在《周易略例・明象章》中，王弼闡明了言、象、意的關係。他說：「夫象者，出意者也；言者，名象者也。盡意莫若象，盡象莫若言。」「意以象盡，象以言著。故言者所以明象，得象忘言，象者所以在意，得意忘象。」他指出了明象要通過言，達意要通過象。他認為，象（卦象）通過言語明確其意義，意由象而得表達。但是，言和象都只是得意的工具。因此，得象可以忘言，得意可以忘象。在這裡，王弼說明了事物與其概念，以及概念所包涵的內在聯繫，雖不乏認識缺陷，但對深化人們的思維，尤其對文學藝術的創作很有啟迪。

三十七

卦中設象本儀形❶，得意忘言❷意自明。後世迷徒唯泥象❸，卻行卦氣❹望飛升❺。

【章　旨】指出不要拘泥於卦象的形式，而要窮究其中蘊含的本質。

【注　釋】❶卦中設象本儀形　謂以《周易》六十四卦取象事物乃是一種比喻。卦中，指《周易》六十四卦。夏宗禹《悟真篇講義》作「卦有」。設象，以卦爻取象事物。《周易・乾卦》注：「象者，卦之上下兩象及兩象之六爻，周公所繫之詞也。」高亨《周易古經今注》：「取象之辭者，乃採取一種事物以為人事之象徵而指示休咎也。」《悟真篇注疏》、朱元育《悟真篇闡幽》作「設法」。本儀形，作一種比喻的形式。《悟真篇注疏》、《悟真篇闡幽》作「儀刑」，形與刑可通。《道樞》、《悟真篇講義》作「象儀形」。❷得意忘言　謂得到了卦象爻象所包含內容的真實意義，就不要再拘泥於形式了。得意，得到卦爻象內的真正涵義。忘言，不能拘泥於卦爻象和功法。張伯端〈讀周易參同契〉曰：「本立言以明象，既得象以忘言。猶設象以指意，悟其意則象捐；達者惟簡惟易，迷者愈惑愈繁。」❸後世迷徒唯泥象　謂後來愚昧之人都拘泥於卦象的形式，不探究其中內容的真實涵義。後世或作「舉世」。《悟真篇注疏》、《悟真篇闡幽》亦作「後世」。迷徒，《修真十書》、《方壺外史》、《悟真篇三注》作「迷人」。唯泥象，拘泥卦象的形式，不探究其中真實涵義。❹卻行卦氣　按卦氣圖論說煉丹火候。卻，但是。行卦氣，按卦爻行氣，調節煉丹火候。❺飛升　指進陽火退陰符。或以鉛制汞，使初採丹藥升至昆侖泥丸。或修道成仙。

【語　譯】用《周易》的卦象爻象取象事物，本來是一種比喻的形式。如果得到了卦象爻象包含內容的真實涵義，就不要再拘泥它們的形式了。後世昏迷不悟的人都拘泥卦爻象的形式，不探求其中蘊含的真實內容。因此，他們都按卦氣圖論說煉丹時的火候，這是不對的。

【說　明】卦氣說。即以坎、震、離、兌四卦主一年四季。坎主冬；震主春；離主夏；兌主秋。再以此四卦的二十四卦爻分主一年二十四節氣。即坎卦初六主「冬至」；九二爻主「小寒」；六三爻主「大寒」；六四爻主「立春」；九五爻主「雨水」；上六爻主「驚蟄」。震卦初九爻主「春分」；六二爻主「清明」；六三爻主「穀雨」；九四爻主「立夏」；六五爻主「小滿」；上六爻主「芒種」。離卦初九爻主「夏至」；六二爻主「小暑」；九三爻主「大暑」；九四爻主「立秋」；六五爻主「處暑」；上九爻主「白露」。兌卦初九爻主「秋分」；九二爻主「寒露」；六三爻主「霜降」；九四爻主「立冬」；九五爻主「小雪」；上六爻主「大雪」。每個節氣又分三候：「初候」、「次候」、「末候」。每個節氣為十五天，所以每候主五天。這樣，由二十四節氣又推衍出七十二候。再以坎、震、離、兌之外的六十卦之每爻分主一日，凡主三百六十日。一年之中尚餘五又四分之一日，以每日八十分計之，總四百二十分，均分六十卦中，每卦主六又八十分之七日，此即古人談卦氣時所謂「六日七分」的來歷。所謂「氣」者，其法以風雨寒溫為候。

三十八

天地盈虛自有時❶，審能消息始知機❷。由來❸庚甲❹申明令❺，殺盡三尸道可期❻。

【章　旨】敘述火候之陰陽變化，說明煉丹必須了知藥之陽生真機和當採真機。

【注　釋】❶天地盈虛自有時　謂天地間陽氣和陰氣的變化有一定的日時。盈虛，陽氣升為盈，陰氣降為虛。夏宗禹《悟真篇講義》作「盈方」。自有時，清朱元育《悟真篇闡幽》作「自有期」。《悟真篇三注》陳致虛云：「潮來則盈，潮去則虛，此天地之盈虛。月滿則盈，月缺則虛，此日月之盈虛。春生夏長，秋斂冬肅，此四時之盈虛。氣旺則盈，氣散則虛，此人生之盈虛。癸生則盈，望遠則虛，此金丹之盈虛。」夏宗禹《悟真篇講義》曰：「人之身與天地等，凡盈虧消息之理無一不與天相似。故子初陽生午後陰降，先庚後甲，號令嚴明。」❷審能消息始知機　謂精深研習陰陽的變化，知道丹藥的陽生真機和當採真機。審能，詳細觀察，精深熟究。《修真十書》作「審觀」。清劉一明《悟真直指》注云：「審者詳觀熟究，功深日久，方能見真。」消息，陽生為息，陰生為消。子至巳為六陽時，午至亥為六陰時。煉丹時，陰陽在人體的運行是：督脈為息，任脈為消。機，丹藥之生及當採之時。知機，即是了知藥生之時，當採之時，及時運轉任脈和督脈，協調陰陽的變化，使其煉神還虛，歸根復命。❸由來　或應為「由於」。❹庚甲　西方東方；金木；元精元神。庚辛金指西方，金生水，又指元精。甲乙木指東方，木生火，又指元神。金木相間，元精元神分散，若兩者會合則成丹母。❺申明令　指金木會合，陽氣漸長漸盈，陰氣漸消漸少。此象金木發號施令，使陽息陰消，剛柔調和。《入藥鏡》云：「日有合，月有合，窮戊己，定庚申。」❻殺盡三尸道可期　三尸，又名三彭，即陰氣代稱，乃人身氣質之陰所化。道，丹功的成就。可期，可以期待達到成功的目的。

【語　譯】天地之間陽氣和陰氣的變化有一定的時間。精深觀察和研究陰陽的變化，始可知道丹藥初生和當採時的機密。因為在《周易》後天八卦中，東方為甲乙木，木生火，指元神。西方為庚辛金，金生水，指元精。內丹煉製要元精元神會合，陽氣漸長，陰氣漸消。這正如金木發號施令，使陽息陰消，剛柔調和。這樣就可煉盡陰氣，得到純陽，可達到丹道成功的目的。

【說 明】第一，任督之陰陽，任脈是自會陰起，沿腹、胸正中線直上，止於承漿，或入目中。督脈也起於會陰，循脊柱上行，經百會而下，止於齦交。在內煉時，進陽火是經督脈而上至泥丸，退陰符是經任脈，由上丹田而至下丹田。

第二，三司神。司即神主的意思。司當作尸，三尸即三蟲。道教認為，人體有上中下三個丹田，兩眉間即上丹田，心窩為中丹田，臍下即下丹田，各有一神駐其中進行監視、教唆、告密，並搞破壞活動。這三丹田之神統稱三尸。據說，三尸姓彭，上尸名鋸，中尸名躓，下尸名蹻。或一尸名青姑，一尸名白姑，一尸名血尸（《歷代神仙通鑑》）。其職司是：欲使人早死，「每到六甲窮日，輒上天白司命，道人罪過，過大者奪人紀，過小者奪人算。」（《重修緯書集成》卷六〈河圖紀命符〉）或者「一居人頭中，令人多思欲，好車馬」；「一居人腹，令人好飲食，恚怒」；「一居人足，令人好色，喜殺」（《酉陽雜俎．前集》）。或者青姑害人眼，令人目暗面皺，口臭齒落；白姑壞人五臟，令人氣少，善忘慌悶；血尸伐人胃管，令人腹輪煩滿，骨枯肉焦，意志不升，所思不得。對付三尸神的最有效辦法是守庚申。道教徒認為，每逢庚申日，三尸神乘人睡眠之際上天言人之過，如果人們通宵不眠，它們就離不開人體，日子長了，三尸神就乾脆離開人體了。所以《酉陽雜俎．前集》說：「七守庚申三尸滅，三守庚申三尸伏。」

三十九

要得谷神❶長不死，須憑玄牝❷立根基。真精❸既返❹黃金室❺，一顆靈光❻永不離。

【章旨】從谷神切入，闡述「煉精化氣」、「煉氣化神」階段之「化」。

【注釋】❶谷神　陰陽的神妙變化；煉金丹之所；丹功在空靈之所的至虛至靈之機。《道德經》：「谷神不死，是謂玄牝。玄牝之門，是謂天地根。」《悟真篇三注》薛道光曰：「陰陽不測之謂神；感而遂通，如谷應聲，故曰谷神。夫神因氣立，氣因精生，精能生氣，氣能生神，故神氣為一身主宰，一身為形氣之府。形不得神氣不得生，神氣不得形則不立，二物相須始有生也。」❷玄牝　即指「玄關一竅」，乃活子時陽生時玄牝現且開，在人身並無定所，非指某穴位。《丹經》元尹清和云：「一陽出現象現來，玄竅開時竅竅開。收拾蟾光歸月窟，從此有路到蓬萊。」張伯端的《金丹四百字》云：「此竅非凡竅，乾坤共合成。名為神氣穴，內有坎離精。」《金丹四百字自序》亦曰：「須知身中一竅，名曰玄牝。此竅者，非心非腎，非口非鼻也，非脾胃也，非谷道也，非膀胱也，非丹田也，非泥丸也，能知此一竅，則冬至在此矣！藥物在此矣！火候亦在此矣！沐浴亦在此矣！脫體亦在此矣！此一竅一無邊傍，也無內外，乃神氣之根，虛無之谷，則在身中求之，不可求於他也。」❸真精　即內煉凝結的丹藥。夏宗禹《悟真篇講義》作「陽精」。❹既返　重新得到。指還丹。❺黃金室　即黃庭。《悟真篇注疏》、清朱元育《悟真篇闡幽》作「黃金屋」。❻靈光　金丹。《方壺外史》作「靈丹」。

【語　譯】要想知道陰陽的神妙變化，達到長生久視的目的，就一定要憑藉在活子時陽生之時出現和打開的「玄牝」奠定煉內丹的基礎。丹藥經過「河車運轉」，入於黃庭，煉成的金丹就會永遠滯留在身。

【說　明】第一，谷神為《老子》用語。喻「道」的體用。谷，空虛，喻「道」的本體。神，不可測度，喻「道」的作用。《老子》第六章：「谷神不死，是謂玄牝。」河上公認為，「谷」是養，「神」是五臟之神，「人能養神則不死」。道教氣功家多訓「谷神」為「元神」。居於「泥丸」之中。按道教的思想邏輯，「元神」即「本性」、即「金丹」、即「道」，亦與《老子》本義相聯繫。第二，玄牝為道教氣功名詞。《老子》第六章：「谷神不死，是謂玄牝。玄牝之門，是謂天地根。」「玄」，奥妙，幽深。「牝」，雌性，母體。「玄牝」，喻「道」體及其生化作用。在道教氣功學中又有如下涵義：①指天地、口鼻。河上公《道德真經注》：「玄，天也，於人為鼻；牝，地也，於人為口。」道教一派承襲此說，又名之為「出納戶」。②指陰陽或陰陽之門戶。《西遊原旨》第二十回：「玄牝為陰陽之門戶也。玄為陽，牝為陰。」③指黃庭，即身中一竅。《養生秘錄》：「中宮即黃庭，即玄牝。」《馮氏錦囊》：「身中一竅，名曰玄牝。……在乾之下，坤之上，震之西，兌之東，坎離交媾之鄉，一身之正中。」④指氣海。《胎息經注》：「臍下三寸為氣海，亦為下丹田，亦為玄牝。蓋玄者水也，牝者母也。修道者常伏其於臍下，守其神於身內，神氣相合而生玄胎。玄胎即結，乃自生身，即謂內丹。」⑤指兩腎之間。《養生秘錄》：「二腎之間，虛生一竅，是謂玄牝。」⑥指山根。《寥陽殿問答・第三編》注：「山根一地，亦名玄牝。」⑦指玄關。即「四大不著之地」，

「先後天界限之處」、「念頭動處」（見《修仙辯難前編參證》）。此外又有「玄」為兩眼之間玄關竅，「牝」為下丹田；「玄牝」包括上、中、下三丹田；「玄牝」為太極等說。按：「玄牝」之說歧意紛紜，其要當是陰陽交會之地、生化之門，若固執一穴，則以偏概全。

四十

玄牝之門❶世罕知❷，指將❸口鼻妄施為❹。饒君吐納❺經千載❻，爭得金烏❼搦❽兔兒❾！

【章旨】從玄牝的重要性說明丹理丹法。

【注釋】❶玄牝之門　謂陰陽進出的關竅。陽動陰靜，谷神之動，乾剛坤柔，皆是玄牝之門。它並非人體器官或穴位。《道德經》：「玄牝之門，是謂天地根。」《悟真篇三注》薛道光云：「或曰，以兩腎中間混元一穴為玄牝，非也。蓋玄牝乃二物。若無此二物，何以造化萬物，豈可指凡體一穴通論之。又以口鼻為玄牝者，大可笑也。」清劉一明《悟真直指》云：「此門是何門？順去死，逆來活，往往教君尋不著。」❷罕知　《道樞》作「莫知」。❸指將　《道樞》、《悟真篇注釋》作「指他」。《悟真篇注疏》作「只將」。❹口鼻妄施為　指以口鼻為玄牝。《老子河上公章句》：「不死之有，在於玄牝，玄，天也，於人為鼻。牝，地也，於人為口。」❺吐納　吐濁氣，吸進新鮮空氣，乃呼吸鍛鍊法。❻千載　清朱元育《悟真篇闡幽》作「多載」。❼金烏　即金丹。日之象，隱喻元神。❽搦　捉住。❾兔兒　月之象，隱喻元精。

【語 譯】陰陽進出的關竅——玄牝，是很少有人知道的。這個關竅沒有固定的處所，不要把人的嘴巴和鼻子當作玄牝來使用。任憑你做呼吸鍛鍊法多年，也不一定能夠知道如何以元神挾制元精煉金丹呢！

【說 明】道教的呼吸鍛鍊法。道教的服氣法源遠流長，與內丹煉製有聯繫而又頗不相同。魏伯陽的《周易參同契》就貶斥過呼吸鍛鍊法。他說：「食氣鳴腸胃，吐正吸外邪。」但是，服氣法的確對人體有一定的補益。《太上老君養生訣‧服氣吐納六氣》認為，呬吐納治肺部疾病，呵吐納治心臟疾病，呼吐納治腎臟疾病，嘻吐納則有病皆治。《枕中記》還說：「行氣可以治百病，可以去瘟疫，可以禁蛇獸，可以止瘡血，可以居水中，可以辟飢渴，可以延年命。」這就不恰當地誇大了呼吸鍛鍊法的作用。

四十一

異名同出❶少人知，兩者玄玄❷是要機❸。保命全形❹明損益❺，紫金丹藥❻最靈奇。

【章 旨】從有無同出而異名闡明性命雙修的玄妙。

【注 釋】❶異名同出 謂有無乃同一來源但名稱相異；在天曰離，為汞，在地曰坎，為鉛，其本則一，其用則異。《道德經》：「故常無，欲以觀其妙；常有，欲以觀其徼。此兩者同出而異名，同謂之玄，玄之又玄，眾妙之門。」《悟真篇三注》薛道光曰：「《經》云：『無名，天地之始；有名，萬物之母。』又云：『兩者同出而異名。』方其無，真一之氣不可見，故為天地之始。及其有真一之殊現空玄，故為萬物之母。在天曰離為汞，在地曰坎為鉛，其本則一，其用則異，同謂之玄，玄之又玄。」夏宗禹《悟真篇講義》曰：「一陰一陽之謂道，一鉛一汞之謂丹，其名雖異，其實則同，其數則兩，其體則一。」此處乃比喻丹功中的性功與命功。張伯端《玉清金笥青華秘文金寶內煉丹訣・直洩天機圖論》云：「先就有形之中，尋無形之中，乃因命而見性也。就無形之中，尋有形之中，乃因性而見命也。」❷玄玄　玄妙深邃。此處包括調理陰陽，逆轉後天之「有」而至先天之「無」。❸要機　重要關鍵。指玄玄總括了丹功的基本原理，包含了性命雙修，元精元神會合，從後天而逆返至先天的歸根復命過程。❹保命全形　指形神一致修煉。❺損益　指退陰符和進陽火；常道有生有滅和丹體常靈常存。《悟真篇三注》薛道光云：「所謂損者，五行順而常道有生有滅。所謂益者，五行逆而丹體常靈常存。」夏宗禹《悟真篇講義》云：「何謂損？進火之符也。何謂益？進火之候也。」❻紫金丹藥　即金丹。《悟真篇三注》薛道光曰：「純陽紫金，立乎天地之始，出為萬物之母，此非金丹之最靈乎！」夏宗禹《悟真篇講義》作「紫金真藥」。

【語　譯】性功與命功是同一來源而名稱相異，但卻極少人知道，這兩種功法玄妙深邃，包含了內丹煉製的所有重要關鍵內容。如果要形神一起修煉，就需要明白五行順而常道有生有滅，五行逆而丹體常靈常存，金丹是達到長生的最靈驗最奇妙的藥物。

【說　明】第一，煉丹與宇宙生成之關係。《道德經》第四十二章云：「道生一，一生二，二生三，三生萬物。」《莊子》認為，「道」就是氣。它說：「是故天地者，形之大者也；陰陽者，氣之大者也，道者為之公。」（〈則陽〉）就是說，所謂「道」，乃是天地陰陽之間共同的東西。又說：「人之生，氣之聚也。聚則為生，散則為死。……故曰，通天下一氣耳。」（〈知北遊〉）道教學者或者認為宇宙萬物由「道」生成（如《太平經》）或「氣」生成（如「道妙惚恍之圖」），或者由神創造（如道教學者杜光庭就這樣認為），與老、莊一樣，都主張由宇宙本體順生萬物。內丹煉製則與其宇宙生成論逆反，這就是所謂順生人，逆成丹。張伯端在《悟真篇》中也說：「萬物芸芸各返根，返根復命即常存。」

第二，儒道之「損益」。《道德經》主張：「為學日益，為道日損，損之又損，以至於無為。」（第四十八章）認為知識的執取在於增益，對本體與理想境界的追求則在於感悟。不過，《道德經》認為「天之道損有餘而補不足，人之道則不然」（第七十九章）。孔子講「損益」，既指後世對前世文化的揚棄，如《論語．為政》：「子曰：『殷因於夏禮，所損益可知也。周因於殷禮，所損益可知也。』」也指道德品質的修養，如《論語．季氏》：「孔子曰：『益者三友，損者三友。友直，友諒，友多聞，益矣。友便辟、友善柔、友便佞，損也。』」孔子又云：「益者三樂，損者三樂。樂節禮樂，樂道人之善，樂多賢友，益矣。樂驕樂，樂佚遊，樂宴樂，損矣。」當然，孔子也主張增益知識，追求理想境界，認為其道一以貫之，「朝聞道，夕死可矣。」這種「道」是不可增益的。

此外在房事生活中也有「損益」。長沙馬王堆出土竹簡《天下至道談》稱兩性交接中，有七種做法有損人體健康，八種做法有益於人體健康。七損是：「一曰閉，二曰泄，三曰渴（竭），四曰勿（怫），五曰煩，六曰絕，七曰費。」竹簡對這段原文的解釋是：「為之而疾痛，曰閉；為之出汗，曰外泄；為之不已，曰竭；秦（致）欲之而不能，曰怫；為之惴（喘）息中亂，曰煩；弗欲強之，曰絕；為之秦（臻）疾，曰費。」八益是：「一曰治氣，二曰致沫，三曰智（知）時，四曰畜（蓄）氣，五曰和沫，六曰竊（積）氣，七曰寺（待或持）贏，八曰定頃（傾）。」該書作者對「八益」的解釋是：「治八益，旦起起坐，直脊，開尻，翕州，印（抑）下之，曰治氣；飲食垂尻，直脊，翕周（州），通氣焉，曰致沫。先戲兩樂，交欲為之，曰智（知）時；為而耎脊，翕州，印（抑）下之，曰蓄氣；為而物（勿）亟勿數，出入和治，曰和沫；出臥，令人起之，怒擇（釋）之，曰積氣；幾已，內脊，毋潼（動），翕氣，印（抑）下之，靜身須之，曰侍（待或持）贏；已而灑之，怒而舍之，曰定頃（傾），此胃（謂）八益。」

四十二

始於有作❶無人見❷，及至無為❸眾始知❹。但見無為為要妙❺，豈知有作是根基❻！

【章　旨】從「有為」「無為」闡明煉丹從有入無的道理。

【注　釋】❶始於有作　謂開始於有為之功。始於，《悟真篇注釋》作「始因」。《修真十書》作「始之」。有作，指動功或命功。❷無人見　《悟真篇注釋》、《悟真篇注疏》作「人爭覽」。《悟真篇講義》作「人爭覺」。《悟真篇闡幽》作「人爭見」。❸無為　安於自然，行之自然，完成了煉神還虛之功；道的真實意義乃無為。《道德經》第三十七章：「道常無為而無不為。」夏宗禹《悟真篇講義》云：「夫豈知無為者，道之本體。而有作者，道之根基。固非泥象執文，桔槔勞碌，而後為有作者也。亦非瑰然獨處，槁木死灰而後為無為也。上善若水，行其所無事，至道不煩，得其所固有。無為者，既安於自然，而有作者亦行之自然而已。」❹眾始知　《悟真篇注釋》、《悟真篇講義》作「眾所知」。❺但見無為為要妙　謂安於自然，行之自然，乃是最主要的道理。但見，《悟真篇闡幽》作「但識」。為要妙，《修真十書》、《悟真篇注釋》作「為要道」。《悟真篇注疏》作「為道體」。要妙，最主要的道理。❻豈知有作是根基　謂難道不了解有所作為的命功或動功是基礎嗎。豈知，《悟真篇注疏》作「不知」。《悟真篇闡幽》作「誰知」。根基，指採煉功夫。

【語　譯】內丹煉製從動功或命功開始，沒有人看得見。等到完成了煉神還虛，復歸虛無的時候才知道。應該了解：合於自然，沒有人工造作，才是最主要的道理。但是，人們哪裡知道開始於有為的動功或命功是性命雙修功法的基礎！

【說　明】南宗北宗之異同。南宗和北宗是因為兩宋和遼金元時南北對峙，致使本來同祖於鍾呂金丹派的張伯端、王重陽所屬的道教系統有南北兩宗不同的稱謂。在其發展中，在理論、丹法、傳授對象、各自的丹經上都有不同，其中北宗以煉性為重點，提倡勵志苦修，南宗以命功為重點，不少人主張法、財、侶、地煉內丹，從富貴之家為傳授對象。但是隨著元朝的統一，全真教滲入南方，北方和南方的各教派亦互相融合，儒、釋、道的融通也更盛於前。

四十三

黑中有白❶為丹母❷，雄裡藏雌❸是聖胎❹。太一❺在爐❻宜慎守❼，三田❽聚寶❾應三臺❿。

【章　旨】闡述內丹煉製過程的全部景象。

【注　釋】❶黑中有白　指水中金，坎中陽氣，陰中之陽。宋陳摶「天地自然圖」(俗稱陰陽魚)乃黑中有白，白中有黑，喻陰中有陽，陽中有陰。清胡渭《易圖明辨》：「陰極於北，而陽起薄之，陰避陽，故回入中宮，而黑中復有一點之白；陽極於南，而陰來迎之，陽避陰，故回入中宮，而白中復有一點之黑。其黑中白點，即是陽光，白中黑點，即是陰魄。」❷為丹母　《悟真篇注疏》作「曰丹母」。丹母，鉛中取銀即為丹母；半成熟之丹。❸雄裡藏雌　指離卦☲外陽而內陰，喻元神真汞。《道德經》：「知其雄，懷其雌。」❹聖胎　指內丹的根基。❺太一　即太乙。指金丹初凝。❻爐　丹爐，指下丹田。❼宜慎守　《悟真篇講義》作「能謹守」。❽三田　即上中下三丹田。下丹田乃煉精化氣守之。中丹田乃煉氣化神守之，上丹田乃煉神還虛守之。❾聚寶　指精氣神三寶在內煉中結聚於三丹田。《悟真篇注疏》、《悟真篇講義》作「寶聚」。❿三臺　指虛精、六淳、曲生，乃北斗星組，在斗星之上。

【語　譯】在《周易》後天八卦中，坎卦位北方，在五行中為水，卦象為陰中有陽，內煉中為鉛，鉛近黑色，其中先天之精即是丹母。離卦位南方，在五行中為火，卦象為陽中有陰，內煉中為汞，這是內丹的根基。如果金丹在下丹田中初凝，一定要如法煉養，只有上、中、下三丹田按其職守使精氣神結聚，才能與天上星宿和地上海潮相契合而成丹。

【說　明】陳摶的「天地自然圖」。如圖所示，其基本思想是闡明宇宙萬物的對立統一和相互包融的思想，說明陰極陽生，陽極陰生，陰中有陽，陽中有陰的道理。

四十四

恍惚之中尋有象❶，杳冥之內覓真精❷。有無從此自相入❸，未見如何想得成。

【章　旨】敘述陽生時「有」和「無」的區別，闡明如何尋找丹藥初生的景象，覓著時機及時煉丹。

【注　釋】❶恍惚之中尋有象　在陰陽未分之時有景象顯現。董得寧云：「恍惚者，悟而未分明，是陽初動之象也。」《玉皇心印妙經》云：「上藥三品，神與氣精，恍恍惚惚，杳杳冥冥。」恍惚，陰陽未分。有象，靜極而初動之景象。《悟真篇注釋》、《悟真篇講義》作「恍惚難求中有象」。❷杳冥之內覓真精　謂丹藥生時看不見摸不著。真精，指丹藥已生。董得寧曰：「修煉之道，但凝神於氣穴，心息相依以歸根，則真息自生，吸呼俱無，如身入於杳冥之鄉，是陰極之精可覓，乃真汞生也。少焉，則一陽初動，其丹田如火燃，暖氣沖融，神光透目，而心覺其恍惚之景，是陽動之象可尋，乃真鉛生也。斯時急宜運火採取，送歸黃庭，可結丹胎矣。《道德經》云：『恍兮惚兮，其中有象；杳兮冥兮，其中有精。』此之謂也。」《悟真篇注釋》、《悟真篇講義》作「杳杳莫測是真精」。❸有無從此自相入　在恍惚杳冥之中丹藥始生。有，指恍惚；虎；鉛。無，指杳冥，龍；汞。自相入，真汞真鉛互相聚凝。指丹藥始生，心息相依。《悟真篇注疏》、《悟真篇闡幽》作「有無由此自相入」。《悟真篇注釋》、《悟真篇講義》作「有無自此互相入」。

【語　譯】在陰陽未分的時候，有靜極初動的景象，內丹丹藥初生之時也看不見，摸不著。但是，真汞真鉛就是在這種恍恍惚惚，什麼也看不見之中互相凝聚，似乎沒有什麼變化就心想事成了。

【說　明】有無生成與煉丹。有無是一對哲學範疇。也可以說是命功和性功的代稱。張伯端認為，就有形而尋無形，是因命而見性，反之即是因性見命。這在卷中第四十二首已經講了，此不贅述。當然，也有以「虛空」或「無」來比喻內煉中煉心的心體。例如，全真道盤山派的始祖王心謹在其《盤山棲雲王真人語錄》中就說：「又如虛空，廣大無有邊際，無所不容，無所不包，有識無情，天蓋地載，包而不辨。非動非靜，不有不無，不即萬事，不離萬事，有天之清，有地之靜，有日月之明，有萬物之變化，虛空一如也。道人之心亦當如此。」

四十五

四象❶會時❷玄體就❸，五行全處紫金明❹。脫胎❺入口❻身通聖❼，無限龍神❽盡失驚。

【章　旨】敘述煉氣化神之過程。

【注　釋】❶四象　見卷上第十一首❸。❷會時　指金水、木火以意土為媒介，在中宮交會。❸玄體就　玄妙的金丹將成。玄，深遠；玄妙。體，指金丹。就，成功。❹五行全處紫金明　謂金木水火在意土的撮合下交會中宮，能結成如黃金鍛成的紫金。五行，金木水火土。紫金，紫色金，喻金丹。五行全處，指金水一家、木火一家和中央土三家相見。《修真十書》、《悟真篇注釋》、《悟真篇注疏》、《悟真篇講義》作「五方行處」。紫金明，《修真十書》、《悟真篇注釋》、《悟真篇注疏》、《悟真篇講義》、《悟真篇闡幽》作「紫光明」。❺脫胎　以胎兒比喻金丹已成。❻入口　吞入口中。指煉丹中由陰陽相交變成純陽；由漸而頓，從量變到質變。❼身通聖　《修真十書》、《悟真篇注釋》、《悟真篇注疏》、《悟真篇講義》、《悟真篇闡幽》作「通神聖」。❽龍神　指所有神仙。

【語　譯】東方青龍，西方白虎，南方朱雀，北方玄武，它們相會則是木火金水交會中宮，此時即有玄妙的金丹。在內丹煉製中，只要金木水火在意土的撮合下會於中宮，就可以結成如黃金鍛鍊而成的紫金。如果把金丹吞入口中，實際上是在煉丹中去盡眾陰，變成純陽，就與聖人相通，成為神仙也為之驚訝的人。

【說　明】葛洪論有限和無限的關係。有限和無限是一對哲學範疇。東晉道教學者葛洪也曾以之論證神仙的存在與否。他在《抱朴子·內篇·論仙》說：「……而淺識之徒，拘俗守常，咸曰世間不見仙人，便云天下必無此事，夫目之所曾見，當何言哉？天地之間，無外之大，其中殊奇，豈遽有限？詣老戴天，而無知其上，終身履地，而莫識其下。形骸己所自有也，而莫知其脩短之能至焉。況乎神仙之遠理，道德之幽玄，仗其短淺之耳目，以斷微妙之有無，豈不悲哉？……故不見鬼神，不見仙人，不可謂世間無仙人也。」葛洪認為天地之間的事物是無限的，而人的眼睛所見是有限的，所以不能以目之所未見而否定無限事物，從抽象的道理上講是有意義的。但是，他的錯誤在於：他以本來不存在的神仙為客觀存在，混淆了客觀事物與非客觀事物間的界限，同時也割裂了有限與無限的辯證關係。

四十六

華池❶宴罷❷月澄輝❸，跨箇金龍❹訪紫微❺。從此眾仙相識後❻，海潮陵谷❼任遷移❽。

【章 旨】敘述大藥已成，進至溫養的功法。

【注 釋】❶華池 下丹田；煉丹之池；坤卦位；曲江；坎宮；產藥之地；以鉛見汞。《金丹四百字》：「華池蓮花開，神水金波淨。」〈金丹四百字自序〉：「以鉛見汞，名曰華池，以汞入鉛，名曰神水。」《悟真篇闡幽》作「瑤池」。夏宗禹《悟真篇講義》云：「金丹之術百數，其要在神水華池。蓋華池者，煉丹之池，中有神水，混混不輟，晝夜流通。苟得此而噉之，則月凝輝矣。吾儒之與日月合明，釋氏之圓陀陀、光爍爍者是也。」陳攖寧認為神水近似於內分泌。❷宴罷 採藥已足，聖胎完備。《修真十書》、《悟真篇注疏》作「飲罷」。❸月澄輝 月亮清澄生輝，喻金丹即就。《修真十書》、《道樞》、《悟真篇注釋》作「月凝輝」。❹金龍 金指西方兌虎。龍指東方之木，震龍，或純陽乾卦之體，指一陽進入，上升乾鼎。或謂金龍指龍虎交媾。❺訪紫微 訪，訪問。紫微，星之中宮，喻中宮之鼎。《史記・天官書》：「中宮天極星，其一明者，太一常居也；旁三星三公，或曰子屬。後句四星，末大星正妃，餘三星後宮之屬也。環之匡衛十二星，藩臣。皆曰紫宮。」《索隱》案：《春秋合成圖》云：「紫微，大帝室，太一之精也。」《元命包》曰：「紫之言此也，宮之言中也，言天神運動，陰陽開閉，皆在此中也。」❻眾仙相識後 謂兩儀四象，三元一氣，九返七還，八歸六居等多種神氣在煉氣化神移宮之後，都在中宮（黃庭）相見。❼海潮陵谷 大海潮汐和山谷。《道樞》、《悟真篇講義》、《悟真直指》作「海潮」。《悟真篇闡幽》作「海山」。❽任遷移 內煉時，煉精化氣，煉氣化神，煉神還虛分別於下、中、上丹田守之。見卷中第四十三首❽。

【語 譯】在《周易》後天八卦中，坎卦位北方，五行為水，在內丹煉製中為鉛。在農曆上弦之後，下弦之前，月亮清澄生輝，金水均勻，採藥已足，聖胎完備，即可煉金丹。從元精元神來說，青龍位東方，五行為木，為元神代號。白虎位西方，五行為金，金能生水，為元精代號。在內丹煉製中，只要龍虎交媾，即是中央戊己土的媒介作用。這樣，兩儀四象，三元一氣，九返七還，八歸六居等多種神氣在煉氣化神移宮之後，都在中宮相見，大海潮汐和山谷都可以任憑遷移。這真是宇宙在乎手，萬化都由心了。

【說　明】人的主觀能動性在丹功中的作用。道教倡導「我命在我不在天地爾」(《靈劍子》)、「宇宙在乎手，萬化生乎身」(《陰符經》)，其精神實質是試圖扭轉乾坤，逆反宇宙。這種思想在丹道上的運用是：用自我機體的機能療疾治病，甚至以內煉方法達到長生不死的目的。實際上，道教學者是過分誇大了主體意識的作用。

四十七

要知金液還丹法❶，須向家園❷下種❸栽。不假吹噓并著力❹，自然果熟❺脫真胎❻。

【章　旨】敘述金丹內結，脫胎功法已至無為境界。

【注　釋】❶金液還丹法　使已經失去的精氣神又復歸於己的功法。金液，即金丹。或作煉養。還，失而復得。❷家園　指四大一身；自身之內。《金丹四百字》云：「家園景物麗，風雨正春深。耕鋤不費力，大地皆黃金。」《翠虛篇》云：「金丹亦無第二訣，身中一畝是家園。」❸種　指陰陽二氣。❹不假吹噓并著力　謂不以外務為勞，乃溫養之功而已。吹噓，呼出體內濁氣。❺果熟　喻大丹已成。❻脫真胎　指丹藥已成景象。《悟真篇闡幽》作「結靈胎」。

【語　譯】要知道如何使已經失去的精氣神又復歸於己的功法，必須從自身之內的陰陽二氣著手。不需要借助吐納功法和顯明的外力，自然而然煉成金丹，超凡入聖。

【說　明】內丹煉製不假外力。內丹的藥物是自己擁有的精、氣、神，其火候亦是由自己意念控制。

四十八

休施巧偽為功力，認取他家不死方❶。壺內❷旋添留命酒❸，鼎中❹收取❺返魂漿❻。

【章　旨】敘述大藥自外來的過程，說明大藥顯現，金丹可就功法。

【注　釋】❶認取他家不死方　謂了解並且採用還丹之外藥作為長生之術。認取，認識和採用。他家，還丹之外藥，先了命而後了性，即從外藥起手；切勿採用他家濁物為不死之方藥。不死方，長生之術。❷壺內　喻指下丹田。❸留命酒　比喻真精。留，或作「延」。《悟真篇三注》陳致虛曰：「前云『家園下種』，此云『他家不死』，豈非兩物乎？延命酒，返魂醬，二者即真精真氣。」❹鼎中　此處指煉氣化神時的黃庭。❺收取　或作「採取」。❻返魂漿　比喻元神。

【語　譯】不要採用奸巧虛偽的邪門外道功法，或者認識和採用身外的污濁物作為長生不死的藥方。只要在下丹田裡添上自身的真精，在黃庭裡採取元神就可以煉丹了。

【說　明】內藥和外藥的區別。從時間上看，內藥是指內煉完成，金丹已成之時。外藥乃指煉精化氣整個過程，乃生而後採。從藥之成分看，內藥乃先天的元精、元氣、元神。外藥乃後天的淫溢之精、呼吸之氣、思慮之神。從生藥方法上看，內藥生時用靜、調、意、內視。外藥乃是在止火之候採之而迎下爐蓄積的。從功法上看，內藥了性（治心），外藥了命（功法）。

四十九

雪山❶一味好醍醐❷，傾入❸東陽❹造化爐❺。若過❻昆侖❼西北❽去，張騫❾方得見❿麻姑⓫。

【章　旨】敘述外藥景象，闡明內外藥結合功法。

【注　釋】❶雪山　喻白色，西方金象。指大藥從先天元精生。山屬土，土生金，金氣寒，故曰雪山。❷醍醐　酥酪上凝結如油之物的味道。比喻坎水中金液。夏宗禹《悟真篇講義》云：「然金生於土，其液流注味甘、色白，狀若醍醐。」❸傾入　謂將元精元神採入造化爐中。此為採入之喻。或謂命為賓為他，性為主為我，他反居上也。❹東陽　東方甲乙木。夏宗禹《悟真篇講義》云：「蓋東陽屬甲乙之木，木中有火，火能克金，可以成就至寶，其造化玄微，凡夫莫測，若昆侖峰頂，過西北金水之位，使之相生相克，奪天地之造化，則陰陽得類，自然感合，如張騫乘槎，逆流而上，可以見麻姑仙矣。」或謂性為主，命為賓。性為主為我，命為賓為他。我屬東，故云東陽。或謂比喻陽氣初升。先天之藥產自西方，但是，丹道運行開始的地點是在六陽河車陽長陰消之地，一陽之生的運轉一定要從東北，由這裡運至頭頂。故此稱東陽。❺造化爐　指我之玄門；丹田。《悟真篇三注》陳致虛云：「我之玄門曰造化爐。」❻若過　《修真十書》、《道樞》作「若遇」。❼昆侖　頭頂。指河車運至頭頂，進火功夫已了，應退陰符而至下丹田。《悟真篇三注》翁葆光曰：「昆侖山在海水之中。故入昆侖，實發火之處也。昆侖頂上有門謂之玄門，即天門也。天門在西北乾位。故仙翁曰：種向乾家交感宮，是以過西北處，去則張騫見麻姑矣。張騫，男子也，象乾卦，為陽火。又象真汞。麻姑，婦女也，象坤卦位，為陰符。又象真鉛也。此言若過昆侖發火自玄門而入，則鼎內真汞始得見真鉛而有變化也。方其真鉛內融真火，外接坤象變乾象，陽火逐陰符。兩火交進，鉛汞凝結，神仙之道，根本於此。」❽西北　指乾卦位，比喻河車運轉過頭頂而降於丹田。將與內藥相合而成大藥。❾張騫　（？～西元前一一四年）漢中成固（今陝西城固東）人，官至大行，封博望侯。西元前一三九年出使大月氏（今阿姆河上游），歷大宛（今費爾干納盆地）、康居（約在今巴爾喀什湖與鹹海間）、大夏（今阿富汗北部）等地。使漢朝與西域各國和睦友好，通商互利，也由此擴大了中國的疆域。在此比喻陽、男性。❿方得見　謂陰陽相見，內藥外藥會合，其中變化已很周遍，將要達到內外凝結的階段。已成之大藥可以進入煉氣化神階段了。⓫麻姑　傳說中的仙人。《歷世真仙體道通鑑後集》有傳。在此比喻女、陰。

【語　譯】在《周易》後天八卦中，西方為坎卦，為水，五行屬金，金氣寒，好像酥酪上的凝結物。這是內丹煉製的元精。內煉時，需要西方庚辛金——酉位，和東方甲乙木——卯位互相轉換場所。這就是元精元神在丹田煉化。假如丹藥經河車運至頭頂，進火功夫已了，應退陰符而將其從頭頂下降至丹田，與內藥相合成就大藥。在丹成而為純陽之體時，便可見到傳說中的仙人。

【說明】第一，佛教所說的醍醐。即乳、酪、生酥、熟酥、醍醐等五味中之第五種味，亦稱醍醐味，指由牛乳精製而成最精純的酥酪。《大乘理趣六波羅密多經》卷一云：「契經如乳，調狀如酪，對法教者如彼生酥，大乘般若猶如熟酥，總持門者譬如醍醐。醍醐之味，乳、酪、酥中微妙第一，能除諸病，令諸有情身心安心。總持門者，契經等中最為第一，能除重罪，令諸眾生解脫生死，速證涅槃安樂法身。」（《長阿含經》卷一七〈布吒婆樓經〉）。

第二，內丹煉製中的主客問題。見〈自序〉第四段⓾，此不贅述。

第三，絲綢之路。絲綢之路有陸、海兩條，陸上即從中國中原經河西走廊、新疆至中亞、伊朗而至西亞和歐洲。海路即從西亞經印度洋至印度，再由印度從陸路至雲南，或經南海、馬六甲海峽、孟加拉灣、馬拉巴海岸、阿拉伯海和波斯灣以相往還。張騫在開通陸上絲綢之路時也應有一定的功勞。

五十

不識陽精❶及主賓❷，知他那箇是疏親❸。房中❹空閉尾閭穴❺，誤殺閻浮❻多少人。

【章 旨】闡明陽精、主賓、親疏之關係，斥責不遵師法、盲目瞎煉。

【注 釋】❶陽精 先天元精；真一之精；坎中之金；全身魂神之宰司。元緣督子曰：「一點陽精，秘在形山，不在心腎，而在於玄關一竅。」《悟真篇三注》薛道光曰：「鍾離公云：『四大一身皆屬陰，不知何物是陽精？』蓋真一之精，乃至陽之氣，號曰陽丹，而自外來制己陰汞，故為主也。二物相戀結成金砂，自然不走，遂成還丹。」《悟真篇注疏》作「陰陽」。❷主賓 見〈自序〉第四段❿。主賓定義之說明有三：一是以浮沉定；二是以左右定；三是以神氣親疏定。此處「主賓」乃是第三種。❸疏親 指先天與後天的分別。即先天之物為主，後天之物為賓，前者與我相親，後者與我相疏。夏宗禹《悟真篇講義》引雲房曰：「堪嘆三峰黃谷子，誤殺南閻多少人。蓋三峰者，乃陰丹之術，固形住世之方，非神仙之道也。是世人氣血未定，對境不能忘情，心雖慕道，嗜欲難遏。古仙垂慈於三千六百門中，亦有閉精之術，使夫人知生生化化，以精氣神為主，操之則存，捨之則亡，施之於人，可以生人，留之於身，可以生身，非劇戲也，非可恣也。故滄海雖大，不實漏卮。尾閭不禁，人豈長生者乎？」❹房中 房中術。此處指陰陽派的煉養功法。❺空閉尾閭穴 指空閉法。陳楠〈翠虛吟〉云：「謂之陰陽雙煉法，手按尾閭吸氣嘸。奪他精氣補吾身，執著三峰信邪見。」❻閻浮 世俗；塵世。

【語 譯】不了解內丹煉製中的先天元精和「主賓」的問題，就不知道先天和後天的區別。陰陽派的房中術是採用空閉法關閉尾閭穴，結果使世上多少人誤用此法白白死去。

【說 明】道教房中術。道教產生之前即有房中術。《漢書．藝文志》載房中八家，謂：「房中者，惰性之根，至道之際。……樂而有節，則和平壽考。及迷者弗顧，以生疾而隕性命。」道教繼承並發展了其前的房中術，成為中國房事養生中的佼佼者，其中不少理論和實踐甚至可以供現代人借鑑或使用（參考劉國樑《道家房事養生》，臺灣氣功文化出版社，二〇〇〇年出版）。

五十一

萬物芸芸❶各返根❷，返根復命❸即長存❹。知常❺返本❻人難會，妄作招凶眾所聞❼。

【章　旨】闡明了返本的重要性及返本必須知常。

【注　釋】❶萬物芸芸　見《道德經》第十六章：「夫萬物芸芸，各歸其根，歸根曰靜，靜曰復命，復命曰常，知常曰明。」芸芸，多種多樣。❷返根　夏宗禹《悟真篇講義》作「歸根」。❸返根復命　謂復還先天本性，或指返老還童。崔希範《入藥鏡》云：「歸根穴，復命關，貫尾閭，通泥丸。」明陸西星注云：「歸根即復命也，關即竅也。非有二處，《道德經》曰：『歸根曰靜，靜曰復命。』即此一竅，與任督二脈相為聯絡。」❹長存　夏宗禹《悟真篇講義》作「常存」。❺知常　了知生命生生不息，永恆不斷。《道德經》第十六章：「復命曰常，知常曰明，不知常，妄作凶。」清劉一明解「常」字云：「即生長之，而又藏之，是謂返根，返之於根，是謂復命。復命者，復其天命之生氣也，生氣即復，又自根發，故以常存而不死矣。」❻返本　夏宗禹《悟真篇講義》作「妙道」。❼妄作招凶眾所聞　謂違反長壽延年的功法，隨意猜測，必然誤入迷途，這是大家都知道的。眾所聞，《悟真篇講義》作「往往聞」。

【語　譯】世界上的物類多種多樣，它們都各自追本溯源。因為復還物類的先天本性，就可以長期保存這類物種。了知生命生生不息，復還它們本性這個道理很難把握。但是，違反長壽延年的功法，讓人們遭受災禍，這是大家都知道的。

【說　明】返根復命。道教的「順生人，逆成仙」、返老還童等都與此有關，其意義有二：一是「道生一，一生二，二生三，三生萬物」（《道德經》第四十二章）。人們認識萬物，應窮究其本體與萬物之間的關係，了知共性與殊性的聯繫。二是人類個體生命的延續的途徑和方法是：追尋生命的產生本源，返還先天本性，回復到其原始階段。

五十二

歐冶❶親傳鑄劍方❷，莫邪❸金水配柔剛❹。
煉成❺便會知人❻意❼，萬里❽追凶❾一電光❿。

【章　旨】以鑄劍為喻，說明抽鉛添汞煉就金丹。

【注　釋】❶歐冶　春秋時著名的鑄劍師歐冶子聶，古代材士。❷鑄劍方　鑄造劍的方法，比喻取坎填離、攝腎入心，使元精元神結合的過程。清劉一明《悟真直指》曰：「以體言則為丹，以用言則為劍，其實劍也，丹也，總是一個，無有兩件。」「劍者，即所謂還丹也。非還丹之外，別有一劍。」「不中不正，便是鑄劍不成，鑄劍不成，內無把柄，步步阻滯，何能完成大道？」在這裡是就鑄劍講取材、火候、功法、錘煉與煉丹近似而設喻。❸莫邪　女鑄劍工名。亦為雌劍或良劍之稱。此處比喻坎水金方，鉛。《吳越春秋》：「吳王闔閭，請劍工干將鑄劍。干將吳人，其妻曰莫邪，干將採五山之精，六金之英，成二劍，陽曰干將，陰曰莫邪。」❹金水配柔剛　謂將坎水中一陽，填入離火中一陰，使陰陽相配，柔剛得位。金水，金生水，金屬先天，水屬後天，先天陽性為剛，後天陽性為柔。配，配合。此處指坎卦去掉陽爻，成為坤卦，即精將化盡，成為精氣合一的真氣。柔，指陰。剛，指陽。❺煉成　比喻煉坎藥去填離宮，達到從鉛制汞，兩者結合而成丹母。❻人　指煉功者自己；他人。❼意　意土。❽萬里　喻河車運轉路程。❾追凶　捉拿凶手。比喻以坎中一陽消除離中陰質。追，尋；追趕。比喻坎中一陽。凶，凶惡。比喻離中一陰。《悟真篇注釋》、《悟真篇注疏》、《悟真篇講義》作「誅凶」。❿一霍光　比喻煉成純陽。一，統一。指坎離結合成乾卦之體。霍光，即陽光。指坎之中爻添入離卦之中成為乾體。

【語　譯】春秋時著名的鑄劍師歐冶子曩親自傳授鑄劍方法，這正如內丹中取坎填離，使元精元神結合。女鑄劍師莫邪也精於鍛鍊金屬，使雌劍剛柔相當。這恰如坎卦去掉陽爻，成為坤卦，即是精將化盡，成為精氣合一的真氣。如果取坎填離，即可以鉛制汞，使兩者結合而成丹。由此也就知道了煉製本身的精、氣、神是憑著真意的作用。在丹道功法的運行之中，就可以取坎填離，追殺而去掉陰氣，煉成純陽而成為乾卦。

【說　明】中國的青銅器鑄造馳名中外，商周時的青銅器鑄造已達到相當高的水平，春秋時已能冶鐵。據著名史學家楊寬先生考證，戰國時期已出現煉鋼術（見楊寬《戰國史》）。張伯端取鑄劍譬喻煉丹，可能是鑄劍也有進火（將像劍一樣的青銅或鐵高溫加熱錘煉）、退火（以冷水澆，錘打成型，溫度仍然很高的劍）的程序。或許因為鑄劍與內丹一樣需要高超技術，都是中國古代文明值得驕傲的緣故。

五十三

敲竹❶喚龜❷吞❸玉芝❹，鼓琴❺招鳳❻飲刀圭❼。近來透體金光現❽，不與常人話此䂓❾。

【章　旨】借喻敲竹喚龜等闡明調和陰陽，恰當運火，做到性命雙修。

【注　釋】❶敲竹　比喻虛心、煉心，屬性功。即煉心到極靜之處，從而靜中生動。《悟真篇三注》陳致虛曰：「……曰，汝知敲竹否？曰，寂然不動，感而遂通。」敲，即煉。❷喚龜　比喻採鉛，屬命功。喚，即採、煉。龜，玄武，屬北方，黑色的象徵。北方為坎水，即元精代號。❸吞　比喻武火、文火。❹玉芝　指靈芝。此處指大藥。或謂龍之弦氣；藥生坎中，坎中有乾陽，乾為金為玉，故喻為玉芝。乾龍。❺鼓琴　比喻煉心，調神安心。❻招鳳　比喻和聲招元神，使其與元精會合。鳳，朱雀，屬南方，代稱元神、汞。汞易飛，招之使降，再會合元精上升。❼刀圭　藥匕匙，借喻為大藥（丹母）。或謂虎之弦氣；與玉芝同為坎中之藥；坤物。❽金光現　喻金丹將成的徵兆。❾䂓　即規，指丹訣。

【語　譯】以敲竹比喻煉心，是性功。以喚龜比喻採鉛，是命功。就是說，性命雙修的功法要以武火、文火內煉大藥。其中調神安心，和聲招引元神，使元神和元精會合，猶如彈琴招引鳳凰，得到了大藥一樣。最近以來，由於金丹即就，周身舒適，香遍全身。有了這種感覺，不能同一般人講述丹訣的奧秘。

【說　明】龜、鳳、龍、麟是中國原始宗教崇拜的四靈。龜也象徵長壽。鳳鳥（或稱鳳凰）是傳說中的百鳥之王和神鳥，《說文解字》稱其為「蛇頸龜尾，鸛顙怨思，龍文虎背，燕頷雞喙，五色備舉」。牠的出現往往是天下安泰、五穀豐登、有德之君和德行高尚的人在位的象徵。

五十四

藥❶逢氣類❷方成象❸，道在希夷合自然❹。
一粒靈丹❺吞❻入腹❼，始知我命不由天。

【章　旨】敘述性功命功要點，說明如何全形和延命。

【注　釋】❶藥　指精氣神或鉛汞。《心印妙注》曰：「上藥三品，神與精氣。」《悟真篇三注》陳致虛云：「蓋陰從陽方為類，鉛投汞方成藥，藥化為丹，丹化為神，形神俱妙，命在我也。」❷氣類　陰陽相互感應，非指陰見陰，陽見陽。《周易參同契》云：「同類勿施工兮，非種難為巧。」俞琰《周易參同契發揮》曰：「《悟真篇》云：『萬般非類徒勞力，爭似真鉛合聖機。』蓋真汞得真鉛，則氣類相感，妙合而凝。猶夫婦之得偶，故謂之同類。」❸成象　比喻煉丹已具雛型。❹道在希夷合自然　謂看不見，摸不著，無聲無臭，合乎自然。道，萬象之源；道理。此處指性功。希夷，無聲無臭，又無形象。《道德經》曰：「視之不見名曰夷，聽之不聞名曰希，搏之不得名曰微。」《修真十書》、《悟真篇講義》作「道即希夷」。❺靈丹　即金丹。《修真十書》作「金丹」。❻吞　即還丹。❼腹　鼎爐；丹田。

【語　譯】人體之內的精氣神是由於陰陽的互相感應才使內丹煉製有了雛型。性功也像萬物之源的道一樣，看不見，摸不著，無聲無息，卻合乎自然。只要小小一顆金丹在丹田煉成，就開始會有我命在我，不在天地的感覺了。

【說　明】我命在我不在天。「命」在《太平經》中就有，往往有生命（指出生）、壽命、祿命等意思，認為人的生命的長短、祿命都由天定，並從履行封建倫理道德的情況標準勒定人的壽夭。葛洪認為「命」是一種與生俱來的先天必然性，是上天賦予人的特有資質。唐代的盧重玄認為命是神靈賜予的名分，如果人們不努力也實現不了。此後，由於外丹術的衰落，內丹術盛行，「我命在我不在天」被賦予了煉丹即可扭轉乾坤，人們自己掌握自己命運的內容。全真道講「性命不由天地管」，乃是把性命和神氣概念結合起來說的。明清時期，道教學者既從宇宙生成論角度講「命」，也從內丹角度說「命」。現代著名道教學者陳攖寧認為，「性與命本來是一物，不可分作兩橛，就其靈機而言，便謂之性。就其生機而言，則謂之命。所謂一體二用也。吾人之人體，譬如一盞燈，燈中之油是命，燈中之光即是性。」（見〈辨命歌〉）

五十五

赫赫❶金丹一日成❷，古仙垂語❸實堪聽。若言九載三年者❹，盡是推延欵❺日程。

【章　旨】敘說結丹時間短暫，說明修煉功夫卻需常煉苦修。

【注　釋】❶赫赫　金丹明亮盛燦之貌。❷一日成　指結丹的時間短暫。不包括築基及煉精化氣、煉氣化神階段的時間。❸垂語　告誡後人的話。❹者　語末助詞，無義。❺欵　延遲。

【語　譯】如果不把築基、煉精化氣、煉氣化神階段所需的時間包括在內，煉成明亮盛燦的金丹只需短暫的時間。所以，古代仙人告誡後人的話是可以相信的。假如說煉丹需要許多年，這是故意延遲時間的胡說。

【說　明】張伯端內丹煉製中的漸、頓。在內丹修煉上，張伯端的煉丹程度應是漸修。實際上，他是漸、頓兼修的。在他看來，「察心觀性」、「明心體道」是頓悟的最佳方法。不過，由於「世人根性迷鈍」，「卒難了悟」，漸修也必不可少。與佛教頓悟修持是指凡人與佛的差別在於一念之間不同，張伯端並非把整個煉丹過程都作為頓悟來看待，他指的是丹熟而明心體道的時刻。

五十六

大藥❶修之有易難，也知由我❷亦由天。若非積行修陰德❸，動有群魔❹作障緣❺。

【章 旨】敘述性功配合命功之必要。

【注 釋】❶大藥 丹母。外藥乃指煉氣化神之時，內藥是完成時之藥，大藥乃內外藥會合，在河車運轉坐關之時。❷我 主要指煉心，還包括命功和做善事。❸陰德 有益於社會的德行。《悟真篇三注》陳致虛曰：「夫施與不求報，陰德也。積善無人知，陰德也。不陷人於險，陰德也。暗中作方便，陰德也。大修行人，自己積德未充鮮，不為外魔所攻，若能回思內省，發大忍辱精進，則魔障化為陰德。《經》云：『彼以禍來，我以福往。彼以怨來，我以德報。』皆陰德之盛，祛魔之功也。」❹群魔 干擾身心修持的各種意念。❺障緣 影響成就金丹的事。

【語 譯】煉製內丹丹母有難有易，也由此知道內丹修煉的成功與否，既有本身的因素，也有自然的條件。假如一個人不是積善行，做好事不讓人知道。那麼，在內煉時就有各種干擾身心修持的意念影響金丹的煉成。

【說 明】道德修養與人體健康。道教學者認為，只要虔誠地信仰道教，不逆天意，做到父慈子孝，兄友弟順，夫信妻貞，不但本人受益，子孫後代也得好報。否則，本人與子孫都將受到懲罰。值得注意的是：道教學者認為，人的壽夭既與自然生態環境有關，也與其品質和社會關係、人的情緒相聯繫。前一種情況有目共睹，後一種情況在 TheodoreIsaac Rubin, M. D. 著，劉敏瓊譯的《了解人際關係》中也講得很清楚。作者認為，人的憤怒、壓抑等情緒直接導致性功能失常等疾病。

五十七

三才❶相盜❷及其時❸，道德神仙隱此機❹。萬化既安諸慮息❺，百骸❻俱理證無為❼。

【章　旨】敘說從有為到無為的過程，說明從有為到無為必須經過命功階段。

【注　釋】❶三才　指天地人。❷相盜　相互吸取精華。盜，逆取；克制。《陰符經》：「天地，萬物之盜；萬物，人之盜；人，萬物之盜。」❸及其時　適時進火退火。《修真十書》作「食其時」，食指煉丹火候。❹此機　指進火採運藥之關節。❺萬化既安諸慮息　萬物虛極靜篤，修煉者虛心無念，一陽初生，氣機始動。❻百骸　人身各部分及其司職。❼無為　指從命功而至性功，從有為而至無為的煉神還虛階段。

【語　譯】天地人之間相互克制，互相吸取精華，這是按陰陽變化的規律進行的。內丹煉製也遵守陽長陰消，進陽火，退陰符的法則。原來，這些都是神仙安排的煉丹奧秘。如果萬物虛極靜篤，修煉的人虛心無念，人身各個部分及其司職，都會處於自然無為狀態。這樣，從命功而至性功，從有為而至無為的煉神還虛階段就來臨了。

【說　明】《陰符經》的辯證法思想。《陰符經》約成書於西元五三一～五八〇年間。該書的辯證法思想主要是：一，事物相生又相剋，在一定的條件下，對立面互相轉化。如說：「火生於木，禍發必克。」「生者，死之根；死者，生之根；恩生於害，害生於恩。」當然，該書對事物轉化的條件沒有明確說明。二，闡明了自然和人的辯證關係。這就是有名的三才相盜觀點：「天生天殺，道之理也。天地，萬物之盜；萬物，人之盜；人，萬物之盜。三盜既宜，三才既安。」

五十八

《陰符》寶字逾三百❶，《道德》靈文滿五千❷。今古上仙無限數，
盡於❸此處達真詮❹。

【章　旨】敘說性功命功之訣皆來源於《陰符經》、《道德經》。

【注　釋】❶陰符寶字逾三百　謂《陰符經》約有三百餘字。陰符，指《陰符經》。❷道德靈文滿五千　謂《道德經》約五千字。道德，指《道德經》，原稱《老子》，有多種版本，唐天寶係師定本《道德經》寫四千九百九十九字，長沙馬王堆漢墓出土有帛書《老子》，現已由文物出版社於一九九四年影印分甲乙本出版。靈文，對《道

德經》的尊稱。❸盡於　《修真十書》作「於此」。❹真詮　真理；真道。

【語　譯】《陰符經》的文字超過三百，《道德經》的字數不滿五千。古往今來的道教高人不知有多少，都在這些名篇中表敘了千真萬確的真理。

【說　明】《道德經》的解釋和注本自《韓非子》之〈解老〉、〈喻老〉始，幾乎歷代都有注釋，可參考劉國樑〈道家哲學古籍編目及研習指南〉，載《古籍整理研究學刊》一九九七年第三期。

五十九

饒❶君聰慧過顏閔❷，不遇明師❸莫強猜。只為金丹無口訣❹，教君何處結靈胎❺？

【章　旨】說明師承在丹法中的重要性。

【注　釋】❶饒　即使。❷顏閔　孔子弟子顏回和閔損。顏回，字子淵。閔損，字子騫。❸明師　《修真十書》、《悟真篇注疏》、《悟真篇闡幽》作「師傳」。《悟真篇注釋》作「至人」。《悟真篇講義》作「真人」。❹口訣　道經丹法隱晦，且多比喻。師傳教徒也口傳心受，不作記載，這種口傳之言即是口訣。❺靈胎　金丹。

【語　譯】即使您的聰明才智超過孔子的學生顏回、閔損，如果沒有高人指點你的丹功，就不要勉強猜測。因為如果丹經典籍沒有口訣，您哪裡知道如何去煉金丹呢？

【說 明】尊師重道是儒、釋、道共有的傳統美德。但是，著名的國學大師都是在繼承前人的基礎上有新的發現、新的發明，如果完全墨守師長的成果是會一無所成的。

六十

了了❶心猿❷方寸機❸，三千功行❹與天齊❺。自然有鼎❻烹❼龍虎❽，何必擔家戀子妻！

【章 旨】說明煉心在丹功中的重要性。

【注 釋】❶了了 明白。❷心猿 比喻人的思想猶如猿猴那樣好動。心，思想。猿，猿猴。❸方寸機 指人的思想活動。夏宗禹《悟真篇講義》云：「方寸者何？此心是也。齊天者何？亦此心是也。心為天君，主宰萬象，若了了內明，一塵不染，修真奉道，行滿三千，雖天道杳冥，不可測識，而對越無愧，與天為徒矣。」方寸，指心之位置。機，指活動。《陰符經》云：「人，心機也。」❹三千功行 指修三千功，立八百行。比喻很多。❺天齊 比喻功行有天一樣的高度。❻自然有鼎 謂心靜篤則性功全俱，積德行則命功皆有，煉丹鼎爐自然就有了。❼烹 烹調，比喻運煉與藥之火候。❽龍虎 即指元神元精。龍即汞、元神。虎即鉛、元精。❾擔家戀子妻 指世俗塵世。

【語 譯】明白人的思想好動猶如猿猴，只有心內明了，一塵不染，才能修真奉道。如果修三千功，立八百行，功法可以達到與天一樣的高度。做到心靜篤則性功全俱，積德行則命功全有，這樣就有了煉丹的鼎爐。只要以河車運送丹藥，掌握火候，促使元精元神交媾，即可煉成金丹而長生，何必耽心塵世的家庭，留戀妻子兒女呢！

【說明】猿猴心靈好動，人們往往以「緊鎖心猿」比喻專注一心。其中，心是什麼？一指五臟之一。《素問·靈蘭秘典論》：「心者，君主之官。神明出焉。」二指推拿部位，位於中指遠端指節的腹面。見《小兒按摩經》。三是指思維器官。《孟子·告子上》：「心之官則思。」唐代的成玄英就講「境智兩忘，物我雙絕」；「心境兩空，物我雙幻」（《齊物論疏》）就是要求人們忘掉一切事物，拋棄一切認識，強行控制思維器官。

六十一

未煉還丹❶須急速❷，煉了還須知止足❸。若也持盈❹未已心，不免
一朝遭殆辱❺。

【章旨】說明藥熟止火的重要性。

【注釋】❶還丹　即返老還童，煉神還虛。還，失而復得。❷須急速　下手速修。《修真十書》、《悟真篇注疏》、《悟真篇講義》、《悟真篇闡幽》作「須急煉」。❸知止足　即在煉精化氣過程中及時採、封、煉、止。止，

即「止火」。在煉氣化神過程中及時將大藥入室溫養，不可再煉。夏宗禹《悟真篇講義》云：「還丹之法，乃長生久視之道，世凡塵俗烏能造其妙耶！惟仙風道骨者方能知修煉之法，然而藥物火候，運用抽添，當於天地合符，不可知進而不知退，知作而不知止。故未煉還丹急須修煉，是呂仙謂下手速修尤太遲也。若是煉了當保守，不可妄加火候。若火候失宜，則太陽流珠，其性猛烈，常欲去人，未免一朝傾失，故殆辱也。鍾離謂藥熟不須行火候，若行火候必傷丹也。由是觀之，不知修煉者，是不耘苗者也，知修煉而不知止足者，是揠苗助長也。」

❹持盈　保持有為功夫的盈滿。❺殆辱　傷敗。

【語　譯】煉神還虛無需要下手速修。不過，在煉精化氣過程中，對藥物要及時採、封、煉、止。如果只保持有為功夫的盈滿，不做到心靜守篤，終究免不了有朝一日要受到傷敗。

【說　明】藥熟止火與「沐浴」時的不增進火、不減退火完全不同，兩者不可混淆。前者是完全停止火候，後者是既不用武火，也不用文火而維持原狀的時候。

六十二

須將死戶為生戶❶，莫執生門號死門❷。若會殺機明反覆❸，始知害裡卻生恩。

【章　旨】闡明逆轉功法的重要。

【注　釋】❶須將死戶為生戶　謂要將死亡的契機作為生命的開始。須將，《悟真篇講義》作「須知」。《悟真篇闡幽》作「但將」。死戶，死亡之所。生戶，生命源起之處。死戶為生戶講順生人，逆成丹，生死之機互相轉化，關鍵在於是否正確運用。❷莫執生門號死門　不要固執地稱謂生門叫死門。號死門，《道樞》作「作死門」。❸若會殺機明反覆　謂了解失敗的契機，知道生死、禍福的互涵和轉化。《陰符經》云：「天發殺機，移星易宿，地發殺機，龍蛇起陸，人發殺機，天地反覆。天人會發，萬化定基。」《陰符經》作者認為，天地含五行之氣，其相生相剋就是生殺。當殺機發動之時，天上的星宿都要移動，陸上的龍蛇都驚動而跑了起來。如果人們發動殺機，則能天翻地覆。只有人們的主觀願望和客觀法則相符合的行動，才能奠定萬事成功的基礎。

【語　譯】在內丹煉製中，必須遵循順生人，逆成丹的法則，把死亡之所作為生命之源來對待。但是，不要固執地把生門叫做死門。若能了解失敗的契機，知道生死、禍福的互涵和轉化，才能懂得禍害之中也有恩惠存在。

【說　明】儒、釋、道的生死觀。孔子重視生命的存在，他說：「未知生，焉知死？」（《論語・先進》）對於死，他認為是上天決定的。佛教認為人生皆苦，只有入涅槃方進極樂世界。道家的莊周認為生與死同是自然規律，無重輕可言。道教追求個體生命的延續，尤其重視生命和現實。

六十三

禍福由來互倚伏❶，還如影響❷相隨逐。若能轉❸此生殺機❹，反掌之間災變福。

【章旨】闡述禍福互相包涵、互相轉化。

【注釋】❶禍福由來互倚伏　謂禍與福互相包涵，互相轉化。《道德經》第五十八章：「禍兮福所倚，福兮禍所伏。」❷影響　影，人或物在光照下與本身隨之而見。響，物體響動必發出聲音，響即聲音。影響喻禍福密切的關係。❸轉　逆行。《道德經》云：「反者道之動。」❹生殺機　生機與殺機相互寓含。

【語譯】禍與福從來就是互相包涵，互相轉化的。這種狀況就像人的身影和回聲一樣，是相伴相隨的。假如能夠逆行生機和殺機，那麼，由害變福就易如反掌了。

【說明】在一定條件下，對立面可以互相轉化，禍福、生死也一樣。

六十四

修行混俗❶且和光❷，圓即圓兮方即方❸。顯晦❹逆從❺人莫測，教
人爭得❻見無藏❼。

【章旨】闡明修身處世之道。

【注　釋】❶混俗　同於世俗。《悟真篇講義》云：「大隱居廛，小隱居山，何也？廛者市井之地。修真者居之，一念不動，純誠無雜，酒色財氣所不能入，富貴功名所不能變，茲其所以為大隱也。若夫山者，僻靜林麓之野，隱者固無異念也。逮出遇紛華，一見可欲，則凡情莫遏，嗜欲如初，茲其所以為小隱也。」❷和光　深斂光芒，不顯露才華。《道德經》第四章：「和其光，同其塵。」❸圓即圓兮方即方　心中雖有主見，但處事卻隨緣分。❹顯晦　顯，指暴露。晦，指隱藏。比喻修持要做到外表雖顯，內斂卻深藏不露主旨。❺逆從　逆，與世俗相反。從，隨從而行。❻爭得　怎能。《悟真篇闡幽》作「怎得」。❼無藏　《悟真篇講義》作「行藏」。不計較個人得失。《論語》：「用之則行，舍之則藏。」

【語　譯】修煉丹道可以在塵世中做到深斂光芒，不露才華，心中雖有主見，處事也隨緣分。暴露和隱藏，順從與逆反，人們沒法預測。這樣，就不會使人們計較個人得失啊！

【說　明】真俗不二。佛教的大乘空宗講真諦俗諦相統一。僧肇的〈不真空論〉說：「言真未嘗有，言偽未嘗無。二言未始一，二理未始殊。」在僧肇看來，說它是真，卻未嘗實有，說它是偽，卻未嘗空無。兩者雖有不同，其間道理沒有差別。同樣，佛、道的出世與入世也是統一的。兩者既對立也相包含，出世寓於現實，入世也並非對現實沒有超越。

卷下

【題解】包括五言律詩一首、〈西江月〉十三首，和絕句五首，主要是說明性功、命功，以及德行與內煉的關係，也闡述了內煉中的頓、漸，以及經絡穴位在內丹修煉中的地位和作用。同時將佛教思想摻入丹道，告誡人們要在日常生活中求取真理。

五律一首

女子❶著青衣❷，郎君❸披素練❹。見之不可用❺，用之不可見❻。恍惚裡相逢❼，杳冥中有變❽。一霎火焰飛❾，真人❿自出現⓫。

【章旨】概述一部丹經之妙，總括丹功要旨。

【注釋】❶女子　陰；離卦外陽內陰，為中女；東方木汞，指代元神。❷青衣　東方甲乙木。東方之色青，五行方位為木，木生火，在「河圖」中木火為一家。或東方為青龍，木生於青龍，故云著青衣。❸郎君　陽；

坎卦外陰內陽，為中男；西方白虎，庚辛金，指代元精。❹素練　白色的熟絹。西方為白色，五行方位為金，金生水，在「河圖」中金水一家，金為水母。❺見之不可用　後天生滓之類，有質可見，但不可用。之，指示代詞，指代後天滓質。❻用之不可見　丹藥可用卻看不見。之，指代丹藥；或指真一之氣。❼恍惚裡相逢　坎離會見之景狀。《玉皇心印妙經》云：「恍恍惚惚，杳杳冥冥。」董得寧解此為「一陽初動處，萬物始生時」。邵雍謂其為「恍惚陰陽初變化，氤氳天地乍迴旋」。柳華陽謂其為「恍惚者，靜定之中，渾然一團，外不見其身，內不見其心。初變化即此恍惚之間，忽然不覺融融和和，如沐如浴」。恍惚，靜極初動之景。《道德經》第二十一章：「孔德之容，惟道是從，道之為物，惟恍惟惚。惚兮恍兮，其中有象，恍兮惚兮，其中有物。」❽杳冥中有變　靜極而動，感而遂通，坎離（元精元神）在變化後會合了。杳冥，幽暗之狀；深遠難見之貌；靜極初覺。❾一霎火焰飛　謂頃刻間採藥運火。霎，短時間；一會兒。火焰飛，採取藥物，運動武火文火。❿真人見〈自序〉第三段㉔。此處指丹母歸入丹田結聚。⓫出現　丹藥入丹田。

【語　譯】離卦外陽內陰，為中女。在後天八卦中，離卦位東方，為青龍，為甲乙木，木能生火，指代元神。坎卦外陰內陽，為中男。在後天八卦中，坎卦位西方，為白虎，為庚辛金，金能生水，指代元精。在內丹煉製中，後天生滓之類，有質可見，但不可用。丹藥是先天真一之氣，可用卻看不見。一陽初動，坎離交會，陽長陰消即在幽暗之中變化。頃刻之間採摘丹藥，運用武火文火，丹母即可歸入丹田，結聚成金丹。

【說　明】第一，先天之物與後天之物。煉丹中的先天之物指先天的元精、元氣、元神。後天之物指後天的淫溢之精、呼吸之氣、思慮之神。前者合稱內藥，後者合稱外藥。

第二，意識和無意識。意識即「意識到」之意，是主體對客體所意識到的心理活動的總和。

無意識是主體對客體所未被意識到的心理活動的總和。

西江月十三首

一

內藥❶還同外藥❷，內通外亦須通❸。丹頭❹和合❺類相同❻，溫養❼兩般作用❽。

內有天然真火❾，爐中赫赫長紅❿。外爐⓫增減⓬要勤功，妙絕無過真種⓭。

【章　旨】從內藥與外藥的聯繫和區別切入，闡明無為有為功法。

【注　釋】❶內藥　謂先天藥物，其生時須用靜、調、意、內視。它採而後生，其功夫是在外藥將凝之時開始，採煉於其結尾會合過渡為大藥的功夫。與外藥的作用相同，用功火候則異。內藥了性（治心），外藥兼了命（功法）。在止火之候採之而迎下爐蓄積的外藥，即可成就大藥。或謂內藥外藥即內丹外丹。《悟真篇三注》陳致虛曰：「內藥是一己自有，外藥則一身所出；內藥不離自己身中，外藥不離己相之中；內藥只了性，外藥兼了命；內藥是精，外藥是氣。精氣不離，故云真種。性命雙修，方證天仙。」薛道光云：「〈夷門破迷歌〉云：『道在內來，安爐立鼎卻在外。道在外來，坎離鉛汞卻在內，此明內外二藥也。』外藥者，金丹是也，造化在二八爐中，不出半箇時立得成熟。內藥者，金液還丹是也，造化在自己身中，須待十箇月足方能脫胎成聖。二藥作用雖略相同，用功火候實相遠矣。吾儕下工外丹，和合丹頭之際，分毫差忒，大藥不就。內藥和合丹頭之際，最慎防危慮險。……殊不知二藥內外雖異，其用實一道也。所以有內外者，人之一身稟天地秀氣而有生，託陰陽鑄成於幻相，故一形之中，以精氣神為主，神生於氣，氣生於精，精生於神。修丹之士，若執此身內而修，無過煉精氣神三物而已。然此三者皆後天地所生，純陰無陽，以此修持，安能出乎天地之外耶？……是以採先天之一氣，以真陰真陽二八同類之物擒在一時，煉成一粒，名曰至陽之丹，號曰真鉛。此造化卻在外，故曰外藥也。卻以此陽丹擒自己陰汞，猶貓捕鼠耳。陽丹是天地之母氣，己汞乃天地之子氣，以母氣伏子氣，豈非同類乎？其造化在內，故曰內藥。」❷外藥　後天藥物，為五臟之氣所化，是煉精化氣前段，活子時採來之藥。與內藥不同，它是生而後採，採煉於煉精化氣整個過程，在於了命（功法）。❸內通外亦須通　謂先天之氣在內運行，後天之氣在外透達。內通、外通，指火候的運用。董得寧《悟真篇正義》云：「乾坤之內，鼎爐之中，若得先天之氣，以運行於其內，亦須後天之氣，而透達於其外，使內外相合，體用互施，以成闔闢之功。」故曰：「內通外亦須通也。」❹丹頭　指內藥外藥。❺和合　夏宗禹《悟真篇講義》作「利害」。❻類相同　內藥外藥的性質或作用相同。❼溫養　採取外藥作丹（煉精化氣）及入室烹煉丹胎（向煉氣化神過渡的火候）兩種溫養。❽兩般作用　指應用煉精化氣和煉氣化神階段不同。❾內有天然真火　指氣穴內真神，神氣相隨成大藥。內，即氣穴。真火，真神。❿爐中赫赫長紅　鼎中真神繁倡，待外藥之來而成大藥。⓫外爐　董得寧《悟真篇正義》云：「外爐者，乃先天之巽位，為後天之坤方，《入藥鏡》所謂『起巽風，運坤火』是也。內爐，爐中者，內爐之中也；謂氣穴之內，乃有天然真陽。」⓬增減　指取坎填離。功法操作之中，陽氣之增，陰氣之減，直至坎離相會，內外之藥相融。⓭真種　丹母。

【語　譯】內藥是先天藥物，它採而後生，在於了性，是在外藥將凝之時開始，採煉於其結尾會合過渡為大藥的功夫。外藥是後天藥物，它是生而後採，在於了命，是煉精化氣前段，活子時採來之藥，採煉於煉精化氣整個過程。雖然兩者的作用相同，其用功火候卻有差異。在內丹煉製中，火候的運用使先天之氣運行於丹田之內，也須後天之氣透達其外，使內外結合，體用互施。儘管如此，內藥外藥互相依存，其性質或作用是相同的。不過，在採取外藥作丹及入室烹煉丹胎兩種溫養是極不同的。　只要氣穴之內神氣相隨，真神旺盛，待外藥來臨即成大藥。由於火候的變化，陽氣增，陰氣消，在坎離交會中，坎之一陽填於離中一陰。這樣的功法操作要相當勤快，其絕妙而無法與之相比的變化就是丹母的作用了。

【說明】第一，修性與修命。修命是丹法起手功夫，是有作為的，其功夫在於結丹。修性是丹法了手功夫，是無為的，其功夫在於歸根復命，與道合真。兩者雖然不同，其實是相輔相成的。以張伯端為首的南宗在性命問題上與北宗是有不同，實際上只是對性命雙修中兩段功夫的認識和操作的差異。

第二，體用互施。內丹修煉中，先天與後天，內藥與外藥，鼎爐（乾坤）內外猶如體用。似有區別，實際上是二而一的。

二

此道❶至神至聖，憂君❷分薄❸難消❹。調和鉛汞不終朝❺，早睹玄珠❻形兆❼。志士❽若能修煉，何妨在市居朝❾。工夫❿容易藥⓫非遙，說破人須失笑。

【章　旨】說明修煉內丹容易，但是，只有有志者方可煉成。

【注　釋】❶此道　即內煉金丹之道。《悟真篇注釋》、《悟真篇注疏》、《悟真篇闡幽》作「此藥」。❷君　第二人稱指示代詞，即你。❸分薄　沒有福氣。分，福氣；福分。薄，沒有。❹消　享受。❺不終朝　即不到一天的時間。朝，早晨。❻玄珠　即內煉的金丹。❼形兆　初露的形象。兆，徵兆；預兆。❽志士　有志於修煉的人。❾何妨在市居朝　在什麼地方都可以修煉。《修真十書》作「何拘」。❿工夫　內丹功法。⓫藥　大藥。

【語　譯】內煉金丹的功法很神秘而又高貴神聖，耽心你們沒有福分享受它。其實，只要元精在丹田與元神交會，結成金丹不用一天的時間，也可以很早就看見金丹煉成的初露形象。　有志於丹道的人如果能夠堅持修煉，無論在什麼地方都可以修煉。因為內煉功法容易，丹藥就在體內而不遙遠。說破這些秘密，人們就會大笑不止。

【說　明】內煉雖然不用分場所、不需拘泥於年月日時，但還是以環境幽靜、沒有外界干擾為宜。宋末元初道教學者俞琰認為：「煉丹不用尋冬至，身中自有一陽生可用，而不拘泥乎年月日時之說矣。」(《周易參同契發揮》)現代著名道教學者陳攖寧的靜功療法就強調做功時需要寂靜的環境。

三

白虎❶首經❷至寶❸，華池神水❹真金❺。故知上善❻利源深❼，不比尋常藥品。

若要修成九轉❽，先須煉己持心❾。依時❿採取⓫定浮沉⓬，進火須防危甚⓭。

【章 旨】指出煉丹的基礎，說明火候必須適當。

【注 釋】❶白虎　指五行中西方的色象，象徵元精、金精。❷首經　白虎初弦之氣；元首，谷神；一陽先天之氣（元精元神凝結之象，即丹母）初動；真一之氣；神水。董得寧《悟真篇正義》云：「白虎者，西方之金精，乃真鉛也。首經者，第一之謂也。」《仙學辭典》云：「首為初，經為走，即一陽先天之氣，初次走出來也。」《悟真篇三注》薛道光云：「首者，初也。首經即白虎初弦之氣。……且夫真一之氣，在天曰真一之水，在虎曰初弦之氣。若煉在華池，名曰神水，此乃真金之至寶。」陸子野又曰：「男子二八而真精通，女子二七而天癸降，當其初降之時，是首經耶？不是首經耶？咦，路逢俠士須呈劍，琴遇知音始可彈。神水即首經也。」❸至寶　靈明寶藏。❹華池神水　即鉛汞；坎離；偃月爐中神明之水。張伯端〈金丹四百字自序〉云：「以鉛見汞，名曰華池。以汞入鉛，名曰神水。」《金丹四百字》云：「華池蓮花開，神水金波靜。夜深月正明，天地一輪鏡。」石杏林〈還源篇後序〉云：「先師《悟真篇》所謂金丹之要，在乎神水華池者，即鉛汞也。」朱元育《悟真篇闡幽》云：「華池神水只是坎離二物，二物逆轉，便合成先天一氣。」❺真金　煉過之元精；金丹大藥。❻上善　無上的妙道；金水相合為元精，與神化合為氣。《道德經》第八章云：「上善若水，水善利萬物而不爭。」❼利源深　即無窮的利源，乃上品大藥。《周易參同契》云：「上善若水，清而無瑕。」❽九轉　九還之金體；煉至純陽；金丹煉就。❾煉己持心　修己養氣，存心盡性；七寶之無漏身；性功。元李道純《中和集》云：「煉精化氣，所以先保其身；煉氣化神，所以先保其心。」❿依時　火候；採藥之時。《中和集》云：「煉精在知時，所謂時者，非時候之時也，古人言時至神知，若著在時上便不是。」⓫採取　採有時取有日；採藥。⓬浮沉　陰陽升降之兩物；鉛升汞降；採藥進火。朱元育《悟真篇闡幽》云：「此章浮沉二字，與上卷不同。上卷指坎離交會時說，此處卻說采藥進火的時候。」⓭進火須防危甚　謂煉丹火候不能有絲毫失誤，否則煉不成金丹。

【語　譯】《周易》先天八卦中，坎卦位西方，五行為金，金生水，其中先天真一之氣是內丹煉製中的寶藏——它就是坎卦中之一陽。而坎離即是金丹大藥。所以，一定要了解金水相合為元精，是無窮的利源，乃上品大藥，並非一般的藥物。　假如要修成九還之金體，煉至純陽，就必須首先修己養氣，存心盡性。適時進陽火，退陰符，抓住採藥進火的時候。對於煉丹火候不能有絲毫失誤，否則煉不成金丹。

【說　明】事物的變化決定於內在的因素和外在的條件。其變化超過一定的限度即發生質變。內煉中火候的過或不及也是一樣的道理。

四

牛女情緣道合❶，龜蛇❷類❸稟天然❹。蟾烏❺遇朔❻合嬋娟❼，二氣❽相資運轉。

本是乾坤❾妙用，誰能達此淵源❿？陰陽否隔⓫卻成愆⓬，怎得天長地遠⓭？

【章　旨】敘說煉丹乃陰陽之氣相交。

【注　釋】❶牛女情緣道合　謂牛郎織女兩星在農曆七月七日會合是陰陽交感的緣故。牛女，牛郎和織女兩星，比喻坎離和元精元神。情緣，以陰陽相感應而有緣分。道合，即一陰一陽相互感應。❷龜蛇　指坎卦和離卦。龜，在後天八卦中象徵北方，為水，乃坎卦之位。蛇，在後天八卦中象徵南方，為火，乃離卦之位。❸類　見卷上第八首❼及說明。❹稟自然　承受於宇宙間一陰一陽相互感應的原則。稟，承。自然，即陰陽互相感應。❺蟾烏　即日月代稱。蟾，指月光。烏，指日。❻朔　農曆每月初一，日月交會。❼嬋娟　美好之貌。指陰陽二氣相互感應，非指傳說中的美女。❽二氣　陰氣陽氣。❾乾坤　乾卦和坤卦，喻陰和陽。❿淵源　或作「真詮」。《修真十書》、《悟真篇注釋》、《悟真篇三注》、《悟真篇講義》、《方壺外史》均作「深淵」。⓫陰陽否隔　陰陽隔離而不相互感應。⓬愆　錯誤。⓭天長地遠　即天長地久（長壽）之意。

【語　譯】牛郎織女在農曆七月七日相會是陰陽交感的緣故。坎卦和離卦交合也是遵循這個道理。從後天八卦來看，坎卦位北方，為水，處玄武——龜之位。蛇在後天八卦中象徵南方，為火，乃離卦之位。在這裡，龜蛇也承受著宇宙間一陰一陽相互感應的原則。在農曆每月初一日，日月交會都是陰陽互相感應的作用，宇宙間都是陰氣和陽氣在發生著變化。　這些都是天地的奇妙，哪一個人能有能力造就這樣深奧的傑作？假如陰陽之間相互隔離而不相互感應，天長地久的目的怎能達到？

【說　明】事物都是由矛盾的兩方面構成，世間的事物也是對立統一的。無論事物本身或其與諸多事物間的聯繫，都存在互拆互融的關係，人們只能創造條件促成其變化，祝其「泰」而不為「否」。

五

若❶要真鉛留汞❷，親中不離家臣❸。木金間隔❹會無因，須仗媒人❺勾引。

木性❻愛金順義❼，金情戀木慈仁❽。相吞相啖卻相親❾，始覺❿男兒有孕⓫。

【章旨】闡明真意（土）在煉丹中的重要作用。

【注釋】❶若　如果；假設。❷真鉛留汞　即以鉛制汞，以元精制元神。汞輕易飛走，元神易分散。鉛重性下沉，元精亦沉。功法是以鉛制汞，不使元神分散。❸家臣　指土；木金土；己之真氣；汞。董得寧謂家臣為土的代稱，並說：「木金土三者，本是相不離一家之人，所以稱為家臣，實即指意土。」《悟真篇三注》上陽子陳致虛云：「家臣者即己汞。」❹木金間隔　指東方為木為汞，西方為金為鉛。東西分位，木金相隔，內丹功法是使其會合。❺媒人　即真意（土）。❻木性　內丹概念是東性西情南神北精。李道純《中和集》云：「東三木為性，西四金為情，北一水為精，南二火為神，中五土為意。三家相見為三五一。」❼愛金順義　按五行與五常相配是：木義，金仁，火禮，水智，土信。❽金情戀木慈仁　謂金在西方為情，愛戀東方之木，在五常中屬仁。❾相吞相啖卻相親　謂元精元神凝結。相吞相啖，《周易參同契》云：「子當右轉，午乃東旋。卯酉界隔，主定二名。龍呼於虎，虎吸龍精。兩相飲食，俱相貪便。遂相銜嚥，咀嚼相吞。」吞，不細嚼或不咀嚼而嚥下。啖，吞食。❿始覺　坎離相會，大藥即將結成。⓫男兒有孕　比喻金丹煉成。內丹家比喻金丹為嬰兒、聖胎、胎圓。

【語 譯】如果內丹煉製要以鉛拘制汞，在親近的五行關係中，水火的會合都離不開土。如果東方的甲乙木和西方的庚辛金相互隔離，沒有理由交會，也需要媒介來撮合。因為東方木順義，西方金慈仁，本來就有相會的情緣。在意土的引導下，它們相吞相啖，如同男女相互擁抱，互相接吻，何等的親熱！在不知不覺中，金丹隨之煉成。

【說 明】仁、義、禮、智、信是儒家的倫理概念，後來也為中國佛教、中國伊斯蘭教及中國的基督教所用；但其涵義已有變化。如宋代的名僧契嵩說：「夫不殺，仁也；不盜，義也；不邪淫，禮也；不飲酒，智也；不妄言，信也。」（《鐔津文集・孝論・戒孝章》）中國伊斯蘭教經典（如藍煦的《天方正學》）及清代在中國的基督教傳教士（如林樂知）也都援用了「五常」的概念。

六

二八❶誰家姹女❷，九三❸何處郎君❹？自稱木液與金精❺，遇土❻方成三姓❼。
更假丁公❽煆煉，夫妻❾始結歡情❿，河車⓫不敢暫留停，運入崑崙峰頂⓬。

【章 旨】從督脈進火運藥強調火候的重要性。

【注　釋】❶二八　偶數為陰，比喻女子。或指金水，見卷中第十八首❸。❷姹女　美妙少女，即離卦，指代元神。或指我之真氣。❸九三　奇數為陽，比喻男子。白玉蟾云：「九三，二八，皆陰陽之異義。」❹郎君　指少年男子，即坎卦，元精代稱。或指我之陽丹。❺木液與金精　即東方震龍之液與西方白虎之精。❻土　五行之一，指戊己中宮。❼三姓　木、金、土。即金精二物交會丹田土釜之中即成三姓也。❽丁公　指火候。因南方為丙丁火，故名。❾夫妻　指鉛（元精）汞（元神）處於丹田土釜逐日相交。❿始結歡情　即坎離相交。⓫河車　北方坎宮正氣為河車搬運之象。北方河車亦稱銀河。指元精元神交會，自尾閭逆上泥丸峰頂，降下口中，徐徐嚥歸丹田，長長運轉不息，若河車流轉不止，化成金液還丹。⓬崑崙峰頂　泥丸宮神室。峰頂，指頭頂。

【語　譯】離卦之中一陰，如美妙的少女。坎卦之中一陽，像少女追慕的郎君。它們自己稱為東方震龍之液和西方白虎之精，因為遇見土來引導，使元精元神交會於丹田土釜之中而成木、金、土三姓。　只要藉著文火武火鍛鍊，元精元神即開始像夫妻一樣交合。在火候的促使下，元精元神交會，自尾閭逆上泥丸峰頂，再降下口中，徐徐嚥歸丹田，長久運轉不息。

【說　明】在內煉中意土促成鉛（元精）汞（元神）結合，火候是其不可或缺的條件。

七

七返❶朱砂❷返本，九還❸金液❹還真❺。休將寅子數坤申❻，但看五行成準❼。

本是水銀一味❽，周流歷遍諸辰❾。陰陽數足❿自通神，

出入豈離玄牝⓫。

【章　旨】從沿任脈退符送藥入爐講火候之重要。

【注　釋】❶七返　謂元神失而復得。七，南方火為七數，指元神。返，返本，失而復得。《悟真篇三注》薛道光曰：「九還七返者，不離天地五行生成之數，世人以寅子數至坤申為九還七返者謬也。返者返本，還者還元。水銀為汞；汞即真一之精，一變為水在北，二變為砂在南，三變為汞在東，四變為金在西，五變為丹在中，此丹非天地不生，非日月不產，非四時不全，非五行不就，非總數不成，是以遍歷諸辰，陰陽數足，自然變化通神也。」夏宗禹《悟真篇講義》云：「《龍虎上經》曰：『丹朮著明莫大於金火。』金火者，日月之魂，魂，上半月初三，日月哉生魂，其體屬金，金數四，成數九。所謂三日更生兌，戶開黑銀烣出白銀來，此金氣發生，名曰九還也。下半月魄光漸減，日當受符，日為火，又名朱砂，外赤而內白，復盜月之光添日之真火，火數二，成數七，名曰七返。然還返之義雖曰金火，究其源宗，本是水銀一味而已。」❷朱砂　即元神。指丹法提煉後的南方火。亦稱朱裡汞、火裡砂。❸九還　指西方金為九數，即金氣發生。還，還元。❹金液　夏宗禹《悟真篇講義》作「金體」。❺還真　即按「河圖」，地四生金，天以九成之，金還西化兌而為鉛，故曰九還金體還真也。❻休將寅子數坤申　謂不要以寅至申為七數，稱七返，子至申為九數，稱九還。寅，十二支之第三位。子，十二支之首。坤，坤卦，喻丹田。申，十二支之第九位。丹法旁門以督脈會陰穴為子，玉枕以上為巳，頭頂為午，沿任脈入丹田。夏至日出於寅，冬至日沒於申。由此而稱七返、九還。張伯端在此予以批駁。❼但看五行成準　謂金丹不出金水、木火，由土調和，五行一家而成丹。五行，金、木、水、火、土。❽本是水銀一味　調先天真一之氣乃是丹藥的基礎。水銀，即水中銀，水中金之別稱，乃先天真一之氣而為元精。❾周流歷遍諸辰　謂元精元神凝結，從人身沿督脈上升，經六陽時（子至午），沿任脈下降，經六陰時（午至亥）。比喻經歷日月之交。⑩陰陽數足　即進陽火退陰符，陰陽平衡。⑪玄牝　下丹田；上中下三丹田：中丹田；會陰。此處指下丹田。葉文叔《悟真篇注解》云：「玄牝之言，即中宮也，中藏真元之氣，生金精也。」明李時珍在《本草綱目》中〈奇經八脈考・陰蹻脈〉條引文中云：「張平叔言鉛，乃北方正氣一點初生之真陽為丹田，陽生於子，藏之命門，元氣之所繫出入於此。其用在臍下，為天地之根，玄牝之門。」黃元吉《樂育堂語錄》謂：「玄即離門，牝即坎戶。」或謂：「玄牝者，陰陽之氣。」《道德精義》《道德經》第六章：「谷神不死，是謂玄牝；玄牝之門，是謂天地根；綿綿若存，用之不勤。」

【語　譯】從「河圖」來看，南方陽數為七，為火，指元神。在內煉中是失而復得。西方為金，數九。因為按照「河圖」，地四生金，天以九成之，金還西化兌而為鉛，即是元精。內煉中不要以寅至申為七數，叫它做七返，子至申為九數，稱它為九還。而是要以金水、木火、土為標準。內丹煉製的基礎本來是先天真一之氣的元精。只有元精元神結合，從人身沿督脈上升，經六陽時，沿任脈下降，經六陰時而入下丹田。如果火候恰當，陰陽平衡，內煉自然順利。不過，陽長陰消的一切變化都是在丹田裡進行。

【說　明】玄牝即人體的命門。因為「命門」是人體元氣的根本，生命的本源，人體產生熱能的發源地，與人體的性機能及生殖功能緊密相連。《難經・三十六難》說：「命門者，諸神精之所舍，元氣之所繫也，男子以藏精，女子以繫胞。」

八

雄裡內含雌質❶，負陰抱卻陽精❷。兩般和合藥方成❸，點化魄靈魂聖❹。

信道❺金丹一粒，蛇吞立變龍形，雞飡❻亦乃化鸞鵬❼，飛入真陽清境❽。

【章　旨】強調調和元精元神，使丹法從漸而至頓。

【注　釋】❶雄裡內含雌質　謂離卦外陽而內陰，喻元神。❷負陰抱卻陽精　謂坎卦外陰而內陽，喻元精。負陰，或作「真陰」。❸兩般和合藥方成　謂元精元神凝結而成丹藥。兩般，即元精、元神。藥，丹母。❹點化魄靈魂聖　謂調和元精元神，使其平衡，即取坎填離，使其結合。點化，調和。魄，水中生金為陰魄，指元精。魂，火中生木為陽魂，指元神。❺信道　了解。❻飡　餐。❼鸞鵬　大鳥。《莊子・逍遙遊》：「北冥有魚，其名為鯤。鯤之大不知其幾千里也，化而為鳥，其名為鵬。鵬之背不知其幾千里也，怒而飛，其翼若垂天之雲。」❽真陽清境　純陽的神仙境界。真陽，諸陰皆盡，金丹煉成之時的純陽狀態。清境，虛靜的理想境界。

【語　譯】離卦是外陽而內陰，內煉中即元神。坎卦是外陰而內陽，內煉中即元精。元精元神凝結而成丹藥，乃是取坎填離，使陰陽結合的成果。

如果了解丹道的奇妙，蛇吃了它馬上變成龍，小雞吃了它也可以變成大鳥。由此，可以飛登純陽的神仙境界。

【說　明】金丹的神奇作用。道教中的高人歷來誇大金丹的作用，魏伯陽曾說：「巨勝尚延年，還丹可入口。金性不敗朽，故為萬物寶。術士服食之，壽命得長久。土遊於四季，守界定規矩。金砂入五內，霧散若風雨。薰蒸達四肢，顏色悅澤好。髮白皆變黑，齒落生舊所。老翁復丁壯，耆嫗成姹女。」不論內丹還是外丹，只要用之恰當，對人體皆有一定的好處，當然，歷史上服外丹致死的王公貴族，以及煉內丹走火入魔者，我們應引以為戒。

九

天地才經否泰❶，朝昏❷好識❸屯蒙❹。輻來湊轂❺水朝宗❻，妙在抽添運用❼。
得一萬般皆畢❽，休分南北西東❾。損之又損慎前功❿，命寶⓫不宜輕弄⓬。

【章　旨】闡明進火退符後用火的重點在於：抽添作用；得一以後，需用無為功法。

【注　釋】❶天地才經否泰　謂陰陽經任脈督脈在人體循環一次。天地，指乾卦䷀和坤卦䷁。在人體指頭頂和會陰。才經，丹法以泰卦䷊象徵春天，即卯時，以否卦䷋象徵秋天，即酉時。卯酉即丹法之「沐浴」。才經，是丹法沿任督循環時，才經過否卦的沐浴，比喻循環一次。否，否卦䷋，為乾上坤下，乃天地不交。泰，泰卦䷊，為坤上乾下，是天地相交。❷朝昏　早晨和晚上。朝，喻子時一陽從尾閭初動，即進陽火時。昏，喻午後未時，坎水下降，從頭頂而至下丹田，即退陰符時。❸好識　慎重考慮。❹屯蒙　屯，屯卦䷂，上坎下震，水雷下一陽，即喻坎水上升，乃進陽火時。蒙，蒙卦䷃，即喻坎水下降，乃退陰符時。❺輻來湊轂　謂諸多輻條都聚集於車軸。輻，車軸和車輪中間的直木或鐵條。湊，聚合。轂，車軸。《道德經》第十一章：「三十輻共一轂，當其無，有車之用。」此句隱喻進火退符後，藥入爐中，金水一家、木火一家和土均聚合一起了。❻朝宗　朝，朝向；朝見。宗，歸趨。❼妙在抽添運用　上述的奇妙全在於抽鉛添汞，即煉精化氣，煉氣化神。❽得一萬般

皆畢　謂丹藥入爐，成為丹母後，宜慎守勿失。一，此處指金丹。萬般皆畢，指進陽火退陰符已完。《黃庭經》云：「子能守一萬事畢，子自有之持勿失。」❾休分南北西東　謂丹藥入爐，木火、金水、土三家已合，不必再分東木、南火、西金、北水、中央土了。❿損之又損慎前功　謂丹藥入爐後，火候只能漸減，要保持常靜，慎守勿失。丹法已從有為之功而至無為了。前功，有為功法。⓫命寶　指未成聖胎的丹母，喻金丹。⓬不宜輕弄　謂火候已足，有為之功已完，應從命功過渡到性功。

【語　譯】陰陽相交經過了不交到相交，這正如從否卦到泰卦的變化。內煉時，陰陽經任脈督脈在人體循環一次。如果以泰卦卦象象徵春天，即東方，卯時。以否卦卦象象徵秋天，即西方，酉時。陰陽經過的正是丹法的「沐浴」。在子時，一陽從尾閭初動，即進陽火時。未時，從頭頂而至下丹田，即退陰符時。屯卦是上坎下震，水雷下一陽，喻坎水上升，如進陽火。蒙卦是坎下艮上，喻坎水下降，如退陰符。正如輻條都聚集於車軸一樣，金水、木火和土都會聚合一起，熔入下丹田。上面講的奇妙都在於取坎填離，即煉精化氣，煉氣化神。

只要丹藥入爐，成為丹母後，宜慎守勿失。此時進陽火退陰符已完，沒有必要再區分東木，南火，西金，北水和中央土了。在這個時候，火候只能漸減，丹法已從有為的命功而至無為的性功了，所以要謹慎。未成聖胎的丹母還要溫養，不要隨意輕弄。

【說　明】先有為後無為，先命功而後性功，這是張伯端煉丹的模式。從其整個過程來說，還是性命雙修的。

十

冬至一陽來復❶，三旬增一陽爻❷。月中復卦朔晨潮❸，望罷乾終姤兆❹。日又別為寒暑❺，陽生復起中宵❻。午時姤象一陰朝❼，煉藥須知昏曉❽。

【章旨】以年、月、日的陰陽變化說明煉丹火候。

【注釋】❶冬至一陽來復　謂陰曆（農曆）冬至（十一月）正當十二辟卦中的復卦䷗，乃一陽爻初現。冬至，陰曆二十四節令之一，當十一月。一陽，指復卦䷗之初爻，喻陽氣初動。復，復卦䷗，喻會陰穴。❷三旬增一陽爻　謂從復卦開始的十二辟卦，至十二月即為臨卦䷒，喻陽氣漸增。三旬，三十日。一旬十日，一月三旬。增一陽爻，復卦䷗當十一月，十二月為臨卦䷒，與復卦相比，已有兩個陽爻。以上兩句是從一年十二個月的陰陽變化比喻煉丹的六陽時。❸月中復卦朔晨潮　謂以復卦䷗象徵一月的開始，如一陽初動朝晨之景象。月中，陰曆一月之中。復，復卦䷗。朔，陰曆每月的開始。晨，早晨。潮，或作「超」，比喻進陽火時，載坎水上升。❹望罷乾終姤兆　謂以一月日卦數準一年周天之候，即初一日為復卦，十五日為純陽乾卦，陽極陰生，十六日為姤卦䷫。以上兩句是從一月的陰陽變化（初一日為復卦，每二日半共坎卦，至十五日為乾卦純陽，餘可類推。）比喻煉丹六陽時進陽火，六陰時退陰符。望，陰曆十五日。乾，乾卦䷀，喻人身後頸，陽氣極至。姤，姤卦䷫，喻頭頂午時陰生。❺日又別為寒暑　謂每日中也有陰陽的變化。此將一年時令縮成一日，以此論煉丹火候。❻陽

生復起中宵　一日中的子時陽生，如復卦䷗一陽初動。陽生復起，指一日之復卦。中宵，每日子時。❼午時姤象一陰朝　以一日十二時與十二辟卦相應，喻煉丹火候的變化。午，十二支之第六位，正當姤卦䷫一陰生，即應退符。姤，姤卦䷫。朝，向著丹爐。❽煉藥須知昏曉　煉丹一定要知道火候進退，陰陽的變化。藥，丹藥。此處指金丹。昏曉，昏，黃昏。曉，早晨。喻進火退符。

【語　譯】在十二辟卦中，復卦初爻是一陽初現，與農曆十一月相應。經過三十天，至十二月，已是臨卦，與復卦相比，又增加了一陽爻，是陽氣漸增了。這是以一年的陰陽變化講煉丹火候。如果以復卦象徵一月的開始，如一陽初動朝晨的景象，猶如內煉進陽火時。那麼，初一日為復卦，十五日為純陽乾卦，陽極陰生，十六日為姤卦。這是以一月的陰陽變化講煉丹火候。　假如以一日的陰陽變化比喻內煉的火候，一陽初動的復卦正當子時，即進陽火時，至姤卦一陰生，正當午時，即退陰符時。因此，煉丹一定要知道火候的進退，陰陽的變化。

【說　明】煉丹不拘泥於年月日時。內丹講究進火退符與天地陰陽變化相符。其實這是一種比喻。是道教學者借用年、月、日、時中的陰陽互涵來說明煉丹如何掌握火候，真正煉丹時不必受此約束。宋末元初道教學者俞琰在其《周易參同契發揮》中說：「……煉丹不用尋冬至，身中自有一陽生，而不泥乎年月日時之說矣。」

十一

不辨五行四象❶，那分朱汞鉛銀❷。修丹火候❸未曾聞，早便稱呼居隱。不肯自思己錯，更將錯路教人。誤他永劫在迷津❹，似恁❺欺心安忍❻？

【章　旨】斥責旁門邪道不懂丹法遺害別人。

【注　釋】❶五行四象　即金木水火土為五行，青龍白虎朱雀玄武為四象。❷朱汞鉛銀　即砂中汞、鉛中銀，皆丹母異名。《周易參同契・鼎器歌》云：「陰火白，黃芽鉛。」陳致虛注：「地二生火，天七成砂；天一生水，地六成鉛。鉛乃丹母，黃芽生於鉛。」董得寧注云：「黃芽者，以鉛中藏銀，用火烹煉之，則芽生矣。」❸火候　真陽之火節符之候，即進陽火退陰符、沐浴等。❹誤他永劫在迷津　錯誤地教導別人，使其永遠受苦難折磨，找不到擺脫的途徑。津，渡口。❺恁　如何；怎麼。❻安忍　怎麼能夠忍心。

【語　譯】煉內丹不辨明金水木火土和青龍、朱雀、白虎、玄武，就分不清元神和元精。不知道煉丹的火候是什麼，卻早早地說隱居才能煉丹。　這種人不肯自己反省自己的錯誤，更是把錯誤的煉丹途徑教授別人。讓自己和別人都陷入遭受苦難折磨之中，找不到擺脫的途徑。怎麼能夠那樣欺騙心靈，忍心去做呢？

【說　明】內丹修煉要了解基本原理，要有名師指點，切不可無師瞎煉。否則誤入歧途，以訛傳訛，害人非淺。

十二

德行❶修逾八百，陰功❷積滿三千。均齊物我與親冤❸，始合神仙本願。虎兕❹刀兵不害，無常❺火宅❻難牽❼。寶符❽降後去朝天❾，穩駕鸞車鳳輦❿。

【章旨】從德行與煉丹的關係切入，闡明性功更為重要。

【注釋】❶德行　道德行為的修養。❷陰功　指不被人知的善行功德。陰，無人知曉。功，功德。❸均齊物我與親冤　將世界萬物與自己，以及親朋和仇敵同等看待。齊物，即宇宙萬物都平等沒有差別。《莊子》有〈齊物論〉，主張從自足其性看，萬物沒有差別。物我，指客觀外物與主觀世界。《莊子》主張物我雙忘，從丹功講，這是上乘境界。親，親戚好友。冤，仇人。❹兕　犀牛。❺無常　指人的生命變化不定。佛教有「諸行無常，諸法無我」之說。❻火宅　比喻人世如起火的居室。《法華經》云：「三界無安，猶如火宅。」❼難牽　決心動搖。❽寶符　仙人之符。❾朝天　歸天；升天。❿鸞車鳳輦　由鸞鳥和鳳凰駕馭的，可以在空中飛翔的車。鸞，指傳說中屬於鳳凰一類的鳥。鳳，即鳳凰。輦，指古代的車。

【語譯】道德行為的修養超過八百，做沒有人知道的功德已有三千。對待世界萬物、親戚朋友、仇人，像對待自己一樣。這樣就開始符合神仙的本來願望了。

若能夠做到這樣的話，老虎、犀牛、刀兵都不能傷害他。生命的不定變化，以及如起火的居室一樣的人世都難以動搖他。假如仙人的符降臨於他，即可升天，乘坐鸞鳥和鳳凰駕馭的車在空中飛翔。

【說 明】第一，道教的因果報應論。早期道教的因果報應思想是將子孫嗣續祭祀先祖、「承負」觀念與修道成仙的理論相結合，東晉的葛洪把成仙理論、因果報應、宿命論結合了起來。東晉至隋唐五代時則深受佛教生死輪迴和來生說影響。宋明時期的道教因果報應論雖然與內丹修煉相結合，但基本上在宋明理學的倫理道德觀控制下。

第二，莊子的〈齊物論〉也承認事物的差別，不過，他認為「樊然殽亂，吾何能知其辯」而已。他是在探究真理的問題上誤入歧途的。

又一

丹❶是色身❷至寶❸，煉成變化無窮。更能性上❹究真宗❺，決了無生❻妙用。

不待他身後世，見前獲佛神通❼。自從龍女❽著斯功❾，爾後誰能繼踵❿？

【章 旨】闡明命功性功皆須完成。

【注 釋】❶丹 金丹。❷色身 人的形體。色，佛教術語，指一切有形質的事物。❸至寶 最好的寶貝；上乘的財富。❹性上 指性功。《悟真篇三注》薛道光云：「存性，即玉液煉己之功。修命，即金液還丹之道。」

❺宗　宗旨，指性命雙修。❻無生　即虛無之意，與道教「還虛」之意反。佛教有「無生無滅，不來不去」（《中論》）之說。❼見前獲佛神通　謂道教要求在現世獲道成仙。見前，即現前，指當世。見，通「現」。佛，或作「福」。《悟真篇注釋》作「獲福」。《方壺外史》曰：「佛言無相，仙貴有生，所以仙佛異修。」佛教強調修煉以心神為主，道教注重形神並存。❽龍女　佛教故事云：「昔靈山會上世尊說法時，有一龍女自地湧出，獻一寶珠，立地成佛。」比喻丹道頓法，頃刻煉成金丹。❾斯功　性功命功同時完了。❿繼踵　繼承；接續。踵，腳跟。

【語　譯】金丹是人體中最好的寶貝，煉成它可以使人的生命產生無窮的變化。更可以從性功上探討性命雙修的道理，因而解決虛無的奇妙功用。　不必等到死後輪迴成他身的後世，在今生今世即可得到暢通無阻的福報。自從頃刻煉成金丹，性功命功完成，此後哪一個人能來繼承啊？

【說　明】第一，董得寧《悟真篇正義》云：「此章之文氣，與本篇不同，且張君原序中，只言〈西江月〉十二首，今有其十三，諒是後人所添，本應刪去，今其由來已久，故留之。」

第二，大乘佛教之三身，即法身，又名毗盧遮那（遍照）佛，指成佛後證得的理性，指真如法性；報身，又名盧舍那（淨滿）佛，指成佛後證得的果報之身；應身，即化身。指釋迦牟尼佛。

第三，龍樹的《中論》有「不生亦不滅，不常亦不斷。不一亦不異，不來亦不去」等八不說，顯露了龍樹認識方法上的辯證法思想，是從實體概念的否定出發的，無實體的辯證法。

七絕五首

一

饒①君②了悟真如性③，未免拋身卻入身④。何事更兼修大藥⑤，頓超⑥無漏⑦作真人⑧。

【章　旨】斥責拋身入身，強調性命雙修。

【注　釋】①饒　即使。②君　第二人稱代詞。③真如性　佛教術語，指宇宙本體、永恆不變的真性。④拋身卻入身　拋棄原有形體而轉為另一形體。指佛教的四果：轉移生人身體；另外投胎；借屍體復生；重投自己的母體而為胎兒。⑤大藥　丹藥。⑥頓超　頃刻變化；突變。⑦無漏　即漏盡。⑧真人　見〈自序〉第三段㉔。

【語　譯】即使您了解永恆不變的真性，也未免拋棄原有形體而轉為另一形體。只要以無事之心修煉金丹，突然之間即可沒有雜念，變成得道之人。

【說　明】佛教有漸、頓修持，道教亦如之。至於儒家的修身養性，也應有漸、頓之別，前者如「吾日三省吾身」（《論語》），後者如「脫然有貫通處」（《二程遺書》卷一八）。

二

投胎奪舍及移居❶，舊住名為四果徒❷。若會降龍并伏虎❸，真金❹起屋❺幾時枯？

【章　旨】闡明金丹大道與投胎奪舍的不同。

【注　釋】❶投胎奪舍及移居　謂重新投胎與轉移形體。舍，屋舍，喻指子宮或形體。移居，指借屍還魂或奪生人形體而移換。居，亦指人的形體。❷四果徒　見卷下七絕第一首❹。即舊住；投胎；移居；奪舍。❸降龍并伏虎　指抽鉛添汞。龍，即元神。虎，即元精。❹真金　金丹。❺屋　指形體。

【語　譯】重新投胎，轉移形體。而從原有形體的名稱來看，這叫做轉移生人身體、另外投胎、借屍體復生；重投自己的母體而為嬰兒等四種。假如了解抽鉛添汞的內煉道理，真金即可使形體永不枯萎。

【說　明】第一，佛教的生死輪迴觀。佛教有三世（過去、現在、未來）輪迴說，認為人死後會在地獄、餓鬼、畜生、阿修羅、人、天等六道中輪迴。後來，這種思想也為道教所接受。

第二，精氣入舍說。《管子‧內業》云：「凡物之精，此則為生，下生五谷，上為列星，流於天地之間，謂之鬼神。藏於胸中，謂之聖人，是故民氣。」此句中「民」字乃「此」字之誤，「氣」即精氣。作者認為，精氣是構成人體和萬物的最原始物質，它可以入住人體，或從人體游離出來。

這種觀點肯定了人和萬物非神創造，而由物質組成的觀點。但是，它同時又為精神可以離開形體的觀點開了後門，有二元論傾向。

三

鑑形❶閉氣❷思神法❸，初出艱難後坦途。倏忽❹縱能遊萬國，奈何屋舊❺卻移居。

【章　旨】斥責道教旁門邪術。

【注　釋】❶鑑形　以鏡子照形體。❷閉氣　閉住呼吸。指呼吸鍛鍊法。❸思神法　即存想。❹倏忽　忽然；很快。❺屋舊　指形體衰敗。

【語　譯】以鏡子照耀形體，閉住呼吸的鍛鍊方法，以及存想，似乎是開始艱難然後非常容易。突然之間能夠遊歷許多地方，可是，對身體衰敗，形體的輪迴卻沒有辦法。

【說　明】在《周易參同契》第二十七章，魏伯陽也斥責了存想、食氣等多種法術。

四

釋氏❶教人修極樂❷，只緣極樂是金方❸。大都色相❹唯茲實❺，餘二非真❻謾❼度量❽。

【章　旨】援佛入道，指出極樂世界只有修金丹能達到。

【注　釋】❶釋氏　佛教徒姓，泛指佛教徒。見〈自序〉第一段⓭。❷極樂　佛教的理想世界。《悟真篇三注》陳致虛云：「極樂者，無去無來，不生不滅，直須覺長河為酥酪，傾醍醐以灌頂，即釋氏之金丹也。」❸極樂是金方　極樂理想即是金丹大道。金方，指西方庚辛金，喻指金丹大道。陸子野云：「金者，萬物之寶，鍛鍊愈剛，曠劫不壞，釋稱大覺金仙者，即金丹之道也。」❹色相　佛教所指有形質的事物的形象。❺唯茲實　謂大乘佛教說一切皆空，只有西方金方才不是虛空的。❻餘二非真　謂除了金丹大道之外，其他都是不真實的。二，即第二者。❼謾　欺騙；蒙蔽。或同「慢」。❽度量　琢磨；研討。

【語　譯】佛教徒教人們修行他們的理想世界，也是因為他們的理想世界就是金丹大道。大乘佛教徒認為有形質的事物的形象都是偽而空的，只有金丹是實在的，除此之外的，都是不真實的、騙人的。所以，應該仔細琢磨這些思想。

【說　明】佛教的涅槃。涅槃是佛教的理想，即寂滅之意。但小乘佛教與大乘佛教對涅槃的理解大不相同。小乘佛教將涅槃分為：有餘涅槃，即入涅槃，但人未死，有生命；無餘涅槃，即無生命了。已經「灰身泯智」（身心俱滅），進入沒有意識活動的境界，不普渡眾生了。大乘佛教的涅槃具有常（指永恆）、樂（指幸福）、我（指自由）、淨（指高潔）四德，雖然證得了涅槃，但無住涅槃，還要到人間普渡眾生。

五

俗語常言❶合聖道，宜向其中細尋討。若將日用❷顛倒求❸，大地塵沙盡成寶❹。

【章　旨】告誡人們在常言中悟聖道，從生活中求真理。

【注　釋】❶俗語常言　自謙之詞。❷日用　指日常生活中的陰陽之道。張伯端〈讀周易參同契〉云：「百姓日用不知，聖人能究本源。」❸顛倒求　反覆尋思。❹大地塵沙盡成寶　謂沙裡淘金，終獲真金，喻仔細思考，最終能得上乘丹法。

【語　譯】一般地隨便說說卻合符聖人的道理，這當中的道理應該仔細研討。如果能夠將日常生活中的陰陽之道反覆尋求，天地之間的塵埃、沙粒也能變成寶貝。

【說　明】佛教主張出世，但在修持中還是從現實入手，不離開社會生活去求真。在理論上，佛教有真諦、俗諦二諦和染淨不二說。甚至道安還提出「不依國主，則法事難立」的主張。所以有云：「佛法在世間，不離世間覺，離世求菩提，猶如覓兔角。」道教雖然主張個人靜修，但不乏寇謙之、陶弘景、丘處機等精於入世的人，即使現代的陳攖寧的靜功，也只是迴避現實中的某些條件，並非不在日常生活中著手。近來，佛教提倡生活佛教，道教倡導生活道教。可見，佛、道世俗化趨向與時俱進。

外篇

這一部分包括讀書記和歌頌詩曲雜言，內容比較繁雜，除了與其前內容有所重複，兼敘與《莊子》關係外，主要是援佛入道，多以大乘空宗和禪理，以及《周易》思想說明內丹的功理功法。

讀周易參同契

大丹❶妙用法乾坤❷，乾坤運兮❸五行❹分。五行順兮，常道❺有生
有滅。五行逆❻兮，丹體❼常靈常存。一自虛無質兆❽，兩儀因一開根❾，
四象不離二體❿，八卦互為祖孫⓫。萬物生乎變動⓬，吉凶悔吝茲分⓭。
百姓日用不知⓮，聖人能究本源。顧《易》道妙盡乾坤之理⓯，遂託象
於斯文⓰。

【章　旨】說明丹道與《周易》卦象及五行的關係。

【注　釋】❶大丹　即金丹。❷乾坤　乾卦☰和坤卦☷。《周易》以乾為天，坤為地。❸兮　語末助詞，無義。❹五行　金、水、木、火、土。❺常道　指有形的萬事萬物變化，如陰陽、生死、去來等。❻五行逆　指丹道是煉形入於無形，與道合一。在丹功操作中是五行相剋才相生。❼丹體　金丹。❽一自虛無質兆　謂從無到有，從無質到有質。一，即指道，或道生之一氣，虛無之道體。質，質體。兆，徵兆。❾兩儀因一開根　謂陰陽因道生一氣而樹立根基。兩儀，指陰陽、天地。❿四象不離二體　指太陰、太陽、少陰、少陽不離陰陽。⓫八卦互為祖孫　謂乾卦坤卦產生震、兌、巽、艮、坎、離，再演繹六十四卦。乾坤兩卦為祖，六十四卦為孫。⓬變動　即生生不息。《周易・繫辭》云：「生生之謂易。」⓭吉凶悔吝茲分　謂吉祥之事和大小災禍由此分明。吉，吉祥。凶，大的災禍。悔，較小的困厄。吝，比較輕微的災患。《周易・繫辭傳》云：「吉凶者，得失之象也；悔吝者，憂慮之象也。」⓮百姓日用不知　謂一般的人不了解《周易》、丹道的道理。⓯易道妙盡乾坤之理　謂《周易》的奇妙道理都蘊含在乾坤兩卦之中。易，指《周易》。⓰遂託象於斯文　謂依託《周易》的卦象，在《周易參同契》中闡明丹道的道理。

【語　譯】金丹大道的奇妙本來是效法乾卦和坤卦的。因為乾為天，為陽；坤為地，為陰。天地陰陽的變化就分出了金、木、水、火、土五行。按照金、水、木、火、土的順序生剋，一切有形質的萬物都會有生有死。按照木生火，水生金的丹道逆生原則，煉成的金丹時常靈驗，時常存在。萬物的本源——道來自於沒有形質的虛無之氣，陰陽因為道生一氣而奠定了世界萬物的基礎。其實，太陰、太陽、少陰、少陽離不開陰陽。而《周易》六十四卦都是由乾坤兩卦變成八卦，再演變成六十四卦的。世界上千千萬萬的事物，都是由陰陽生生不息來的，也由此分出了好的和壞的。

但是，一般老百姓雖然目睹這些變化，卻不知道《周易》、丹道的道理。只有聖人能夠窮究其中的根源。回想起來，《周易》的奇妙道理完全包含在乾坤兩卦之中。所以，依託《周易》的卦象，在《周易參同契》中闡明丹道的道理。

【說　明】順生人、逆成丹之說已在《周易》中蘊釀產生。《周易・說卦傳》云：「數往者順，知來者逆。」《周易・繫辭傳》云：「原始反終，故知死生之說。」等都蘊含著順生人、逆成丹（仙）的思想。（見劉國樑《周易丹道思想初探》，《周易研究》一九九二年第四期）。

否泰交❶則陰陽或升或降；屯蒙作❷則動靜在朝在昏。坎離為男女水火❸；震兌乃龍虎魄魂❹。守中❺則黃裳元吉❻；遇亢則無位無尊❼。既未❽慎萬物之終始；復姤昭二氣之歸奔❾。月虧盈❿，應精神之衰旺⓫，日出沒⓬，合榮衛之寒溫⓭。

【章　旨】從《周易》卦象說明命功。

【注　釋】❶否泰交　謂任脈督脈循環，陽升陰降。否，否卦䷋。泰，泰卦䷊。否卦之三陰，表示下降，乃退符之象。泰卦之三陽，表示上升，乃進火之象。❷屯蒙作　屯卦和蒙卦的啟動。❸坎離為男女水火　坎為中男，為水。離為中女，為火。❹震兌乃龍虎魄魂　謂震卦為龍為魂，兌卦為虎為魄。❺守中　恪守中央土。❻黃裳

元吉　謂黃是中色，裳是下飾，乃吉祥之服，喻丹功可成。《周易・坤》：「六五，黃裳元吉。」干寶注曰：「黃，中之色也，裳，下之飾，元，善之長也。」❼遇亢則無位無尊　謂地位高傲，貴而無位，高而無民，喻進火防止過高。亢，窮高極傲。《周易・乾卦・上九》：「亢龍有悔。」比喻丹功中不宜再進火。無位無尊，超越了名分界限，沒有人對之尊敬。無位，超越了名分界限。無尊，沒有尊嚴。《周易・乾・文言》云：「亢之為言也，知進而不知退，知存而不知亡，知得而不知喪。」「貴而無位，高而無民，是以動而有悔也。」❽既未　即既濟卦䷾和未濟卦䷿，喻丹功中火候的開始和完成。❾復姤昭二氣之歸奔　謂復卦䷗和姤卦䷫象徵陰氣和陽氣往來不息。復，復卦䷗，一陽初生，喻丹功進火之始。姤，姤卦䷫，一陰初生，喻丹功退符。歸，回；成功。奔，運動。❿月虧盈　月亮在每月陰曆十五日月圓，其他日不圓，初八日為上弦，二十三日為下弦。⓫應精神之衰旺　以人身與月亮相互感應，天人合一，喻人的精神狀態的旺盛和衰退。⓬日出沒　太陽的升起和落下。⓭合榮衛之寒溫　人身榮氣和衛氣的變化。榮，榮氣，與血共行脈中，具有營養周身的作用。衛，衛氣，行脈外，有捍衛軀體的作用。

【語　譯】否卦和泰卦是乾坤兩卦重卦的顛倒，它們相交即是陽升陰降。在內煉中是任脈和督脈循環，泰卦表示進陽火，否卦表示退陰符。屯卦和蒙卦是上坎下震、坎下艮上，其中陰陽的變化也如朝夕，也似進火退火。坎卦為水，其中一陽為男。離卦為火，其中一陰為女。震卦為龍，在後天八卦中位東方，為魂。兌卦為虎，在後天八卦中位西方，為魄。只要恪守中央戊己土，以之引導坎離或震兌相交，丹功一定可以告成。如果窮高極傲，是貴而無位，高而無民，正如丹功中不宜進火的時候。既濟未濟兩卦表示萬物終結和重新開始變化，恰如丹功中火候的開始和完成。而復卦姤卦是一陽或一陰初生，復卦喻丹功進陽火之始，姤卦喻丹功退陰符之始。月亮的盈虧與人身感應，它的變化猶似人的精神狀態的旺盛和衰退。而太陽的升起和落下也像人身榮氣和衛氣的變化一樣。

【說　明】榮衛，即榮氣和衛氣。榮氣行脈中，具有營養周身的作用。《素問・痹論》：「榮者，水穀之精氣也。和調於五臟，灑陳於六腑，乃能入於脈也。故循脈上下，貫五臟、絡六腑也。」衛氣行脈外，具有捍衛軀體的功能。《素問・痹論》：「衛者，水穀之悍氣也。」《靈樞・本臟》云：「衛氣者，所以溫分肉，充皮膚，肥腠理，司開闔者也。……衛氣和則分肉解利，皮膚洞柔，腠理至密矣。」

本立言以明象❶，既得象以忘言❷。猶設象以指意❸，悟其意則象捐❹，達者❺惟簡惟易，迷者愈惑愈繁。故之❻修真之士，讀《參同契》者，不在乎泥象執文❼。

【章　旨】告誡切勿執文泥象，應該由象省悟丹法。

【注　釋】❶本立言以明象　謂借助易象爻辭說明丹道。象，《易》之卦象爻象。《周易・繫辭》云：「聖人有以見天下之賾，而擬諸其形容，象其物宜，是故謂之象。」❷既得象以忘言　謂可以據卦爻象了知丹道中的比喻之意，知道真實意義後即可丟掉名詞概念。❸猶設象以指意　謂設定卦爻象指明丹道真實涵義。❹悟其意則

象捐　謂藉卦爻象明瞭丹法，知道丹法即可忘掉卦爻象。象捐，《悟真篇注疏》作「真意」。《悟真篇注釋》作「皆捐」。❺者　指示代名詞，可譯為「……的人」。❻故之　應作「故知」。❼泥象執文　拘泥於卦爻象，執著於文字概念。

【語譯】本來是借助易象爻辭說明丹道。人們可以根據卦爻象了知丹道中比喻的含義，知道真實意義後即可放棄名詞概念。如果設定卦爻象指明丹道的涵義，知道了丹法即可忘掉卦爻象。知道這些道理的人覺得這很簡單又很容易，癡迷的人卻越迷惑越覺得繁雜。因此，專心修道的上士，讀《周易參同契》的人，不要拘泥於卦爻象，執著於文字概念。

【說明】孟子說：「盡信書，則不如無書。」（《孟子・盡心下》）莊周和王弼都精闢地論述了言意問題。與王弼相左，裴頠提出了言盡意論。佛教大乘空宗也不乏論及名詞概念的作用和意義的，如僧肇就認為「萬物非真，假號久矣」（〈不真空論〉）。

贈白龍洞劉道人❶歌❷

玉走金飛兩曜❸忙，始聞花發又秋霜。徒誇籛壽❹千來歲，也似雲中一電光。一電光，何太速？百年都來三萬日❺。其間寒暑互煎熬，不覺童顏暗中失。縱有兒孫滿眼前，卻成恩愛轉牽纏。及乎精竭身枯朽，誰解教君暫駐延？暫駐延，既無計，不免將身歸逝水。但看古往聖賢人，幾箇解留身在世？

【章　旨】敘說人生短促。

【注　釋】❶白龍洞劉道人　《歷世真仙體道通鑑・張用成傳》：「（張伯端）後傳弟子白龍洞道人名奉真，即建康府劉斗子也。」❷歌　此為漁鼓調。❸玉走金飛兩曜　月亮太陽急馳運行。玉，玉兔，即月亮。金，金烏，即太陽。兩曜，日和月。❹籛壽　指殷商人彭祖，籛姓。❺百年都來三萬日　一年三百六十五日，計其整數，百年為三萬日。

【語　譯】太陽和月亮在急馳運行，剛開始聞到春天花開的芳香，轉眼間又見到了秋天的冷霜。白白地誇獎彭祖活了一千來歲，也好像雲彩中的閃電一樣。一個閃電，何其迅速？一百年也只有三萬天。其中寒來暑往，相互變換，折磨著身體，不知不覺就沒有了孩童時的容顏。縱然有兒孫在自己面前，卻是恩愛之中又有牽掛糾纏。等到精神枯竭，身體朽了，哪一個人可以解脫，教你暫時停留，延長壽命呢？暫時停留，延長壽命既然無計可施，不免將身體拋棄。這就好像流水一樣，任其流淌。但是，看看古往今來的聖賢，有幾個從死亡中解脫出來，留在人世？

【說　明】人們嘆息生命的短促。道教學者提出了多種長生的理論，諸如「實精以生」，「失精以死」，要求男子閉精勿洩，「還精補腦」。或謂「人能養神則不死」（《老子河上公章句成象》第六）、「假求於外物以自堅固」（葛洪）等等。

身在世，也有方，只為時人沒度量。竟向山中尋草木，伏鉛制汞❶點丹陽❷。

【章　旨】敘外丹之弊。

【注　釋】❶伏鉛制汞　以鉛制汞。鉛重汞輕，以鉛制之，不使汞飛揚。❷丹陽　金丹。

【語　譯】如果想延年益壽，把身體留在人世也有辦法。只是世上的人沒有測度計量，竟然向山中尋找草木，用礦物質的鉛和汞去煉金丹。

【說　明】若沒有外界的特別因素，據醫學估計，人的生理生命均可在一百二十歲以上。

點丹陽，事迥別，須向坎中求赤血❶。捉來離位制陰精❷，配合調和有時節❸。時節正❹，用媒人❺，金公姹女❻結親姻。金公偏好騎白虎❼，姹女常駕赤龍❽身。虎來靜坐秋山裡❾，龍向潭中奮身起。兩獸❿相逢戰一場，波浪奔騰如鼎沸。黃婆⓫丁老⓬助威靈，撼動乾坤走神鬼⓭。

【章　旨】呈敘內丹之取坎填離，龍虎交媾。

【注　釋】❶坎中求赤血　在坎卦中取其陽爻。坎，坎卦☵。赤血，卦中陽爻。《周易・說卦傳》云：「坎為水，為溝瀆，為隱伏，為矯輮，為弓輪。其於人也為加憂，為心病，為耳痛，為血卦，為赤。」❷捉來離位制陰精　即取坎中之陽填離中之陰。離，離卦☲。制，拑制。陰精，即離卦中陰爻。❸配合調和有時節　調陰陽調和適宜於季節變化，比喻進陽火退陰符與節令相符。❹時節正　謂冬至復卦䷗進陽火，夏至姤卦䷫退陰符。❺媒人　即中央戊己土。❻金公姹女　指坎離相交。金公，先天八卦之坎卦，為中男，居西方，為庚辛金。姹女，先天八卦中之離卦，為中女，居東方，為甲乙木。❼白虎　西方為白虎。❽赤龍　東方為青龍。女子月經為赤龍。離卦為中女，居東方，故說駕赤龍，一語雙關之義。❾秋山裡　秋季山中。西方為秋，東方為春，故說白虎在西方為靜坐秋山裡。❿兩獸　指龍虎，借喻坎離（鉛汞）。⓫黃婆　即中央戊己土。⓬丁老　代號丙丁火，丙為武火，丁為文火。丁老指文火。⓭乾坤走神鬼　從後天八卦還返至先天八卦。乾坤，乾卦☰和坤卦☷。神鬼，變化不見蹤跡；難以預測。《周易・繫辭》云：「精氣為物，遊魂為變，是故知鬼神之情狀。」「……此所以成變化而行鬼神也。」「陰陽不測之謂神。」

【語　譯】煉金丹有內丹、外丹的區別。煉內丹必須求取坎卦中的一陽，用它來填充離卦中的陰爻，做到坎離相交。但是，這裡的陰陽變化——進陽火，退陰符，是與自然界節令相一致的。在內煉中，只要冬至時，與復卦相應，進陽火，夏至時，與姤卦相應，退陰符。以中央土為媒介，促使居於西方的庚辛金，與位於東方的甲乙木相互結合。因為坎卦中一陽為金公，在四象中的西方白虎之位，有騎白虎之象。離卦中一陰為美妙的少女，在四象中的東方青龍之位。因為少女月經為赤龍。此少女在東方似為赤龍的身軀。因為後天八卦中西方為兌卦，為秋，所以說白虎在西方是在秋天的山裡。後天八卦中東方為震卦，為春，龍之習性是喜水，所以說龍在潭中奮身而起。龍虎相逢發生劇烈爭鬥，其中波浪洶湧，與內丹燒煉時丹田裡滾沸的丹藥一樣。如上內煉的變化，都是真意和火威猛靈性的作用，這才使後天八卦還返至先天八卦，出現變化不見蹤跡的狀況。

【說　明】一，鬼神。由原始宗教轉化而來的哲學概念。它除了作為宗教崇拜對象和靈魂、精神等基本涵義外，還受到不同歷史時期、不同哲學家思想的影響而增添新的內容。《管子・內業》云：「凡物之精，比則為生，下生五穀，上為列星，流於天地之間，謂之鬼神。」《周易・繫辭》云：「精氣為物，遊魂為變，是故知鬼神之情狀。」（見〈中國哲學簡史主要範疇概念簡釋〉「鬼神」條）。

二，先天卦與後天卦。見卷中第十七首的說明。

須臾❶戰罷雲雨❷收，種箇玄珠❸在泥底❹。從此根芽漸長成，隨時灌溉抱真精❺。十月脫胎❻吞入口，不覺凡身已有靈❼。

【章　旨】說明金丹對人體的作用。

【注　釋】❶須臾　頃刻。❷雲雨　指震卦和坎卦。震為雷，應為雲。坎為水，即是雨。❸玄珠　金丹。❹泥底　上丹田。❺真精　大丹；精氣。❻十月脫胎　比喻金丹成熟。❼凡身已有靈　一般人的身體已有了奇妙的變化。

【語　譯】龍虎的爭鬥頃刻作罷，雲雨隨即收斂。元精和元神在丹田裡凝結。丹母像小芽一樣漸漸成長，文火武火如水流灌溉幼芽一樣溫養著大丹。經過進陽火，退陰符的煉丹過程，大丹在丹田成熟。如果把它吞入口中，一般人的身體在不知不覺中就會有奇妙的變化。

【說　明】「假求外物以自堅固」。葛洪的《抱朴子・內篇・金丹》云：「夫五穀猶能活人，人得之則生，人絕之則死，又況於上品之神藥，其益人豈不萬倍於五穀耶？夫金丹之為物，燒之愈久，變化愈妙。黃金入火，百煉不消，埋之畢天不朽，服此二物，煉人身體，故能令人不老不死。此蓋假求外物以自堅固，有如脂之養火而不可滅。銅青塗腳，入水不腐，此是借銅之勁，以扞其肉也。金丹入身中，沾洽榮衛，非但銅青之外傅矣。」這種觀點把自然物與人這樣兩種本質根本不同的物質混淆在一起，把物質的物理、化學性質和人的生理、生命現象等同；這是極不科學的。但是，這種觀點反映了先輩們對長生的追求，涉及到內因與外因的關係，在理論與實踐上促進了中國古代化學和藥物學的發展。

此箇事❶，世間稀，不是等閒人得知，夙世❷若無仙骨分，容易如何得遇之❸？得遇之，宜便煉，都緣光景急如箭。要取魚時須結罾❹，莫只臨川空嘆羨。聞君知藥❺已多年，何不收心煉汞鉛❻？休教燭被風吹滅，六道輪迴❼莫怨天。

【章　旨】告誡人們及時煉丹，不要錯過時機。

【注　釋】❶此箇事　指內丹煉製。❷夙世　已經過去的時代。❸之　指示代詞，指煉丹。❹罾　魚網。❺藥　丹藥。❻汞鉛　即離火坎水。❼六道輪迴　即佛教所說眾生輪迴轉生的地獄、餓鬼、畜生、人、天、阿修羅。

【語　譯】內丹煉製的事情在世上很稀少，非等閑之輩能夠得知。在過去如果沒有仙風道骨的緣分，怎麼容易得到內丹煉製的機遇？有了煉丹的機遇，適宜即便採藥煉製，原因是光陰如箭，失了的機遇不會再來。做事要先有準備，如捕魚要有魚網，不要等到身臨深潭，想捕魚卻無魚網而嘆息。聽說你已經知道丹藥多年了，怎麼不排除雜念，一心一意去煉汞和鉛呢？不要等到風燭殘年，身體衰枯了才去煉丹，到了眾生輪迴轉生的地獄、餓鬼、畜生、人、天、阿修羅的時候，又埋怨上天沒有給你煉丹以求長壽的機會。

【說　明】在〈自序〉中，張伯端認為修煉有兩種：一是易迂而難成的，二是難迂而易成的。後一種即為內丹。

近來世上人多詐，盡著布衣❶稱道者❷。問他金木❸是何般，噤口不言如害啞。卻云伏氣與休糧❹，別有門庭❺道路長。看不見，〈破迷歌〉❻裡說，太一❼全真法❽最良。莫怪言辭多狂劣，只教時人難鑑別。惟君心與我心同，方敢傾懷向君說。

【章　旨】斥責旁門外道，望人們同心內煉。

【注　釋】❶布衣　棉布衣服；庶人；一般人。《史記・李斯列傳》云：「夫斯乃上蔡布衣，閭巷之黔首。」❷道者　有道的人；道士。❸金木　五行中的金和木，借喻龍虎和坎離。❹伏氣與休糧　呼吸鍛鍊和辟穀。❺別有門庭　在丹道之外另有旁門邪道。❻破迷歌　《道藏・洞真部》之〈破迷正道歌〉，乃鍾離權著，主張「聚則為形散為氣，返本還原太虛同」。❼太一　即太乙，太極。❽全真法　或作「含真法」。全真法乃指神氣合於混沌未分之本真。

【語　譯】近來世上的人多半狡詐，都穿著普通人的衣服，卻說自己是有道的人。問他金和木是何物？他閉口不言像啞巴。卻講什麼呼吸鍛鍊和辟穀，在丹道之外另有旁門邪道的長遠路途可行。他們看不見〈破迷歌〉裡講的道理：神氣合於混沌未分的本真——太極，是最好的。切莫責怪這些人的言辭多麼虛狂拙劣，只是教現實生活中的人很難識別。惟有你的心與我的心一致，才敢於敞開胸懷向你敘說。

【說　明】一，隱士。一般是有才學、不出世的士人，或對朝廷不滿而隱居的人。《論語・微子》中楚狂接輿應是隱士中的一種。

二，棉布在元代之後才有。棉花由黃道婆引入，在此之前，中國人不種棉花，人們穿絲、麻織物。

石橋歌

吾家❶本住石橋北❷，山鎮水關❸森古木❹。橋下澗水❺徹昆侖❻，山下飲泉❼香馥郁。吾居❽山內實堪誇，遍地均栽不謝花❾。山北穴中藏猛虎❿，出穴哮吼生風霞。山南潭底藏蛟龍⓫，騰雲降雨山濛濛。二獸相逢鬥一場⓬，玄珠⓭隱伏是真祥。

【章　旨】敘說龍虎交會乃內煉主旨。

【注　釋】❶吾家　我家，借喻指人身或人身煉功重點。❷石橋北　即會陰穴。石橋，指陰蹻脈。在《丹經》中有上鵲橋、下鵲橋，一般乃指丹藥發生，或過渡或停留的地方。《張紫陽八脈經》曰：「陰蹻脈在尾閭前陰囊下，陽蹻脈在尾閭後二節。……八脈者，先天大道之根，一氣之祖。采之惟在陰蹻為先，此脈才動，諸脈皆通。此脈上通泥丸，下透涌泉，倘能知此，則天門常開，地戶永閉，尻脈周流於一身，貫通上下，和氣自然上朝，陽長陰消，得之者身體輕健，由衰返壯，昏昏默默，如醉如癡，此其驗也。」《內經・靈樞・脈度》：「蹻脈者，少陰之別，起於然骨之後。上內踝之上，直上循陰股，入陰，上循胸裡，入缺盆，上出人迎之前，入頄，屬目內眥，合於太陽，陽蹻而上行。」❸山鎮水關　指人體背部有尾閭、夾脊、玉枕三關，打通以後，陰蹻上通泥丸，下通湧泉，藥可流通全身。山，即指艮卦；背。鎮，壓制，指三關不通。關，指尾閭、夾脊、玉枕三關。

❹森古木　人身背部即東方甲乙木，故以森木為喻。❺橋下澗水　陰蹻腎水。橋下，指陰蹻。澗水，即腎水。❻昆侖　頭頂泥丸。❼山下飲泉　指陰蹻脈通透湧泉。飲泉，或作「有泉」，指湧泉。❽吾居　元神駐地。❾不謝花　三十六宮都是春。❿山北穴中藏猛虎　背的下部腎位是坎宮。虎應在西方，但從後天八卦來說，坎宮在北，坎即腎。山北，即背的下部腎位。⓫山南潭底藏蛟龍　人身上部心位是離宮。山南，人身上部心位。因人身上南下北，南方為離。龍應在東，但從後天八卦來講，離宮在南，與先天八卦離在東不同，故稱山南有蛟龍，在離宮。⓬二獸相逢鬥一場　即取坎填離。二獸，即龍虎；坎離。⓭玄珠　指金丹。

【語　譯】因為人身是上南下北，煉功的重點是會陰穴。在人體背部，有尾閭、夾脊、玉枕三關，打通之後，陰蹻上通泥丸，下通湧泉，丹藥即可流通全身。《周易》中艮卦為山，指人身背部，乃東方甲乙木之位，故以森古木為喻。內煉之中，陰蹻腎水經三關上升通達泥丸，拘制元神下降，在陰蹻通透湧泉時已是芳香遍體。元神在背部著實應該誇獎，由於它與元精相交，三十六宮都已是春天來臨一樣。原來，會陰穴中藏著元精，牠上升時發出了哮吼，伴隨著風聲。泥丸穴中也隱藏著元神，牠下降時騰雲駕霧，伴隨有濛濛細雨繚繞山巒。龍虎交媾，坎離會合，金丹即在不見蹤跡中呈現著吉祥。

【說　明】一，南北方位問題。上南下北之說已見於平山戰國中山王墓出土的「兆域圖」，以及馬王堆漢墓帛書中的《陰陽五行》和「禹藏圖」等。

二，三十六宮。即乾一兌二離三震四巽五坎六艮七坤八。邵雍曾說：「乾遇巽時觀月窟，地逢雷處看天根，天根月窟閑來往，三十六宮都是春。愚謂月窟在上，天根在下，往來乎月窟天根之間者心也。何謂三十六宮？乾一兌二離三震四巽五坎六艮七坤八是也。三十六宮都是春，謂和氣周流乎一身也。如此則三十六宮不在紙上，而在吾身中矣。」（《伊川擊壤集》卷一六，《正統道藏》第三十九冊，第三一三四三頁）

景堪羨❶，吾暗喜，自斟自酌醺醺醉❷。醉彈一曲無弦琴❸，琴裡聲聲教仔細。可煞醉後沒人知❹，昏昏默默恰如癡。仰觀造化工夫妙，日還西出月東歸❺。

【章旨】感嘆金丹成就的景象。

【注釋】❶景堪羨　金丹成就的美景，真讓人羨慕。❷自斟自酌醺醺醉　喻金丹在身，如醇酒自飲自慰。❸無弦琴　火候恰當，人的精神諧和。〈呂公百字碑〉云：「靜聽無弦曲。」《太上日用經》曰：「無弦之曲，不言而自聲，不鼓而自鳴。」❹醉後沒人知　喻煉神還虛境界。❺日還西出月東歸　喻陰陽顛倒。日與月乃離坎之喻。

【語譯】金丹成就的美景，真讓人羨慕。我暗自歡喜：金丹在身，猶如醇酒自飲自慰，已有醺醺醉意。我趁著金丹的熏陶，恰當調節火候，精神感到十分諧和，仔細琢磨著武火文火如琴一樣的聲音，心裡有說不出的高興。可是，在醇酒醉後，就沒有人知道，像昏昏沉沉，一言不發的癡漢。再抬起頭看看內丹煉製的奇妙變化，真是陰陽顛倒——本來太陽出自東方，卻還自西出了。月亮本來西出，卻又自東出了。其實，這正是取坎填離的效果。

【說明】一，酒文化在中國很興盛，殷商時就已在王公貴族中成為時尚。二，琴是中國較古樂器之一，《禮記・樂記》中已有琴的記載。

天是地，地是天❶，反覆陰陽合自然❷。識得五行顛倒❸處，指日升霞歸洞天❹。黃金屋❺，白玉椽❻，玉女金童❼日侍前。南辰北斗❽分明布，森羅萬象❾現無邊。無晝夜❿，要綿綿，聚散抽添火候全⓫。若問金丹端的處⓬，尋師指破水中鉛⓭。木生火，金生水，水火須分前後隊⓮，要辨浮沉識主賓⓯，鉛銀砂汞⓰方交會。有剛柔，莫逸意，知足常足歸本位。萬神齊和太平年，恁時國富民歡喜。

【章旨】敘說金丹要旨是反覆陰陽、顛倒五行。

【注釋】❶天是地兩句　指乾坤顛倒、陰陽反覆。天，指乾卦，乾為陽。地，指坤卦，坤為陰。❷反覆陰陽合自然　謂陰陽交會才符合自然法則。例如，泰卦䷊是陰在上陽在下，意味著陰陽相交。否卦䷋是陽在上而陰在下，意味著陰陽不交。❸五行顛倒　即逆反五行。內煉是五行相剋才相生，所以五行顛倒。❹洞天　道教仙境。有十大洞天，三十六小洞天。其名見《雲笈七籤》。❺黃金屋　以黃金築的屋。描繪仙境富貴華麗。❻白玉椽　以白玉為椽。椽，固定在房梁上，用以支撐桷和瓦等的圓木。❼玉女金童　高貴華麗的少男少女。以上三句喻仙境之美。❽南辰北斗　指南方朱雀：井、鬼、柳、星、張、翼、軫七星和北方玄武：斗、牛、女、虛、危、室、壁。北斗，北斗星，共有七星，即天樞、天璇、天璣、天權、玉衡、開陽、搖光。❾森羅萬象　千變萬化的事物呈象。❿無晝夜　內煉不分白天和夜晚。⓫聚散抽添火候全　抽鉛添汞的關鍵是火候。元精元神的聚合，以及元精（鉛）逐漸減少，元神（汞）隨之增加，直至抽鉛填汞完成，關鍵是進陽火，退陰符。聚散，元精元神的聚合，包括煉精化氣，煉氣化神。抽添，抽鉛添汞。火候，煉丹時的進火和退火。⓬金丹端的處　煉金丹最正確的地方。⓭水中鉛　金生水，坎為水，為元精。⓮水火須分前後隊　腎水（鉛）上升，心火（汞）下降皆有分別。⓯辨浮沉識主賓　內煉要了知鉛（元精）易沉。見〈自序〉第四段❾❿。⓰鉛銀砂汞　鉛銀，喻元精。砂汞，喻元神。

【語　譯】乾即是坤，坤即是乾。只有乾坤顛倒，陰陽反覆，才合乎自然法則。如果認識到逆反五行——即五行相剋則相生的內丹煉製原則，立刻就可以彩登仙界，住進以黃金建造，白玉為椽的殿堂，由高貴華麗的少男少女在左右侍候，清清楚楚看見南方的井、鬼、柳、星、張、翼、軫，以及北方的斗、牛、女、虛、危、室、壁等等無窮無盡的千變萬化現象。內煉中沒有白天夜晚的分別，往往連綿不斷。元精元神的聚合，以及元精逐漸減少，元神隨之增加，直至抽鉛添汞完成，其中關鍵是進陽火，退陰符。假如詢問煉金丹最正確的地方，應該尋找名師，告訴你金生水，坎為水，為元精。五行中是木生火，金生水。內煉卻需分清腎水上升，心火下降的不同。同時，要辨明鉛易沉，汞輕浮；卯、酉界隔，互為主賓，以及元精元神交合的道理。陰陽有剛有柔，進陽火，退陰符時，切忌大意失去良機。只有知道滿足，經常充盈，才是自然之道。到時，千萬神仙也能一齊恭賀太平年的到來，如是即能國家富強，人民歡樂。

【說明】道教仙境既幽靜又華麗，《老君音誦戒經》等曾有描繪。

此箇事❶，好推理，同道之人知此義❷。後來一輩學修行，只說存養❸并存氣❹。在眼前，甚容易，得服之人妙難比。先且去病更延年，用火烹煎變陽體❺。學道人，去思己，休問旁門小法制。只知目下嚇得人，不覺自身暗憔悴。勸後學，須猛執，莫從拋家住他地。妙道不離自家身❻，豈在千山并萬水❼。莫因循，自貧鄙，火急尋師覓玄指❽。在生若不學修行，未必來生甚胎裡。既有心，要終始，人生大事惟生死。皇天若負道心人，令我三塗為下鬼❾。

【章旨】讚金丹之妙，破旁門邪術之非。

【注釋】❶此箇事　即指內煉金丹。❷同道之人知此義　志同道合的人知道金丹大要。❸存養　指房事、辟穀之類的養生方法。❹存氣　呼吸鍛鍊法。❺變陽體　盡去諸陰，變成全陽，既取坎填離，以後天八卦還返先天八卦。❻妙道不離自家身　謂延年益壽的最好辦法是內煉自身的精氣神而成金丹。❼豈在千山并萬水　難道長壽的辦法是在山林僻靜的地方煉外丹嗎?當然不是。❽玄指　陳摶有《指玄篇》。❾三塗為下鬼　死後在火燒、畜生互相蠶食，以及刀劍逼迫的地方生活。三塗，指火塗、血塗、刀塗。

【語　譯】內煉金丹的事，人們愛好推理，志同道合的人知道其中的涵義。後來的一輩人學習修道，就只講房事、辟穀和呼吸鍛鍊法。內煉金丹就在眼前，操作不難，服食的人會產生非常奇妙的變化——首先是祛病和延年益壽，用武火文火內煉丹藥，使身體盡去諸陰，變成全陽。有心學習丹道的人，要善於思己煉心，不要去過問旁門邪術。因為這些旁門邪術只知道眼下哄騙人，使自己的身體在不知不覺中暗暗枯憔。我奉勸後來學道的人，必須執著於內煉金丹，不要拋棄自己的精、氣、神，到其他地方去尋找修道的方法。奇妙的修道辦法不會離開你自己的身體，難道延年益壽的辦法是在山林僻靜的地方煉外丹嗎?當然不是。不要因循守舊，不要自視貧窮，鄙視自己，一定要立即尋找名師，閱讀陳摶的《指玄篇》。在今生今世如果不學道修行，未必來生投胎做人就能去做。既然有心學道，一定要善始善終。因為人生的大事惟有生和死。老天爺如果辜負學道的人的決心，則勒令我死後在火塗、血塗、刀塗中受苦。

【說　明】陳摶的《指玄篇》，見《正統道藏》第八函，夏宗禹《悟真篇講義》及《性命圭旨》有摘引。其內容基本上講內丹。

拾遺

一 性地頌

佛性❶非同異，千燈共一光❷。增之寧解溢，減著且無傷。取舍俱為❸過，焚漂❹總不妨。見聞知覺❺法，無一可猜量❻。

【章旨】敘說佛性雖遇境萬殊，卻始終如一。

【注釋】❶佛性　佛之本性，即真如心。即一切眾生皆有覺悟的本性。❷千燈共一光　如千燈照耀，無非一光。❸為　或作「無」。❹焚漂　火焚水漂。❺見聞知覺　指眼識、耳識、鼻識、舌識、身識、意識六識。❻無一可猜量　謂一無所有，惟空而已。

【語　譯】一切眾生皆有覺悟成佛的本性，這是不同也不異的，正如千燈照耀，無非都是一光一樣。增加一些寧可失放，減少了也沒有傷害。索取或放棄都沒有錯誤，火焚和水漂都無妨。用眼睛看，用耳朵聽，用鼻子嗅，用舌頭嚐，用身軀去體驗，用意識去思考，沒有一種方法可以猜測和度量它。

【說　明】中國佛教的佛性說。鑑於魏晉時大乘般若學盛行，其萬物皆空的思想否定一切現象之自性實有，但佛果由誰承受？修行何用？有沒有聖人存在？「空」由誰知？這些問題在當時都是懸念。大秦姚興首先對「空」的問題有疑惑，僧肇著《涅槃無知論》對其作了回答。其後，竺道生（西元三五五～四三三年）提出了什麼人有佛性的問題。他認為善根斷盡的一闡提人亦可成佛，人人皆有佛性。由此，佛性問題成為爭論的焦點。或說成佛之後才有佛性，即「始有」。或說佛性與生俱來，先天就有，即「本有」。《大乘起信論》改變了印度原始佛教「心性本淨，客塵所染」的說法，認為「心性本覺，志念所蔽」。堅持人人皆有佛性的觀點，將「本有」與「始有」統一起來。隋唐時，有的佛教派別甚至提出萬物皆有佛性，把非生命的物類也包括進去。禪宗六祖慧能提出了「本性自有般若之智」的佛性論，認為「人性本淨，為妄念故，蓋覆真如，離妄念，本性淨」，「萬法盡是自性」，「般若之智，亦無大小，為一切眾生，自有迷心，外修覓佛，未悟本性，即是小根人」（《六祖壇經》），就是說佛性人人有，差別在於迷與悟。

二

如何❶妙體❷遍河沙，萬象森羅❸無障遮。會得圓通❹真法眼❺，始知三界❻是吾家❼。

【章旨】盛讚真空之性。

【注釋】❶如何 或作「如來」。❷妙體 指真空不空。❸萬象森羅 虛幻的現象。❹圓通 無頭無尾，無背無面，無前無後，無上無下，無內無外，又無處不在，無時不顯現。❺法眼 菩薩為了普渡眾生照見所有法門的智慧。❻三界 指凡夫俗子生死往來的欲界、色界、無色界。❼吾家 見外篇〈石橋歌〉第一段❶。

【語譯】如來真空不空，卻遍布在宇宙之中，甚至小小的河沙也有它。世界上一切虛幻的現象沒有障礙遮蓋，到處都是。真是得到了無處不在，無時不顯現，而又能普渡眾生，照見所有法門的智慧。這樣一來，就開始知道欲界、色界、無色界，原來都在自己本身之中。

【說明】第一，宇宙全息統一思想。這種思想認為，在宇宙之中，作為各個具體事物的每一部分和宇宙整體在信息上是互相對應的，這些部分中包含著整體的全部信息。佛教華嚴宗的「一即一切，一切即一」，以及儒家、道教中的風水學說已經蘊含著這種思想。

第二，中國佛教分空、有、性、相各宗。其中空宗如三論宗、有宗之中的相宗即唯識宗（又名慈恩宗），主張「萬法唯識」、「心外無法」。有宗之中的性宗包括天台宗、華嚴宗（賢首宗）、禪宗。禪宗倡導「心生種種法生，心滅種種法滅」。總的來說，空宗持性空緣起論，相宗持阿賴耶（識）緣起論，性宗持真如緣起論。（真如即宇宙之心，必然性精神本體。）

三

視之不可見其形❶，及至呼之又卻應。莫道此聲如谷響❷，若還無谷有何聲？

【章旨】敘說不要執於有，也不要執於空，而要空無所空，自亦無空，大解大脫。

【注釋】❶視之不可見其形　即自性是空。❷谷響　山谷中回響。

【語譯】用眼睛看它見不著形狀，等到呼喚時卻又能答應。不要說這聲音如像山谷的回響，若是沒有山谷，哪有聲音？

【說明】道教的重玄理論。最早提出重玄定義的是隋道士劉進喜造的《本際經》。該書卷八云：「何謂重玄？太極真人曰：正觀之人，前空諸有，於有無著。次遣於空，空心亦盡，乃曰兼忘。而有既遣，遣空有故，心未純淨，有對治故。所言玄者，四方無著，乃盡玄義。如是行者，於空於有，無所滯著，名之為玄。又遣此玄，都無所得，故名重玄眾妙之門。」其實，重玄就是破除對外物的滯著與心靈的明淨。

四

一物含聞見覺知❶，蓋諸塵埃❷顯其機❸。靈常一物尚非有，四者❹

憑何作所依？

【章　旨】告誡人們拋卻常有，認識事物皆是本性虛幻。

【注　釋】❶聞見覺知　見拾遺〈性地頌〉之一❺。❷塵埃　空中細小的物質；沙粒微塵。《莊子・逍遙遊》云：「諧之言曰：鵬之徙於南冥也，水擊三千里，扶搖而上者九萬里，去以六月息者也。野馬也，塵埃也，生物之以息相吹也。」❸機　關鍵。《陰符經》：「心生於物，死於物，機在目。」❹四者　指聞見覺知。

【語　譯】一種事物的存在全憑自己的感覺，沙粒微塵也好像展示它的存在。心靈中經常有的事物其實是沒有，聞、見、覺、知拿什麼作依據呢？因為事物本來是自性空的。

【說　明】存在決定意識還是意識決定存在？這是古今中外各持己見的重大哲學問題。國外的馬赫主義者堅持存在就是被感知，中國的王陽明也說：「心之所在便是物。」（《傳習錄》）

五

不移一步到西天❶，端坐❷諸方在目前。項後有光猶是幻，雲生足
下未為仙❸。

【章　旨】反對執有無之象，斥責參禪打坐之客弄虛作假。

【注釋】❶西天　喻理想境界。❷端坐　參禪打坐。❸仙　仙人；佛。

【語譯】一步都不走動就到了理想的世界。參禪打坐的時候，四面八方都在眼前。說是頸後有光彩，其實也是虛幻的感覺。似乎雲彩在腳下繚繞，也沒有成就為佛。

【說明】心即是佛。《般若三昧經》即明確提出自心是佛。它說：「心作佛，心自見，心是佛心，佛心是我身。心見佛，心不自知心，心不自見心，心有想為痴心，無想是涅槃。」在《悟真性空直指》中，張伯端也說：「佛即心兮心即佛，心佛從來皆妄物。若知無佛復無心，始是真如法身佛。」

六

求生本自無生❶，畏滅何曾暫滅？眼見❷不如耳見❸，口說❹爭如鼻說❺。

【章旨】敘說如來無生無滅本性。

【注釋】❶無生　佛性無生無滅；萬物自性空。❷眼見　喻有生有滅之性。❸耳見　喻無生無滅之性。❹口說　同❷。❺鼻說　同❸。

【語譯】說是求生，其實事物本來就無所謂生。人們畏懼人和事物消亡，其實人和事物又何曾暫時消亡過？眼睛看見不如耳朵聽見，口說怎似鼻子在說。這就是說，有生有滅之性的認識，不如無生無滅之性的認識。

【說　明】「八不」思想。《中論・觀因緣品第一》云：「不生亦不滅，不常亦不斷。不一亦不異，不來亦不去。」

無罪福

終日行不曾行，終日坐何曾坐❶？修善不成功德，造惡元無罪過。

時人若未明心❷，莫執比言❸亂做。死後須見閻王❹，難免鑊湯❺碓❻磨。

【章　旨】告誡人們去妄心，存真心。

【注　釋】❶終日行不曾行二句　謂只要沒有妄心，終日坐行也一無所知。❷明心　真心萌發。❸比言　或作「此言」。❹閻王　管制和處罰死後之人的高官。❺鑊湯　鐵鍋煮沸的水。❻碓　石臼。

【語　譯】整天行走，其實不曾行走。整天靜坐，其實哪曾靜坐？就是說，只要沒有妄心，終日坐行也一無所知。修善、作惡也是一樣，只要去妄心，存真心即可。所以，所謂修善不是成就什麼功德，所謂作惡，原來就沒有什麼罪過。現在的人如果沒有萌發真心，不要執著以上的話隨便去做。人死了以後必須去見閻王，免不了遭受鐵鍋煮和石臼研磨的痛苦。

【說　明】張伯端的「真心」「妄心」說。張伯端所說的「真心」即是「忠恕慈恤恭敬謹」。他所說的「妄心」即是「喜怒哀樂各等」。在他看來，凡是煉丹，都要以事煉心，但一定要心不留事，如鏡照物，「事去而心自心也。」而且要「形心兩忘」，覓著真心而又忘卻。在整個煉丹過程中，「不可泥於無心，使其自浮自沉，亦不可泥於有心，而驅馳逐火。」他這種有無雙遣的思維方式，以及他主張忘卻「真心」的主張，都受佛教大乘空宗的影響。

三界惟心

三界❶惟心妙理，萬物非此非彼❷。無一物非我心❸，無一物是我己❹。

【章　旨】告誡人們不著於空，不著於色。

【注　釋】❶三界　欲界、色界、無色界。❷萬物非此非彼　萬物非有非無，悉歸於空。❸無一物非我心　萬物皆因心生。即不著於空。❹無一物是我己　沒有一物屬於我。即不著於色。

【語　譯】欲界、色界、無色界，都只是心裡的維妙道理。世界萬物既不是有，也不是無，都是自性空的。沒有一種事物不是從我心中產生。沒有任何一種事物屬於我。

【說　明】大乘空宗的中道思想。這種思想不執著於有無，但是也不否認諸法的假名。如說：「眾因緣生法，我說即是空。亦為是假名，亦是中道義。」

見物便見心

見物便見心，無物心不現❶。十心通塞❷中，真心❸無不便❹。若生知識解，卻成顛倒見❺。睹境❻能無心，始見菩提❼面。

【章　旨】敘說人心與真心之別，要求人們睹境無心。

【注　釋】❶見物便見心二句　心生萬物，心因物現。此兩句說明有惑取之知——有識有知的人之心。❷十心通塞　任何地方。❸真心　無一般人的知識之心。指離於物我，不著於空，不著於色，具有聖智的人。❹便　或作「遍」。❺若生知識解二句　謂知而無知，無知而知。按照佛教空宗的觀點，萬物無生無滅，聖人不著於物我，不著於空色，沒有一般人的認識，只有佛教的最高智慧——般若，一般人看來有知識，因其著於物我之相，故有知亦無知。因此，般若與一般的知識是完全顛倒的。❻境　心所攀援的外物。❼菩提　修持大乘六度，悟得佛法，普渡眾生，能成就佛果的修行者。

【語　譯】心生萬物，心因物現。在任何的時間空間裡面，具有脫離了物我，不著於空，不著於色的聖人般的智慧到處都有。如果像一般人那樣，看見虛偽的事物就著相，似乎有知識，其實是無知識。佛教的最高智慧——般若，一般人看來是無知識，其實是有知識。如果看見心所攀援的外物不動心，不著相，也就開始看見菩薩，修得正果了。

【說　明】聖智和惑智。佛教所說的「聖智」，即是聖人（佛菩薩）的智慧認識，也叫般若。「惑智」是指凡夫對形形色色的世界萬物的認識。僧肇說：「聖智之無者，無知；惑智之無者，知無。其無雖同，所以無者異也。何者？夫聖人虛靜，無知可無，可曰無知，非謂知無。惑智有知，故有知可無，可謂知無，非曰無知也，無知即般若之無也，知無即真諦之無也。」（〈般若無知論〉）

圓通

見了真空空不空❶，圓明何處不圓通❷？根塵心法都無物❸，妙用方知與佛❹同。

【章　旨】讚真空之性圓通無礙。

【注　釋】❶真空空不空　萬物自性皆空，虛假無物。❷圓通　無處沒有光輝，無物能瞞。❸根塵心法都無物　萬物非物，都因心生。根，六根，眼耳鼻舌身意。塵，六塵，色聲香味觸法。❹佛　或作「物」。

【語　譯】萬物自性皆空，虛偽無物。正如以心為鏡去照物，鑑照之時，無處沒有光輝，無物可以瞞過。原來，六根六塵所顯示的都不是物，都是因心而生的。從如此奇妙的效用中才知道這是與佛相同的。

【說明】性空幻有。這是大乘佛教思想的主旨。「性空」，即是佛教所說的一切法沒有實在的自性。但是，空並非虛無，法雖然自性空，假有的現象仍是有的。「幻有」的涵義有二：一是幻有並非無有，是相對於實有說其非實在的；二是幻有非憑空而現，它的產生是有條件（因緣）的。

隨他

萬境❶縱橫在目前，隨他動靜任譁讙❷。圓明❸定慧❹終無染❺，似
水出蓮蓮自乾。

【章旨】說明萬物真空自然，又不染於萬物。

【注釋】❶境　見拾遺〈見物便見心〉❻。❷隨他動靜任譁讙　萬物性空，自然妙有，遇物常應常靜，隨地而安。❸圓明　即妙有。❹定慧　即真空；佛教三學（戒、定、慧）中的內容。❺無染　謂不著物相。

【語譯】千千萬萬的物種千姿百態展現在眼前。但是，萬物性空，自然妙有，遇物常應常靜，隨地而安。奇妙的戒、定、慧對外物都不著相，猶似蓮出水中卻完全乾爽而不濕。

【說明】佛教三學。指佛教信徒修持的戒、定、慧。戒學，指戒律，防止身、口、意三不淨業。定學，指禪定，要求修持者一心觀悟佛理，泯滅情欲煩惱。慧學，指佛教的智慧，修持者斷除煩惱，達到解脫。

寶月

一輪明月當虛空❶，萬國清輝無障礙❷。收之不聚撥不開❸，前之不進後不退❹。彼非遠兮此非近❺，表非外兮裡非內❻。同中有異異中同❼，問你傀儡❽會不會？

【章　旨】讚如來真空之性光照一切。

【注　釋】❶一輪明月當虛空　如來真空，如明月普照大地。❷萬國清輝無障礙　萬國九州都受月光照耀，沒有任何東西可以遮掩。❸收之不聚撥不開　收攏不見光聚，撥落不見光開。❹前之不進後不退　前不見其光進，後不見其光退。❺彼非遠兮此非近　照彼不見遠，照此不見近。❻表非外兮裡非內　照表光非外，照裡光非內。❼同中有異異中同　雖然光照有異，而光卻相同。❽傀儡　木偶、皮影一樣的東西。

【語　譯】如來真空，猶明月普照大地。萬國九州都被月光照耀，沒有任何東西可以遮掩。收攏不見光聚，撥落不見光開。前進不見光進，後退不見光退。照其他地方不見遠，照此處不見近。照表面光非外，照裡面光非內。雖然光照有異，而光卻相同。試問你會不會木偶和皮影戲？與上面月照大地的道理一樣，都是一本萬殊殊歸同。

【說　明】「月印萬川」，朱熹「理一分殊」之理等亦可於〈寶月〉中見之。

心經頌

蘊諦根塵空色❶，都無一法❷堪言。顛倒之見❸已盡，寂靜之體❹修然。

【章　旨】說明空物空識，則心體寂靜。

【注　釋】❶蘊諦根塵空色　謂五蘊、四諦、六根、六塵寂滅。蘊，五蘊，指色受想行識。諦，四諦，指苦集滅道。根，六根，指眼耳鼻舌身意。塵，六塵，指色聲香味觸法。空，寂滅。色，事物的現象；著相。❷法　指一切物質現象和精神現象。❸顛倒之見　謂五蘊、四諦、六根、六塵空色，都是顛倒之見，為心所出之法。❹寂靜之體　即心體寂靜，自性本空。

【語　譯】色、受、想、行、識；苦、集、滅、道；眼、耳、鼻、舌、身、意；色、聲、香、味、觸、法等等都寂滅而不著相，其中任何一種物質的和精神的現象，都不可以用言語表白。因為以上講的五蘊、四諦、六根、六塵，都是與般若不同的一般人的認識，都是顛倒了的見解。消除了所有的顛倒之見，心體寂靜，自性本空就自然而然了。

【說　明】《心經》，即《般若波羅蜜多心經》。全文分經題「般若波羅蜜多心經」八個字；譯「唐三藏法師玄奘譯」八字；正文從「觀自菩薩」起，至「菩提娑婆訶」共二百六十字。這是六百卷《般若經》中最簡括切要、提綱挈領的了。

人我（又名齊物）

我不異人❶，人心自異。人有親疏，我無彼此。水陸飛行，等觀一體❷。貴賤尊卑，首足同己。我尚非我，何嘗有你？彼此俱無，眾泡❸歸水。

【章旨】宣揚人我俱忘，萬物皆空。

【注釋】❶我不異人　人我皆齊，沒有區別。《莊子・齊物論》云：「天地與我並生，而萬物與我為一。」

❷等觀一體　等量齊觀，皆是一體。《莊子・秋水》云：「河伯曰：『若物之外，若物之內，惡至而倪貴賤，何至而倪小大。』北海若曰：『以道觀之，物無貴賤。以物觀之，自貴而相賤。以俗觀之，貴賤不在己。以差觀之，因其所大而大之，則萬物莫不大，因其所小而小之，則萬物莫不小。知天地之為稊米也，知毫末之為丘山也，則差數等矣。以功觀之，因其所有而有之，則萬物莫不有，因其所無而無之，則萬物莫不無。知東西之相反，而不可以相無，則功分定矣。以趣觀之，因其所然而然之，則萬物莫不然，因其非而非之，則萬物莫不非。』」

❸眾泡　水沖擊時的水泡。

【語　譯】我與別人都一樣，沒有任何區別。如果說不同，那是各人心裡揣度出來的差異。人與人之間有親近或疏遠的不同，我卻沒有這樣去分彼此。水裡游的、陸地上行走的、天上飛翔著的那些動植物，如果等量齊觀，皆是一體。無論高貴，還是貧賤；尊貴，或是卑賤，猶如頭和腳都是自己的一樣，沒有什麼區別。假如我尚且不是我，怎麼會有您呢？彼和此都沒有了，猶如水上的水泡回歸水裡一樣。

【說　明】第一，〈齊物論〉，《莊子》篇名，宣揚齊一萬物和是非的觀點。但是，莊周並不是不承認事物的差異性，只是以同一性掩蓋了差異性而已。

第二，事物的差異性的根據在哪裡？主張物質第一性的人認為：其差異性的根據是事物本身的性質。主張精神第一性的人認為：其差異性的根據是人的主觀意識，如《大乘起信論》認為：「一切法皆因妄念而有差別。」

讀雪竇禪師❶祖英集

曹溪❷一水分千派，照古澄今無滯礙。近來學者不窮源，妄指蹄涔❸為大海。雪竇老師達真趣，大震雷音槌法鼓❹。獅王❺哮吼出窟來，百獸千邪皆恐懼。或歌詩兮或語句，叮嚀指引迷人路。言辭磊落義高深，擊玉敲金響千古。爭奈迷人逐境流，卻將言相尋名數❻。真如實相❼本無言，無下無高無有邊。非色非空非二體❽，十方塵剎❾一輪圓。正定❿何曾分語默，取不得兮捨不得。但於諸相⓫不留心，即是如來⓬真軌則。為除妄相將真對，妄若不生真亦晦。能知真妄⓭兩俱非，方得真心無罣礙⓮。無罣礙兮能自在，一悟頓消窮劫罪⓯。不施功力證菩提⓰，從此永離生死海。吾師道高言語暢，留在世間為榜樣。昨宵被我喚將來⓱，把鼻孔穿於杖上⓲。問他第一義⓳如何？卻道有言皆是謗。

【章　旨】告誡人們不留心諸相，真心妄心不生，則實相常存，永離生死。

【注　釋】❶雪竇禪師　即重顯。北宋禪宗僧人，生於西元九八〇年，卒於西元一〇五二年。俗姓李，字隱之，四川遂寧人。因乾興元年（西元一〇二二年）住明州（治所在今寧波）雪竇山資聖寺，後來即以「雪竇」為號。撰有《頌古百則》、《明覺禪師語錄》、《瀑泉集》、《祖英集》、《洞庭語錄》、《雪竇開堂錄》、《雪竇拈古集》、《雪竇後錄》等。❷曹溪　原本指韶州（今廣東韶關）曹溪寶林寺，因慧能於此弘揚「直指人心，見性成佛」的頓悟法門，而他又是禪宗的實際創始人，所以後世遂以曹溪指代慧能或禪宗。❸窪　很小的水坑。❹法鼓　禪林法器。法堂設兩鼓，東北角的鼓叫法鼓，西北角的鼓叫茶鼓。法鼓之用為佛說法誡眾進善。❺獅王　眾獅之王，喻雪竇禪師。❻卻將言相尋名數　把事物的相狀用名詞概念和數字表示出來。相，法相，指事物現象。名，名詞概念。數，數字。❼真如實相　佛性真實如常，不著相。真如，即佛性，真實如常的意思。實相，也指佛性。❽二體　指真諦與俗諦；體用。僧肇〈般若無知論〉云：「用即寂，寂即用，用寂體一，同出而異名。」❾塵剎　塵數的世界。塵，世俗。剎，梵語國土的意思。❿正定　八正道之一。即正確的禪定。⓫諸相　森羅萬象；有為法之相狀。⓬如來　梵語多陀阿伽陀的譯名。佛十號之一。如，即真如，即乘真如之道，從因來果而成正覺，乃真身如來。⓭真妄　真心與妄心。⓮罣礙　障礙。⓯劫罪　分別時節的罪業。劫，分別時節。劫有二，一為晝夜日月的數量；二為世界成壞所立的數量。⓰菩提　即覺。開悟真理。⓱喚將來　喚真如實相之性。⓲鼻孔穿於杖上　穿非色非空之心於拄杖。⓳第一義　佛性；真心。

【語　譯】六祖慧能在韶州曹溪寶林寺弘揚佛法，從此以後，禪宗分成了很多宗派。他們鑑古察今，沒有滯留，沒有遮礙。當今學習佛法的人不窮本溯源，妄狂自大，往往把近似牛馬之蹄那樣的小水坑說成是大海。重顯大師通達佛教的真理，他說佛法猶如震天的雷聲，似法鼓告誡眾生習善。他也好像獅中之王吼哮著從洞窟中出來，眾多的野獸和妖孽見了都非常害怕。他的著作或者是詩歌，或者是語錄，字字句句都叮嚀迷路的眾生如何學佛。其中詞語磊落，涵義高深，猶如擊打玉磬，敲擊金屬樂器那樣響徹千古。可惜迷戀塵世的人，往往隨著世俗上的事隨波逐流，還依據名詞概念表述的事物形狀去尋找其概念和數字。佛性無相，卻真實如常，不能用語言去加以描繪。它沒有高下，沒有邊際，卻充溢於宇宙之中。它不是事物，不是虛空，也不是體用分開，真俗二諦不相融。實際上，塵世和佛國圓融如一，好像一個圓圓的車輪那樣。其實，正確的禪定哪裡分過坐禪時講話或是沉默不語，好像既取不得，也捨不得一樣，只要您對於一切森羅萬象都不留心，都不著相，這就是如來的佛法原則。為了消除世俗的妄相，才有佛教的真如實相與它相對應，假如沒有妄相，真如實相也會隱藏而不顯現。如果能夠了解到真心和妄心都不存在，這樣得到的真心就沒有障礙。沒有障礙的真心能夠自然自在，這時一旦頓悟佛法，一切分別時節的罪業都消除乾淨，不用再作什麼功力就可以證得菩提。從此以後，超脫了生和死的苦海。我的師傅道德高尚，語言流暢，把他的著作留傳於世作為榜樣。昨天晚上，我把真如佛性召呼出來，把非色非空之心穿在拄杖上面。詢問他佛性怎麼樣？他告訴我：凡是語言概念都是誹謗。

【說明】禪宗傳承（實際上，道信為禪宗宗派初祖）：

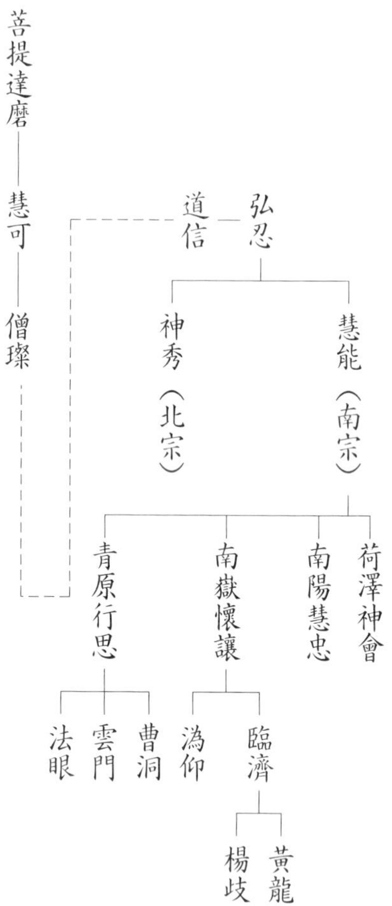

戒定慧解

夫戒定慧❶者，乃法❷中之妙用也。佛祖❸雖嘗有言，而未達者猶有所執。今略而言之，庶資❹開悟。然其心境❺兩忘，一念不動曰戒；覺性圓明❻，內外瑩徹曰定；隨緣應物❼，妙用無窮曰慧。此三者相須而成，互為體用❽。或戒之為體者，則定慧為其用；定之為體者，則戒慧為其用；慧之為體者，則戒定為其用。三者未嘗須臾相離也。猶如日假光而能照，光假照以能明；非光則不能照，非照則不能明。原其戒定慧者本乎一性❾，光照明者本乎一日，一尚非一，三復何三？三一俱忘❿，湛然清淨⓫。

【章　旨】敘戒定慧之旨，歸自然之景。

【注　釋】❶戒定慧　佛教三學。戒，為信徒制定的戒規。對景忘情，諸塵不染。小乘佛教有五戒、八戒、十戒、具足戒等；大乘佛教除稱小乘佛教的戒條為聲聞戒外，還制定有菩薩戒（即大乘戒）。規定兩者都需要佛教信徒遵守。定，指心專注一境而不散亂的精神狀態，至誠無妄，不動不移。慧，通達事理，判斷疑念，從而取得決斷性認識的某種精神作用；隨事變通，不偏不倚。❷法　一切物質的、精神的事物和現象。❸佛祖　指釋迦牟尼。❹庶資　眾人取資於此；都憑藉它。❺心境　指精神現象和物質現象。❻覺性圓明　開悟佛性，專注不二。❼隨緣應物　事物現象隨條件而反應。緣，條件。❽體用　本體與作用。見拾遺〈讀雪竇禪師祖英集歌〉❽。❾一性　佛性。❿三一俱忘　戒定慧和佛性都忘卻了。⓫湛然清淨　離盡諸相，歸於自然。

【語　譯】戒、定、慧，乃是一切物質的、精神的現象中的奇妙效用。釋迦牟尼雖然曾經對此有過論述，但是，沒有通達釋迦牟尼真義的人卻有所執取。現在大概說一說，讓眾人憑藉它而開悟。做到精神現象和物質現象都忘掉，不為一個雜念動搖，叫做戒。開悟佛性，專注不二，心內心外都晶瑩透徹，叫做定。事物現象隨條件而反應，其中的妙用無窮，叫做慧。戒、定、慧三者之間相互依存，互相為體為用。或者是戒為體，定和慧為其用；定為體的話，戒和慧為其用；慧為體的話，戒和定為其用。它們之間不曾片刻互相分離，正如太陽借助陽光才能照明，光芒借助照明的功能才有光明。沒有光芒就沒有照明的功能，沒有照明的功能，也就沒有光明。原來戒、定、慧都源於佛性，猶如陽光有照明的功效都依據太陽一樣。戒、定、慧之間不能分割，其中的一個不是一個，三個又哪是三個？把三個都忘掉，即可離盡諸相，歸於自然。

【說　明】三一之說。它源於《道德經》中「道生一，一生二，二生三，三生萬物」。這是從萬物本源、陰陽二氣（或者有和無）及其混沌未分狀態、宇宙萬物等，談到宇宙萬物的生成。《太平經》中由此提出了「三統共生」論，認為「元氣恍惚，共凝成一，名為天也；分而生陰而成地，名為二；因為上天下地，陰陽相合施生人，名為三也。三統共生，長養凡物名為財」（王明：《太平經合校》，中華書局，一九六〇年版，第三〇五頁）。《玄門大論三訣》引孟法師云：「今三一者，神、氣、精；希、微、夷；虛、無、空。」而〈三一九宮法〉則從煉養角度對「三一」作了概括：「夫三一者，乃一身之靈宗，百神之命根。」

即心是佛頌

佛即心兮心即佛❶，心佛從來皆妄物。若知無佛復無心，始是真如❷法身佛❸。法身佛，沒模樣，一顆圓光含萬象❹。無體之體即真體❺，無相之相即實相❻。非色非空非不空，不動不靜不來往。無異無同無有無，難取難捨難聽望。內外圓明到處通，一佛國在一沙中。一粒沙含大千界❼，一箇身心萬箇同。知之須會無心法❽，不染不滯為淨業❾。善惡千端無所為，便是南無❿及迦葉⓫。

【章　旨】說明獲得無心之法在於識得即心即佛，又知非心非佛。

【注　釋】❶佛即心兮心即佛　即自心是佛。〈般舟三昧經〉曰：「心作佛，心自見，心是佛心，佛心是我身。

心見佛，心不自知心，心不自見心，心有想為痴心，無想是涅槃。」南朝齊梁時的寶誌也說：「不懈即心即佛，真似騎牛覓牛。」心，清代王清任以前歷來指思維器官——腦；宗密的〈禪源諸詮集都序〉把心的涵義分為肉團心、緣慮心、集起心（即第八識）、真心。❷真如　即真實如常的意思。又名佛性、法身、如來藏、法界、法性、法位、實相、圓成實性、自性清淨心。《唯識論》二曰：「真謂真實，顯非虛妄。如謂如常，表無變易。謂此真實於一切法，常如其性，故云真如。」❸法身佛　又名毗盧遮那（遍照）佛。指成佛後證得的理性，即真如、法性。大乘佛教有三身的說法，即法身、報身、應身。報身，即成佛後證得的果報之身，又名盧舍那（淨滿）佛。應身，即化身，指釋迦牟尼佛。❹一顆圓光含萬象　謂真心包含萬象。一顆圓光，喻真心。❺無體之體即真體　萬法性空，本無具體形狀，此乃真體。❻實相　即佛性。❼大千界　即三千大千世界。一千世界叫小千世界，小千加千倍叫中千世界，中千加千倍叫大千世界。佛經認為，三千大千世界合四大洲日月諸天為一世界。智顗《摩訶止觀》云：「夫一心具十法界，一法界又具十法界、百法界。一界具三十種世間（按：世間有三種：眾生世間、國土世間、五陰世間），百法界即具三千種世間。此三千在一念心，若無心而已，介爾有心，即具三千。」❽無心法　無心於世間一切現象。❾淨業　清淨的善業；往生西方淨土的業因。❿南無　眾生對佛至心歸依信順；生死的險難很驚怖，應予救濟。後者乃佛對佛稱南無者。又作南謨、納慕、南牟、娜母、南忙、那模、那謨、曩謨、納莫、曩莫。⓫迦葉　印度古代姓氏；佛十大弟子之一，即頭陀第一之羅漢。又作迦攝、迦葉波、迦攝波。

【語　譯】佛是什麼？佛就是自心，自心就是佛。心和佛從來都是虛妄不真的偽象。如果知道沒有佛也沒有心，就是真如佛性了。佛性沒有形狀，真心卻包含森羅萬象。萬法自性本空，沒有具體形狀，這就是真體。沒有任何形狀就是真如實相。它不是色，不是空，也不是不空。它不運動，不寂靜，也不來不往。它沒有差別，沒有相同之處，也沒有有和無。它很難索取，很難捨棄，很難聽到，很難瞭望。它裡裡外外圓融晶瑩，無所不通。一個佛國就在一粒沙子之中，一粒沙子包含了整個世界，一個人的身心與萬個身心都相同。知道上面的道理必須通曉無心於物，對於任何事物都不著相。這樣沒有染污，不滯留物相，就是清淨的善業。千千萬萬的善和惡都沒有去做，便成就了佛門成果，成為了「南無」和「迦葉」。

【說　明】一念三千。天台宗創始人智顗提出了「一念三千」之說，認為複雜、多樣的世界乃是一念心的產物。在《摩訶止觀》中他說：「夫一心具十法界，一法界又具十法界、百法界。一界具三十種世間，百法界即具三千種世間。此三千在一念心，若無心而已，介爾有心，即具三千。」這裡的十法界指的是世界的六道（天、人、畜生、地獄、餓鬼、阿修羅），加上聲聞、緣覺、菩薩、佛。世間指的是眾生世間、國土世間、五陰世間。每一法界各具十法界，所以共有三十種世間。為什麼說是「一念三千」呢？因為法界中之事物以其根本性質又可分為：相（外貌）、性（本性）、體（外貌與本性之統一）、力（事物之作用）、業（有所作為）、因（為他法產生當作原因）、緣（當作法產生的輔助原因）、果（他法產生出來的結果）、報（因果報應）、本來究竟（圓滿結果）等十種。但是，十法界不是不可以變化的，前九界有情皆可成佛，人亦可變成其他九界。這樣，每一種法界（有情）又包括其他九種性質。由此，百法界成為了千法界。另外，因為「有情」都由五蘊構成，而「有情」又生活在山河大地之中，每個「有情」不僅具有五蘊世間、有情世間，還具有器世間（有情生活於山河大地）。所以，一法界也具有三十種世間。這就是三千世間的來歷。當然，也可以把這些數字視為對複雜、多樣世界的比喻式描述，不必拘泥於具體數字。

採珠歌

寶子衣中珠❶，本自圓明好。不會自尋求，卻數他人寶❷。數他寶，終無益，只是教君空費力。爭如認取自家珍❸，價值黃金千萬億。此寶珠❹，光最大，遍照三千大千界❺。從來不解少分毫，剛被浮雲為障礙❻。自從認得此摩尼❼，泡體空花❽誰更愛？佛珠❾還與我珠❿同，我性⓫即歸佛性⓬海。珠非珠，海非海，坦然心量包沙界⓭。任你塵囂滿眼前，定慧⓮圓明常自在。不是空，不是色⓯，內外皎然無壅塞⓰。六通⓱神慧妙無窮，自利利他寧解極⓲。見即了，萬事畢，絕學⓳無為度終日。怕兮如未兆嬰兒，動止隨緣⓴無固必㉑。不斷妄㉒，不修真㉓，真妄之心總屬塵。從來萬法皆無相㉔，無相之中有法身㉕。法身即是天真佛㉖，亦非人兮亦非物。浩然充塞天地間，只是希夷并恍惚㉗。垢不染，光自明，無法不從心裡生㉘。心若不生法自滅，即知罪福本無形㉙。無佛修，無法說，丈夫㉚智見自然別。出言便作獅子㉛吼，不似野牛㉜論生滅。

【章旨】闡明事物皆從心裡產生的道理。

【注釋】❶寶子衣中珠　衣服中的明珠是寶貝。寶子，寶貝。珠，明珠，指礦石類或蚌類珍珠。寶子，或作「貧子」。❷卻數他人寶　本來屬於自己的寶貝，反而認為是他人的。❸自家珍　即自己的寶貝。❹此寶珠　即衣中珠。❺三千大千界　見拾遺〈即心是佛頌〉❼。❻浮雲為障礙　寶珠之光被浮動的雲彩遮掩。❼摩尼　寶珠總名。或譯為珠寶、離垢、如意。《慧苑音義》上曰：「摩尼，正云末尼。末謂末羅，此云垢也。尼謂離也。謂此寶光淨不為垢穢所染也。又云，末尼，此曰增長。謂有此寶處，必增其威德，舊翻為如意、隨意等，逐義譯也。」❽泡體空花　沒有實體的泡沫和虛幻的花。❾佛珠　如來之珠。❿我珠　同❶。⓫我性　我之心性、本性。⓬佛性　一切眾生皆有覺悟之性。《涅槃經》二十七云：「一切眾生悉有佛性，如來常住無有變易。」⓭心量包沙界　我心包含一切現象。⓮定慧　見拾遺〈戒定慧解〉❶。⓯色　指物質現象。⓰內外皎然　裡裡外外光徹透明。⓱六通　指三乘聖者所得的天眼通、天耳通、他心通、宿命通、神足通、漏盡通等六種神通。⓲解極　所有的桎梏都解脫了。⓳絕學　杜絕學問。《道德經》第二十章云：「絕學無憂。」⓴隨緣　隨緣分；隨條件。㉑無固必　見〈自序〉第一段㉚。㉒妄　妄心。㉓真　真心。㉔萬法皆無相　一切物質的、精神的現象都沒有相狀。㉕法身　見拾遺〈即心是佛頌〉❸。㉖天真佛　即法身佛異名。㉗希夷并恍惚　看不見，聽不著，沒有形狀蹤跡可尋。《道德經》第十四章云：「視之不見名曰夷，聽之不聞名曰希，搏之不得名曰微。此三者不可致詰，故混而為一。其上不皦，其下不昧，繩繩不可名，復歸於物，是謂無狀之狀，無物之象，是謂惚恍。」

㉘無法不從心裡生　一切物質的和精神的現象都從心裡產生。《大乘起信論》曰：「一切諸法唯依妄念而有差別。若離妄念則無一切境界之相。」《六祖壇經》云：「心生種種法生，心滅種種法滅。」㉙罪福本無形　災害和幸福不可言狀。㉚丈夫　有高尚道德和智慧的成年男子。㉛獅子　喻悟得佛法的人。㉜野牛　喻世俗匹夫。

【語　譯】衣服中的明珠是寶貝，本來是圓潤光燦燦的才算好。不會自己尋求屬於自己的寶貝，反而把它說成是別人的。數別人的寶貝再多，也始終沒有益處，只不過讓自己白費力氣而已。如果爭先認識自己的寶貝，它的價值能與千萬億黃金相當。自己的寶珠光亮最大，它可以照遍整個宇宙。它的光彩從來不減少一分一毫，卻剛剛被浮動的雲彩遮蓋。自從認得自身的這個寶貝，沒有實體的泡沫和虛幻的花還有誰去喜歡它？其實，如來寶珠與我自身的寶珠是一樣的。我的本性即是統歸在佛性的大海之中的。寶珠並非是寶珠，海也不是海，乃是坦盪的心胸包容了整個世界。任憑那虛幻不真的現象甚囂塵上在眼前飄浮，般若的智慧圓融光明，經常存在於自身。它不是虛空，不是物質的和精神的現象，裡裡外外都晶瑩透徹。它兼有六種神通的無窮無盡的神妙功用，能夠自利利他，把所有的桎梏都完全解脫。看見什麼不著相，對千千萬萬的事物不留下意念；杜絕一切學問，無所作為度過一生。懼怕它的話，猶如還沒有出生徵兆的嬰兒，它或動或靜都隨條件變化，沒有固定的姿態。如果不斷掉妄心，不斷掉真心，哪知道真心妄心都是塵世的現象。世界上一切物質的和精神的現象從來都沒有相狀，但是，在沒有相狀之中卻有法身佛存在，這個法身佛就是真如佛性。它不是人，也不是有相狀的物。它浩然存在於宇宙當中，卻又看不見，聽不著，摸不到，猶如無狀之狀，無象之象一樣。它是污垢不能染污，光照而能自明，沒有什麼物質的、精神的現象不是從自己內心中產生。假如內心不產生一切現象，物質的、精神的現象也就自己消滅了。由此，也就知道災害和幸福本來不可言狀，沒有佛像照著修，沒有事物照著說，有高尚道德和智慧的人自然可以分別。他們悟得了佛法，一說話猶如獅子吼哮，不像世俗匹夫那樣野牛般地鳴叫。

【說　明】第一，禪宗的「三無」思想。即「無念為宗，無相為體，無住為本」。無念，即「不在境上生心」；無相，即「外離一切相」；無住，即對外界事物不執著。要求做到收心離境，進入無我無物，心體虛靜的狀態。

第二，智顗提出的「圓融三諦」和「一心三智」。智顗認為印度龍樹講的「三是偈」中有空、假（名）、中（道義）三個真理，其中任何一個都同時具有其他三者，而且「空、假、中」三者本身並不互相妨礙。他要求人們在理解「空、假、中」時，要同時理解三個，剎那間理解了三個，即具備了三種智慧。可是，「從假入空」者，只能認識到諸法的共相，這是小乘所為，叫「一切智」。「從空入假」者，只能認識到諸法的別相，菩薩有這種智慧，叫「道種智」。既看到空、假的世界，又不注重於「空假」，這是佛才能達到的最高境界，叫「中道正觀」，能認識到這個智慧叫「一切種智」。只有「一切種智」者既能認識諸法的共相，又能認識到諸法的別相。這種智慧可認識世界上的一切事物。在智顗看來，「一心三智」就建立在「三諦圓融」的基礎上。

禪定指迷歌

如來禪性❶如水，體靜❷風波自止。興居❸湛湛常清，不獨坐時方是❹。今人靜坐❺取證，不道全在見性❻。性於見裡若明❼，見向性中自定❽。定❾成慧❿用無窮，是名諸佛神通。幾欲究其體用⓫，但見十方虛空⓬。空中杳無一物，亦無希夷恍惚⓭。希恍既不可尋，尋之⓮卻成乖失。只此乖失兩字，不可執為憑據。本心尚乃如空⓯，豈有得失能所⓰？但將萬法⓱遣除，遣令淨盡無餘。豁然圓明自現⓲，便與諸佛無殊。色身⓳為我桎梏，且恁和光混俗。舉動一切無心⓴，爭甚是非榮辱？生身㉑只是寄居，逆旅主號毗盧㉒。毗盧不來不去，乃知生滅無餘。或問毗盧何似，只為有相㉓不是。眼前業業塵塵㉔，塵業非同非異瘥。況此塵塵業業，箇箇釋迦迦葉㉕。異則萬籟㉖皆鳴，同則一風都攝。若要認得摩尼㉗，莫道得法㉘方知。有病用他㉙藥療，病瘥藥更何施？心迷須假法照㉚，心悟法更不要㉛。又如昏鏡得磨，痕垢自然滅了。本為心法㉜皆妄，故令離盡諸相㉝。諸相離了何如？是名至真無上。若欲莊嚴佛土㉞，平等行慈救苦。菩提㉟本願雖深，切莫相中有取。此名福慧㊱雙圓，當來授記居先。斷常纖塵有染㊲，卻於諸佛無緣。翻念凡夫㊳迷執，盡被情愛染習。只為貪著情多，常生胎卵化濕。學道須教猛烈，無情心剛似鐵。直饒㊴父母妻兒，又與他人何別？常守一顆圓光㊵，不見可欲思量。萬法㊶一時無著，說甚地獄天堂㊷。然後我命在我㊸，空中無升無墮。出沒諸佛土中，不離菩提本坐。觀音三十二應㊹，我亦當從中證。化現不可思議，盡出逍遙之性㊺。我是無心禪客㊻，凡事不會揀擇。昔時一箇黑牛㊼，今日渾身總白㊽。有時自歌自笑，傍人道我神少。爭知被褐之形，內懷無價之寶㊾。更若見我談空，恰似囫圇吞棗。此法㊿唯佛能知，凡愚豈解相表？兼有修禪上人，只學門口合唇。誇我問答敏急，卻元不識主人51。蓋是尋枝摘葉，不解窮究本根。得根枝葉自茂，無根枝葉難存。便逞已握靈珠52，轉於人我難除。與我靈源妙覺53，遠隔千里之殊。此輩54可傷可笑，空說積年學道。心高不肯問人，枉使一生虛老。乃是愚迷鈍根，邪見業重為因55。若向此生不悟，後世爭免沉淪。

【章　旨】說明真禪乃定慧雙修。

【注　釋】❶如來禪性　佛禪定的本性。如來，見拾遺〈讀雪竇禪師祖英集〉⑫。禪，禪定；禪宗。❷體靜　本體清淨。❸興居　起和住。❹不獨坐時方是　不以獨坐為禪定，否則即是寂滅頑空之禪，非如來禪性。❺靜坐　靜心而坐。❻見性　見佛之性。❼性於見裡若明　洞見佛性光明。❽自定　見拾遺〈戒定慧解〉❶。❾定同❽。❿慧　同❽。⓫體用　見拾遺〈戒定慧解〉❽。⓬十方虛空　十個方位的虛空。十方，指東、西、南、北、東南、西南、東北、西北、上、下。⓭希夷恍惚　見拾遺〈採珠歌〉㉗。⓮之　指示代詞，即指希夷恍惚。⓯本心尚乃如空　本性空寂乃是空。⓰能所　佛教術語。能，指自動之法，即主體。所，指不動之法，即客體。⓱法　一切物質的和精神的現象。⓲豁然圓明自現　禪性即時圓通光明自動顯現。⓳色身　肉體。⓴無心　無常人之心。㉑生身　即肉身。㉒毗盧　即毗盧遮那之略，法身佛的通稱，密教的大日如來。㉓有相　有象狀出現。㉔業業塵塵　行為污身。業，行為的作用。塵，即惡業污身。㉕釋迦迦葉　佛之弟子之一。釋迦，普賢（金剛薩埵）示現的意思。大日之正法輪身之意。迦葉，釋迦牟尼弟子，五百羅漢之首。㉖籟　眾竅所發之聲。《莊子・齊物論》云：「『……汝聞人籟而未聞地籟，女聞地籟而未聞天籟夫。』子游曰：『敢問其方。』子綦曰：

『夫大塊噫氣，其名為風，是唯無作，作則萬竅怒呺，而獨不聞之翏翏乎。山林之畏佳，大木百圍之竅穴，似鼻，似口，似耳，似枅，似圈，似臼，似洼者，似污者，激者，謞者，叱者，吸者，叫者，譹者，宎者，咬者。前者唱于，而隨者唱喁，冷風則小和，飄風則大和，厲風濟則眾竅為虛，而獨不見之調調之刁刁乎！』」㉗摩尼　見拾遺〈採珠歌〉❼。㉘法　佛法。㉙有病用他　用摩尼治病。他，指摩尼。㉚心迷須假法照　執迷外物的人必須借助物質的和精神的現象呈顯。㉛心悟法更不要　悟得佛法，即需捨棄物質的和精神的現象。㉜心法　心生萬法。㉝離盡諸相　對境不著相。對任何物質的現象沒有映象。㉞佛土　指佛國；佛教理想境界。㉟菩提　見拾遺〈讀雪竇禪師祖英集〉⓰。㊱福慧　福德和智慧。子孫繁衍，高官厚祿，長生不老即是福。聰明絕頂乃是慧。㊲染　染汙。㊳凡夫　對物質和精神現象執迷的人。㊴直饒　一直滿足。㊵一顆圓光　真如佛性。㊶法　同㉘。㊷地獄天堂　地下牢獄和天上宮殿。地獄，即梵語那落迦、泥犂等，漢譯為不樂、可厭、苦具、苦器、無有等。佛教地獄有三類，一是根本地獄、八大地獄及八寒地獄。二是近邊地獄、十六游增地獄。三是孤獨地獄，在山間曠野樹下空中等。《法華玄義》曰：「《釋論》云：三界無別法，唯是一心作，心能地獄，心能天堂，心能凡夫，心能賢聖。」㊸我命在我　自己命運自己掌握。㊹觀音三十二應　觀音菩薩有三十二種化身。㊺逍遙之性　自足自由之性，如《莊子・逍遙遊》中大鵬。㊻禪客　禪定之人。㊼黑牛　指後天八卦返先天八卦時坤卦與坎卦相合，位北方。《周易・說卦傳》：「坤為地，為母，為布，為釜，為吝嗇，為均，為子母牛，為大輿，為文，為眾，為柄，其於地也為黑。」㊽總白　指內丹煉製時的「子當右轉」，北方坎卦或復卦與十二支子時相應，右轉至西方兌卦。按照五色與五方相配，西方為白虎，故云「白」。㊾無價之寶　真如佛性。㊿此法　佛法。(51)主人　丹道之主；煉丹時卯酉互為主賓。見〈自序〉第四段❿。(52)靈珠　真如佛性；金丹妙法。(53)靈源妙覺　修持妙法；丹道之法；佛法。(54)此輩　非真正學道之人。(55)邪見業重為因　執迷外物的邪見是造成業障的原因。業，見㉔。因，因果之因。

【語　譯】佛教禪定的本性如水一樣，本身寂靜不動，風波當然自行停息。它興起或住止都深盛而經常清澈，不僅僅獨坐才是禪定。現在的人把靜坐認定為禪定，不認為禪定完全在於洞見佛性。假如洞見禪性光明，可在佛性中自然專注一境。做到了禪定，通達事理的作用即是不可窮盡，這就叫做諸佛的神通。難道想窮究它們的體用嗎？但是，只可以見到十個方位的虛空。虛空中沒有任何事物，也沒有看見，聽著，摸到的。這些既然不可以找尋，找它們也是一種錯誤。僅僅憑藉錯誤兩個字，當然不可以執著為憑據。因為本性尚且是虛空，豈能有得失的主體和客體？如果把一切物質的、精神的現象統統排除，一點遺孑也不留，禪性即時圓通光明而自動顯現，這樣就與諸佛沒有差別了。肉體是束縛我的枷鎖，任憑和光與塵俗相混。一舉一動都沒有常人之心，怎麼能分別是非和榮辱？肉身只是寄居在現世，逆旅的主人是法身佛。法身佛不來也不去，即可知道生和滅沒有剩餘。有人問法身佛像什麼？只要有相狀的就不是。眼前的行為污身，塵世與業障既不相同，也不是不同。況且這些塵世俗見和業障，修行都是佛弟子。不同時則眾竅都發出聲音，相同時則一陣風都被吸取。假如要知道寶珠，不要說悟了佛法才知道。有病時用寶珠作藥治療，病好了藥往何處使用？迷而不悟時必須用佛法開啟，覺悟後就不用再要它了。又比如昏暗的銅鏡必須再磨光，污垢自然沒有了。本來心生萬法都是虛妄，所以現在必須對外物都不著相。到了對外物都不著相會怎樣呢？悟得的真諦至真至尚。假如想到佛國淨土，需要平等待人，以慈悲心去救濟苦難。開悟真理的本願雖然深遠，千萬不要著相索取。這樣就會福慧圓滿，接受記取都在先前。假如在虛幻的現象中有少許的污染，這些與諸佛都沒有牽連。仔細察看凡夫俗子對世事的執著迷惑，都是被世間的情愛熏染了。只是因為貪愛情欲很多，於是在世上經常有胎卵生長又芸芸化育。學道需要堅定志向，沒有情欲的心要像鐵一樣堅硬。如果一直滿足妻子兒女，又與不學道的人有什麼差別？經常持守真如佛性，沒有情欲去思量。世上虛幻的物質和精神現象都不執著，當然用不著說什麼天堂地獄。然後自己掌握命運，在世上也就沒有升天堂和入地獄。這樣可以來往於佛國淨土之中，須與不離開佛法真理。觀音尚且有三十二變，我們也應當從中去學。這樣的變化不可思議，都是源自於自由自在的本性。我是不執取外物的禪定之人，什麼事情都不會挑挑揀揀。在《周易》後天八卦中坎卦位北方，為玄武，內煉時為鉛，為腎水。這種卦象的位置在內煉中返還為先天八卦，這時坤卦位北方，猶如一頭黑牛。但是，在內丹煉製時的「子當右轉」，北方坎卦或復卦與十二支子時相應，右轉至西方白虎之位，這就變成渾身全白了。有的時候，我自己唱歌，自己歡喜，別人嘲笑我神靈太少。他們怎麼知道我布衣的形象，內中卻有無價之寶的真如佛性。若是見我談論虛空，恰似囫圇吞棗。佛法惟有佛能知曉，凡人愚蠢哪能知道？既或有修禪的佳賓，也不過口頭學舌而已。誇獎我問答敏捷，卻是原來不認得主人和賓客。只是尋求樹枝，摘摘樹葉，不去窮本溯源，探究本根。因為只有得到了本根，枝葉才能茂盛。沒有根的樹木，它的枝葉難以自己存在。即便得到了真如佛性，人我的區別也難消除。給我修持的妙法，讓我開悟，也如遠隔千里，毫無辦法。這些不是真正學道的人，真是又悲傷又可笑，胡說自己常年學習修道。他們心比天高，不虛心求教別人，虛度一生終到老。本來是愚昧，智力低下，執迷外物的邪見造成了業障，種下了惡因。如果今生不能開悟，到後世免不了沉淪。

【說　明】第一，關於「能所」範疇。佛教說的「能」指主體，「所」指客體。《金剛經新譯》曰：

「般若妙理之能所，絕待對。」王夫之認為，佛教提出能所範疇並非錯誤，關鍵在於：有了客觀對象才能引起認識，即「因所以能發」。而認識必須與客觀對象相符合，即「能必副其所」。他在《尚書引義・召誥無逸》中說：「能、所之分，夫固有之，釋氏為分授之名，亦非誣也。乃以俟用者為所，則必實有其體；以用乎俟用，而以可有功者為能，則必實有其用。體俟用，則因所以能發；用，用乎體，則能必副其所。」

第二，觀世音。或稱觀音。原非女人像，後為女人像。《法華經》云：「苦惱眾生，一心稱名。菩薩即時觀其音聲，皆得解脫，以是名觀世音。」

無心頌

堪笑我心，如頑如鄙。兀兀騰騰❶，任物安委❷。不解修行，亦不造罪。不曾利人，亦不利己。不持戒律，不徇忌諱。不知禮樂❸，不行仁義❹。人問所能，百無一會。飢來喫飯，渴來飲水。困則睡眠，覺則行履。熱則單衣，寒則蓋被。無思無慮，何憂何喜。不悔不謀，無念無意。死生榮辱，逆旅而已。林木棲鳥，亦何為比❺？來且不禁，去亦不止。不避不求，無讚無毀。不厭醜惡，不羨善美。不趣靜室，不遠鬧市。不說人非，不誇己是。不厚尊榮，不薄賤稚。親愛冤仇，大小內外。哀樂得喪，欽侮險易。心無兩觀，坦然一揆❻。不為福先，不為禍始。感而後應，迫而後起。不畏鋒刃，焉怕虎兕❼？隨物稱呼，豈拘名字？眼不就色❽，聲不來耳。凡所有相❾，皆屬妄偽。男女形聲，悉非定體。體相無心❿，不染不礙。自在逍遙⓫，物莫能累。妙覺光圓⓬，映徹表裡。包裹六極⓭，無有遐邇⓮。光兮⓯非兮，如月在水。取舍既難，復何比擬？了茲妙用，迥然超彼。或問所宗⓰，此而已⓱矣。

【章　旨】說明有心之弊，無心的妙用。

【注　釋】❶兀兀騰騰　動而不止。❷任物安委　指一切行止隨緣應物，毫無造作。❸禮樂　事神致福，以五聲八音安邦。禮，六藝之一，即待人接物的禮儀。《論語・述而》云：「志於道，據於德，依於仁，游於藝。」藝即指禮、樂、射、御、書、數。在孔子那裡，禮和仁的內容是一個，或者說是從不同的角度述說的同一內容。他一方面說「克己復禮為仁」（《論語・顏淵》），另一方面又說「人而不仁如禮何」（《論語・八佾》）。樂，指五聲八音的總名。至於禮、樂的具體內容，孔子曾這樣說：「禮云，禮云，玉帛云乎哉？樂云，樂云，鐘鼓云乎哉？」(《論語・陽貨》) ❹仁義　孔子提出的概念。仁，指以內心的真誠自然為前提，推己及人，達到人己外內一體。其具體表現是：孝悌、與人的同情、克己復禮等等。如《論語・顏淵》：「樊遲問仁。子曰：『愛人。』」「孝悌也者，其為仁之本與？」(《論語・學而》)「剛毅木訥近仁。」(《論語・子路》) 義，即宜也，指言行合乎自然，恰如其分。如《論語・微子》云：「君子之仕也，行其義也。道之不行，已知之矣。」❺比　指飢、渴、睏、覺、熱、寒等。❻揆　即度。❼兕　像野牛一樣的獨角青色動物。❽色　佛教術語，指物質現象。❾相　指一切物質和精神現象的狀貌。❿心　指腦神經、主觀精神。⓫逍遙　沒有物質之累和精神負擔的自由。⓬妙覺光圓　微妙覺悟，光輝圓滿。⓭六極　指疾、憂、貧、惡、弱、凶短折等。或指上下四方。⓮邇　近。⓯兮　語氣助詞，無義。⓰宗　祖宗；宗旨。⓱已　語末助詞，無義。

【語　譯】我的心實在堪笑，既如頑石，又似卑鄙。它經常運動而不停息，隨條件而產生變化，絲毫也不造作。既不了解修行，也不造作惡行。沒有做利人的事，也沒有私自而為自己。不守持戒律，不徵詢忌諱。不知道禮樂，不踐履仁義。別人問我會做什麼，沒有一樣能會。餓了吃飯，渴了喝水。睏了睡覺，醒了做事情。熱時穿單衣，寒冷就蓋被。什麼也不想，哪裡有什麼憂愁和歡喜。從來不悔恨，不謀略。心裡毫無雜念，對任何事情都不在意。對於死生榮辱，猶如逆旅一樣。樹林中棲息的鳥也不過如此，同我有何差別？牠們來了無人禁止，飛走了也沒有人不讓飛。不躲避困苦，不來索取利益。沒有讚譽，沒有毀謗。不厭恨醜和惡，不羨慕善和美。不趨向安靜的地方，也不遠離鬧市。不講別人的不是，也不誇耀自己的好處。不厚待尊貴，也不卑視貧窮的幼童。對待親愛的人與仇人，不分大小和內外。悲哀歡樂都沒有，崇敬侮辱，尊重險易。心不視內外，坦然度量而已。不為福先來，不為禍肇端。有感才有應，迫近而後起。不懼怕刀刃鋒利，豈能害怕老虎和兇猛的獨角獸？隨物去稱呼，豈能拘名字？眼睛無視物質的現象，耳朵不聽任何的聲音。凡是對外物有所著相，都是巧偽和虛妄。男女的軀體和聲音，都沒有一定形態。身體相貌都沒有主觀精神，沒有染污，沒有滯礙。沒有物質的或精神的負擔，自足其性，萬物都不能牽累。巧妙開悟了佛法，它的光輝映透著裡裡外外。它包含了宇宙，沒有遠近邊際。光芒不是光，猶如月亮映在水裡一樣。索取和捨棄既然困難，又怎麼去比擬？了解這種妙用，很快就可超脫塵世，到達彼岸的佛國。有人問宗旨是什麼，如上面說的那樣而已。

【說　明】第一，不應「把世界限制為物質的現實」。如果這樣，「就從作為整體的現實中割去了相當大的部分，剩下的不過是一塊碎片，圍繞這一碎片的則是巨大的陰影。對這種陰影，人們不得不稱之為不現實的或超現實的。」（見《榮格文集》卷八，改革出版社，一九九七年第一版，第三十五頁）

第二，順其自然，並不等於庸庸碌碌活著，人們在與自然、社會、以及如何對待自己的身心健康上都應發揮主觀能動作用。

西江月十二首

一

妄想不復強滅，真如❶何必希求？本源自性❷佛齊修，迷悟豈拘先後？

悟即剎那❸成佛，迷兮萬劫沉淪。若能一念契真修，滅盡恆沙罪垢❹。

【章　旨】說明迷自性即生妄想，悟自性即歸真如。

【注　釋】❶真如　見拾遺〈即心是佛頌〉❷。❷本源自性　指佛性，無妄想，無真如。❸剎那　立刻。❹恆沙罪垢　罪惡之多如恆河中沙粒。恆，恆河。

【語　譯】妄想不必勉強去消滅，佛性在悟何必去求？佛性需要自己修悟，或迷或悟豈拘前後？覺悟即刻變成佛，自迷淪流千萬劫。假如一念與佛法修持相符，諸多罪過全消除。

【說　明】頓悟既是佛教徒的修持方式之一，又是一種思維方式。頓悟非禪宗專屬，儒、道及其他佛教宗派亦有之。《六祖壇經》曰：「前念迷即凡，後念悟即佛。」以及「放下屠刀，立地成佛。」

都是講頓悟。

二

本自無生無滅❶，強將生滅區分。只如罪福亦無根❷，妙體何曾增損❸？
我有一輪明鏡，從來只為蒙昏。今朝磨瑩照乾坤❹，萬象昭然難隱。

【章　旨】說明佛性無生無滅，既不可增，也不可損。

【注　釋】❶本自無生無滅　佛性無生無滅。❷只如罪福亦何根　佛性不像罪過和福祿有生存的基礎。❸妙體何曾增損　佛性無可增，無可損。❹乾坤　乾卦☰和坤卦☷。指天地。

【語　譯】佛性本來沒有生滅，人們卻強制用生滅去加以區分。假如災害和幸福都沒有根，它們微妙的本體何曾有增有損？　我有明鏡是自性，因為塵埃而昏暗不清。經常拂去鏡上的塵埃，乾淨明亮的鏡子就會照亮乾坤，一切虛幻的現象就自然昭明，無法隱藏。

【說　明】佛教以緣起論說明物質的和精神的現象變化。印度原始佛教有「十二因緣」和「業感緣起」理論，一切有「實有緣起」，後來的大乘佛教則有「阿賴耶識緣起」、「真如緣起」、「法界緣起」等等理論。

三

我性入諸佛性❶，諸方佛性皆然。亭亭蟾影照寒泉❷，一月千潭普現❸。

小即毫分莫識，大時遍滿三千❹。高低不約信方圓❺，說甚短長深淺❻！

【章　旨】說明人性與佛性無兩樣。

【注　釋】❶我性入諸佛性　自性與佛性本來相融。❷亭亭蟾影照寒泉　靚麗的月光輝照著月宮。亭亭，靚麗的樣子。蟾，蟾蜍，喻月亮。寒泉，喻嫦娥所居之地；喻月亮。❸一月千潭普現　月亮在千萬個水潭中映現。❹三千　見拾遺〈即心是佛頌〉❼。❺高低不約信方圓　謂佛性不拘高低、大小、方圓等形跡。❻說甚短長深淺　佛性超越長短、深淺。

【語　譯】我的自性與佛性本來相融一起而沒有區別，其他方面的佛性也是如此。靚麗的月光照耀著月宮，一個月亮的光芒在眾多的水面出現。　佛性若小就分毫無法辨別，大的時候就遍布於整個宇宙。它沒有高低、大小、方圓等種種形狀，對它用不著說什麼長短深淺！

【說　明】湛然宣稱，一切事物都是佛性的具體表現，佛性還包括在一切的存在之中。由此他主張無情有性。在〈金剛錍〉中，他說：「若分大小，則隨緣不變之說出自大教，木石無心之語生於小宗。」「故知一塵一心——即一切生佛之心性。」「故……應知萬法是真如，由不變故；真如是萬法，由隨緣故。」

四

法法法元無法❶，空空空亦非空❷。靜喧語默❸本來同，夢裡何勞說夢？

有用用中無用❹，無功功裡施功❺。還如果熟自然紅，莫問如何修種。

【章　旨】說明真法真空之性，如何修佛性真種。

【注　釋】❶法法法元無法　佛法本來無法。謂無法之法是謂真法。法，佛法；一切物質的和精神的現象。元無法，即無法之法是謂真法。❷空空空亦非空　謂虛空本來不空。空，虛空。空亦不空，不空之空是為真空。❸靜喧語默　寂靜無語。❹有用用中無用　有用中包含無用，佛法自性本來是空，但其真如實相卻是真實的。❺無功功裡施功　空中有法，法是用來說明「空」的道理。謂法本空，空有法，不實不虛，不有不無，圓明不昧，久自脫化。

【語　譯】佛法本來沒有法，這才是真法。虛空本來不是空，這才是真空。安靜、喧嘩、講話、沉默無言，這些本來沒有差別，睡眠時做夢怎麼去說夢？　有用之中包括了無用，在沒有做功之中卻包括了做功。這些就像果實熟了自然就紅一樣，不要詢問怎樣修持佛性種子。

【說　明】僧肇宣揚即偽即真、真俗不二的觀點，要求人們從不脫離假相又不脫離真實這樣的中道思想分析世界萬物。在他看來，有和無、空和不空、真諦與俗諦是統一的。他說：「若言其有，有非真生；欲言其無，事象既形。形象不既無，非真非實有。」又說：「言真未嘗有，言偽未嘗無。二言未始一，二理未始殊。」（〈不真空論〉）

五

善惡一時忘念，榮枯都不關心。晦❶明隱顯任浮沉，隨分飢飡❷渴飲。

神靜❸湛然❹常寂，不妨坐臥歌吟。一池秋水碧仍深，風動莫驚儘恁。

【章　旨】說明神靜即可逍遙自在，沒有任何煩惱。

【注　釋】❶晦　暗。農曆每月初一為朔，三十日為晦。❷飡　通「餐」。飽。❸神靜　精神寂靜，無思無慮。❹湛然　澄厚自然。

【語　譯】或善或惡，一時都把它忘掉。繁榮茂盛，或者枯萎，都不要去關心。昏暗、明亮、隱藏、顯赫，都任其隨便相互變換。餓、飽、口渴、飲水都隨便，不要強行去區分。　精神安靜，澄厚自然，經常沉寂，卻不妨害坐臥時唱歌和吟詩。秋天裡池水碧藍又很深，風吹池水起波浪，不要驚恐，任憑它自然流動。

【說　明】莊周否定是非有標準，超然觀照世間是非紛爭的現象。認為「是亦彼也，彼亦是也。彼亦一是非，此亦一是非」(《齊物論》)。《大乘起信論》聲稱「一切諸法皆因妄念而有差別」。《六祖壇經》說：「心生種種法生，心滅種種法滅。」認為事物的差別、是非等都是由人們的主觀意識產生和決定的。

六

對境❶不須強滅，假名❷權立菩提❸。色❹空明暗本來齊，真妄休分兩體❺。

悟即便名淨土❻，更無天竺❼曹溪❽。誰言極樂在天西❾？了即彌陀❿出世。

【章　旨】說明成佛在於悟正道。

【注　釋】❶境　與心相對應的物質現象。❷假名　因物質現象而定名的名詞、概念。❸菩提　見拾遺〈讀雪竇禪師祖英集〉⑯。❹色　見拾遺〈採珠歌〉⑮。❺兩體　見拾遺〈讀雪竇禪師祖英集〉❽。❻淨土　佛土；佛教徒追求的無五濁的地方。❼天竺　古代印度國名。❽曹溪　見拾遺〈讀雪竇禪師祖英集〉❷。❾天西　即西天。指天竺，因其在中國之西，故稱西天。❿彌陀　即阿彌陀佛略稱。

【語　譯】面對物質現象不要勉強消除，還要借助名詞概念開悟佛教真理。世上的物質現象本來是虛空，它或明或暗本來都一樣，真心、妄心，也不要分成真俗二諦。　覺悟了便是佛國淨土，更沒有印度佛教和中國佛教的區別。哪一個人說極樂世界在西方的印度？了悟佛法時，阿彌陀佛就出世。

【說　明】真俗不二、染淨不二是大乘佛教的主張，從而泯滅了好壞的差別、出世間與入世間的不同，甚至認為「三學」與「三毒」一致。

七

人我眾生壽者❶，寧分彼此高低？法身通照沒吾伊❷，念念不須尋覓❸。

見是何曾是是？聞非未必非非。往來諸用不相知，生死誰能礙你❹？

【章　旨】告誡人們不分是非壽夭，即可了卻生死。

【注　釋】❶人我眾生壽者　語出《金剛經》：「須菩提，若菩薩有我相、人相、眾生相、壽者相，即非菩薩。」壽者，為「有生命活著」之義。「人我眾生壽者」指人們對相的執著和計度。❷法身通照沒吾伊　謂證得真如法性普照，則你我之見皆泯。法身，見拾遺〈即心是佛頌〉❸。吾，第一人稱代詞。伊，即你。❸覓　尋；找。❹生死誰能礙你　了卻生死，生死無礙。

【語　譯】人們對人我、眾生、有生命活著的相狀都執著和計度，它們又如何區分出彼此和高低？如果證得真如法性普照，你我之見就消除了，名詞概念也不需要。認為對的何曾就對？聽見錯的未必真錯。從來都是經常用的卻互相不了解，了卻了生死，還能有什麼人礙你？

【說　明】「生與死同一」是莊周首先提出來的。在《莊子・至樂》中，他系統地闡述了生死只是自然變化中從一種形式向另一種形式的轉換，無所謂好、壞，人們對之不應在意或憂愁的觀點。不過，這種觀點否定了生與死間的質變卻是不對的。

八

住想❶修行❷布施❸，果報❹不離天人❺。恰如仰箭射浮雲，墜落只緣力盡。

爭似無為實相❻，還源返樸歸淳❼。境忘情盡任天真❽，以證無生法忍❾。

【章　旨】說明返樸歸真即得無相之相——實相。

【注　釋】❶住想　即住相。謂使法體於現在暫時安住，各行自果。❷修行　佛教僧人和居士的宗教修持。❸布施　以福利施與別人。即梵語檀那。或施財物，或以法度人皆稱布施。《莊子・外物》云：「生不布施，死何含珠為。」《文子・自然》云：「為惠者布施也。」《無量壽經》曰：「布恩施惠。」《法界次第》曰：「檀那秦言布施。」❹果報　一切眾生自生至死之間感受的吉凶事。❺天人　即天道和人道的眾生。❻實相　即無相之相；

佛性。❼返樸歸淳　回復到本然狀態。樸，即無極。《道德經》第二十八章云：「知其雄，守其雌，為天下谿。為天下谿，常德不離，復歸於嬰兒。知其白，守其黑，為天下式。為天下式，常德不忒，復歸於無極。知其榮，守其辱，為天下穀。為天下穀，常德乃足，復歸於樸。樸散則為器，聖人用之，則為官長，故大制不割。」淳，淳厚自然。❽境忘情性任天真　忘卻外物和欲望而歸於自然。天真，天然真性，非人工造作。❾無生法忍　識得實相，獲無漏真智。《楞嚴經》曰：「是人即獲無生法忍。」疏曰：「真如實相名無生法，實漏真智名忍。」

【語　譯】住相、修持和布施，因果報應不離開天道和人道的眾生。猶如仰身拉弓去射浮雲，箭矢墜落是因為上升的力量耗盡。　怎麼說也好像是無所作為的佛性，也需要回復到淳厚的自然狀態。忘卻外物和欲望而歸於自然，即可了知實相，獲得無漏真智。

【說　明】佛教布施的種類。有財施、法施、無畏施三種。財施是施所有財救濟貧苦；法施是以經典敷散眾生，成就人的法身慧命；無畏施有兩種，一是菩薩慈悲，無害他人，使眾生不畏懼，樂於親近自己。二是給予遭遇疑難恐怖之人以支持、安慰和解救。

九

魚兔若還入手❶，自然忘卻筌蹄❷。渡河筏子❸上天梯，到彼悉皆遺棄。
未悟須憑言說❹，悟來言說成非。雖然四句❺屬無為，此等何❻須脫離。

【章　旨】告誡人們不可以無為了事，必須脫離無為，才能深造。

【注　釋】❶入手　得手；得到魚兔。❷筌蹄　比喻達到目的的手段、方式等。筌，為捕魚的竹製簍式漁具。蹄，為捕兔的工具（竹木或鐵製夾子）。❸筏子　木或竹製的渡河工具。往往是將竹或木平行地捆綁在一起，使其浮在水面上載人載物。❹未悟須憑言說　沒有了悟真理時，必須以言語作為工具去了解。❺四句　通常以《金剛經》中的著名四句偈，即「一切有為法，如夢幻泡影，如露亦如電，應作如是觀」為闡述空性思想（道教以為無為）的最精要的「四句」。❻何　應為「仍」。

【語　譯】如果抓住了魚和兔子，自然而然就捨棄了捕捉牠們的工具。渡河用的竹木筏子和登高用的梯子，用完了也都要遺棄。　沒有覺悟真理時必須憑藉言語去了解，知道真理後言語就不用了。「一切有為法，如夢幻泡影，如露亦如電，應作如是觀」。這四句話雖然都屬無為，這樣的話也必須拋棄。

【說　明】第一，得意忘言。《莊子・外物》說：「筌者所以在魚，得魚而忘筌；蹄者所以在兔，得兔而忘蹄；言者所以在意，得意而忘言。吾安得夫忘言之人而與之言哉！」這是莊周首先提出得意忘言。此外，《周易・繫辭》也講了「書不盡言，言不盡意」，「聖人立象以盡意」。魏時王弼在其《周易略例・明象章》更進一步說明了「言不盡意」的主旨和意義。

十

悟了莫求寂滅❶，隨緣且接群迷❷。斷常邪見❸及提攜，方便指歸實際❹。五眼三身四智❺，六度❻萬行❼修齊。圓光一顆好摩尼❽，利物兼能自濟。

【章　旨】說明了悟佛性的重要。

【注　釋】❶悟了莫求寂滅　謂悟得佛性不能空空無事。悟，覺悟。寂滅，空無所有。❷隨緣且接群迷　在俗諦中求取真諦。緣，條件，指了悟佛性在世俗中進行。群迷，俗人的迷茫。❸邪見　違反佛法的見解。❹方便指歸實際　對群迷行方便立功行。實際，將佛性歸於實處。❺五眼三身四智　即天眼、慧眼、法眼、佛眼、肉眼等五眼和清淨法身、圓滿報身、千佰億化身等三身，以及大圓鏡智、平等性智、妙觀察智、成所作智等四智。❻六度　佛教名詞，指布施、持戒、忍辱、精進、禪定、智慧等。❼萬行　一切方便功德。❽摩尼　見拾遺〈採珠歌〉❼。

【語　譯】悟得佛性不能空空無事，了悟佛性要在俗諦中求取真諦。了斷常規和世人的認識，不借外力悟得佛法，對群迷行方便門，將佛性歸於實處。　天眼、慧眼、法眼、佛眼、肉眼，與清淨法身、圓滿報身、千佰億化身，以及大圓鏡智、平等性智、妙觀察智、成所作智等，這些與布施、持戒、忍辱、精進、禪定、智慧等六度，一切方便功德，在修持上都一樣。圓陀陀光燦燦的一顆好寶珠就是佛性，它既能利物，又能自利。

【說　明】佛陀出生在世間，修道在世間，成佛也在世間。自太虛大師提出教理、教制、教產革命以來，中國佛教中倡導的「人生佛教」、「人間佛教」都主張佛教要在現實社會中求得發展，這樣才能利物又自利。

十一

我見時人說性❶，只誇口急酬機❷。及逢境界轉癡迷，又與愚人何異。

說得便須行得，方名言行無虧。能將慧劍❸斬魔魑❹，此號如來正智❺。

【章　旨】說明慧劍的修煉和功用。

【注　釋】❶性　指佛性。❷機　機鋒。❸慧劍　即如來正智。從體言是摩尼，從用言是慧劍。其實，正智、摩尼、慧劍是三物一體的。❹魑　山澤神。《文選》張衡〈東京賦〉：「捎魑魅，斯獝狂。」注：「魑魅，山澤之神。」❺如來正智　即般若。

【語　譯】我看見現在的人談論佛性，只是誇海口，心急嘴快弄機鋒。等到遇見佛教理想境界又變得癡呆迷惑，這同愚蠢人有什麼差別。　能說的便必須做到，言行一致沒有虧損。如果能把如來正智和其體——摩尼融在一起，這就叫做般若。

【說　明】古往今來，無數高僧皆身體力行弘揚佛法。鑑真東渡日本，印順弘法海外，樸老（趙樸初）終身致力於佛教事業，宣化上人在美國興辦萬佛城……這些人都是以實際行動促進佛教文化的發展。

十二

欲了無生妙道❶，莫非自見真心❷。真身無相亦無音❸，清淨法身❹只恁。
此道非無非有，非中亦莫求尋❺。二邊俱遣棄中心❻，見了名為上品❼。

【章　旨】說明求得真心的途徑及其重要性。

【注　釋】❶無生妙道　即不生不滅、不常不斷的佛法。❷真心　即清淨法身。❸真身無相亦無音　謂真身沒有形狀和聲音。❹清淨法身　見拾遺〈西江月〉第十首❺。❺此道非無非有兩句　謂真心不可在有中求，不可在無中尋，也不可在非有非無中取。❻二邊俱遣棄中心　謂必須拋棄從有和無之中去求真心。❼上品　最上乘妙道。

【語　譯】如果想了悟不生不滅、不常不斷的佛法，沒有不自己求取真心的了。真身沒有形狀，沒有聲音，只是憑著一個清淨法身。
　　這就是沒有無沒有有，因此不可在有中求，不可在無中尋，也不可在非有非無中取。拋棄從有和無中求取真心，即是最上乘的妙道。

【說　明】如何入涅槃？法藏認為，不執著現象，也不執著本體，對於虛幻的現象世界的一切都不存「妄想」，達到「二相俱盡」，「妄相都盡」，對好壞無動於衷，即永棄「苦源」，進入了涅槃。六祖慧能認為，只要除盡雜念，即頓見真如。他說：「迷人念佛生彼，悟者自淨其心」，「心起不淨之心，念佛往生難到，……但行直心，到如彈指。……若悟無生頓法，見西方只在剎那，不悟頓教大乘，念佛往生路遙，如何得達？」（《六祖壇經》）

悟真篇後序❶

竊❷以人之生也，皆緣妄情而有其身❸，有其身則有其患，若無其身，患從何有❹？夫❺欲免乎患者❻，莫若體夫至道❼，欲體夫至道，莫若明乎本心❽。故心者❾，道之體也❿，道者，心之用也⓫。人能察心觀性⓬，則圓明之體自現⓭，無為⓮之用自成，不假施功，頓超彼岸⓯。此非心鏡朗然⓰，神珠廓明，則何以使諸相頓離⓱，纖塵⓲不染，心源自在，決定無生者哉⓳？然其明心體道⓴之士，身不能累其性㉑，境不能亂其真㉒，則刀兵烏㉓能傷，虎兕㉔烏能害，巨焚大浸烏足為虞㉕？達人㉖心若明鏡，鑑而不納㉗，隨機應物㉘，和而不唱㉙，故能勝㉚物而無傷也，此所謂無上至真之妙道也㉛。原其道本無名㉜，聖人強名㉝；道本無言㉞，聖人強言耳。

【章　旨】敘述忘身而明心體道的境界。

【注　釋】❶後序　《悟真篇注疏》、《悟真直指詳說》、《悟真篇三注》、《悟真篇正義》、《修真十書》、《方壺外史》等有後序。❷竊　私。自我謙稱之辭。❸緣妄情而有其身　依據癡迷的思想感情具有了肉體。緣，因；循。印度早期佛教有「十二緣起」說，認為行、識、名、色、六入（眼、耳、鼻、舌、身、意）、觸、受、愛、取、有、生、老死等都源於「無明」——人的愚癡無知。張伯端可能受了早期佛教思想影響。❹有其身則有其患三句　《道德經》第十三章：「吾所以有大患者，為吾有身，及吾無身，吾有何患？」《悟真直指詳說》沒有「其」字。❺夫　提起連詞。《孝經疏》：「夫，發言之端。」❻者　語末助詞，表假設。❼莫若體夫至道　沒有比體驗道更好的。莫，沒有。若，假設連詞。如，比的意思。夫，語中助詞，無意義。❽莫若明乎本心　沒有比明白自己之心更重要了。❾心者　心，思維器官，指腦。《孟子・告子上》：「心之官則思。」中國古代都誤認為心是思維器官，直到清代王清任方糾正了這一錯誤。者，指示代名詞。此處代「心」。❿道之體也　道的本體。⓫心之用也　心的功用。⓬察心觀性　省察本心，觀照自性。⓭圓明之體自現　圓融明白的本體自行顯露。⓮無為　任其自然，不加人力。《道德經》第四十八章：「……以至於無為，無為而無不為。」第六十三章：「為無為，事無事，味無味。」⓯頓超彼岸　立刻跳越到對岸。借喻從現象世界立即進入本體世界。⓰心鏡朗然　人心像鏡子一樣明亮。⓱諸相頓離　眾多的形象頃刻不見。相，佛教名詞。事物的現象。佛教把宇宙間的一切現象叫做法。法的本體叫做性，其現象叫做相。⓲纖塵　微細的塵埃。⓳無生者　謂不生不滅。《中論頌》云：「不生亦不滅，不常亦不斷，不一亦不異，不來亦不去。」者，語末助詞。⓴明心體道　了知心性，省悟至道之理。㉑身不能纍其性　形體沒有影響本性。纍，纏繞；繫。㉒境不能亂其真　謂與心相對應，為心所攀援的事物攪亂不了真如本性。境，心所攀援的事物。真，本質；真理；真如。㉓烏　何。㉔兕　猛獸，似牛，青色，有一角。㉕虞　憂慮。㉖達人　了知至道的人。㉗納　入。㉘隨機應物　按照條件的變化適應事物。㉙和而不唱隨和而想有所作為。和，隨。唱，通「倡」，指欲有所為的主張。《悟真篇注疏》將「唱」作「倡」。㉚勝　承受。《修真十書》作「持」。㉛無上至真之妙道也　崇高至極的微妙道理。㉜道本無名　道不能用名詞概念表敘。《道德經》：「道可道，非常道。名可名，非常名。無名天地之始，有名萬物之母。」㉝聖人強名　德高望重的人勉強給「道」一個名號。《道德經》第二十五章：「有物混成，先天地生。寂兮寥兮，獨立而不改，周行而不殆，可以為天地母。吾不知其名，強字之曰道，強為之名曰大。」聖人，道德高尚的人。㉞道本無言　「道」不能使用語言描繪自己。椅子亦本身不能使用語言描繪自己，但其為實物，人可描繪使知。故此「言」或指其可表敘之言論名相。

【語譯】在我看來，人出生世上，都是因為癡迷的情欲才產生了肉身。人有了形體就有災禍，假如沒有形體，災禍從哪裡來呢？如果要免除災禍，沒有比體驗道的真理更好了。如果要體驗道，最好是使先天的心性清明。心是道的本體，道是心的功用。人們能夠省察本心，觀照自性，圓融明白的本體自然顯露，自我完成，不需要任何力量，立刻從現實世界到達理想的世界。如果不是人心像鏡子一樣明亮，像夜明珠那樣清晰，怎麼能夠使世俗間的種種事物頃刻不纏繞在心，細微的灰塵也不染汙，心之本源自由自在，定著於不生不滅呢？對於能夠了知心性，省悟至道之理的人，形體無法損害本性，形形色色的幻影攪亂不了真如本性，那麼銳利刀槍何能傷他，猛虎犀牛何能害他，燎原之火和大片的沼澤又哪裡值得憂慮呢？了知至道的人的心像鏡子一樣明亮，可是，它只鑑照事物而不著像，按照條件的變化去適應，一切任其自然去辦事。所以能夠承受世俗事物而且不受到傷害，這就是崇高至極的微妙道理。道原本沒有名稱形象，是不能用語言概念去表敘，而聖人勉強稱它為道；道本身不能使用語言描繪，聖人勉強用語言文字去形容它。

【說　明】第一，形神問題是中國儒、佛、道爭論的重要問題之一。《莊子・在宥》說：「無視無聽，抱神以靜，形將自正。必靜必清，無勞女形，無搖女精，乃可以長生。目無所見，耳無所聞，心無所知，女神將守形，形乃長生。」這是提倡形神合一。《管子》中的〈內業〉、〈白心〉、〈心術上〉、〈心術下〉認為精神是流散在天地之間的「精氣」入居形體的結果，而不是形體的一種屬性。荀卿提出了「形具而神生」，認為「神」是「形」的屬性，是先有形體，而後才有精神。而後的《淮南子》作者、桓譚、王充等基本上宗於荀卿的觀點，至范縝著《神滅論》將這種觀點發展到了頂峰。道教的早期經典，如《太平經》、《老子河上公章句》等，都涉及形神問題。但是，葛洪卻用「有」「無」的概念形象地說明了「形」「神」關係。葛洪說：「夫有因無而生焉，形因神而立焉。有者，無之宮也；形者，神之宅也。故譬之於堤，堤壞則水不流矣。方之於燭，燭靡則火不居矣。身勞則神散，氣竭則命終。根竭枝繁，則青青去木矣，氣疾欲勝，則精靈離身矣。」（《抱朴子・內篇・至理》）他堅持形神相依的觀點。印度佛教傳入中國，主張形神相分，例如《法句經・生死品》就說：「精神居形體，猶雀藏器中，器破雀飛去，身壞神逝生。」只不過佛教講的「神」不是靈魂，而是指的色、受、想、形、識中的「識」。例如慧遠在〈沙門不敬王者論〉中說：「化以情感，神以化傳，情為化之母，神為情之根。」這裡的「化」指形體，「情」指意識，「神」指「情」活動的基礎。應該說「色」相當於「化」，「受、想、形」相當於「情」，「識」相當於「神」。第二，「體」「用」這對哲學範疇本來是佛教、魏晉玄學、范縝使用過的。道教學者陸希聲、杜光庭將其引入了道教。杜光庭說：「真實凝然之謂體，應變隨機之謂用，杳冥之道，變化生成，不見其跡，故謂之體，言妙體也。……妙體展轉生死，生化之物任乎自然，有生可見而不為主，故謂之用，此妙用也。」第三，概念不能完全說明事物的本質，但是，事物又只能用名詞概念表敘才能使人們理解、思考。先秦時期的名實之爭、《莊子》的言意之辯、王弼的「言不盡意」和歐陽建的「言盡意」論都涉及了這個問題。但是，「言不盡意」的思想卻為文學藝術的發展奠定理論的基礎。

然則名言若寂❶，則時流無以識其體❷而歸其真❸，是以聖人❹設教立言以顯其道❺，故道因言而後顯❻，言因道而反忘。奈何此道至妙至微，世人根性迷鈍，執其有身❼而惡死悅生，故卒難了悟。黃老❽悲其貪著，乃以修生之術順其所欲，漸次導之，以修生之要在金丹❾，金丹之要在神水華池❿，故《道德》《陰符》⓫之教得以盛行於世矣，蓋人悅其生也。然其言隱而理奧⓬，學者雖諷誦其文，皆莫曉其意，若不得至人⓭授之口訣，縱揣量百種，終莫能著其功而成其事也，豈⓮非學者紛如牛毛，而達者乃如⓯麟⓰角也？

【章旨】強調至人授受金丹秘訣尤其重要。

【注　釋】❶名言若寂　沉默不語。若，如；比。假設連詞。❷體　本體。❸真　真如；真諦。❹聖人　道德高尚的人。❺道　見〈後序〉第一段㉜。❻後顯　《悟真篇注疏》作「復顯」。❼執其有身　《悟真篇注疏》作「後有其身」。❽黃老　黃帝和老子（李耳）；西漢時代的黃老學派；老子和道教。❾金丹　道教之內丹和外丹，此處指內丹。❿神水華池　鉛汞交融；丹田煉藥。神水，以汞入鉛，或謂內分泌，或謂真一之氣若煉在華池，即名神水。〈金丹四百字序〉：「以鉛見汞，名曰華池。以汞入鉛，名曰神水。」夏宗禹《悟真篇講義》：「蓋華池者，煉丹之池，中有神水。」華池，口和唾液。⓫道德陰符　《道德經》和《陰符經》。⓬奧　深隱而看不見的地方。⓭不得至人　得不到德高才殊的人。不得，《悟真篇注疏》作「不遇」。至人，見〈自序〉第六段❶。⓮豈　難道。⓯乃如　《悟真篇注疏》作「慳如」。⓰麟　麒麟。傳說中麇鹿之身，牛尾，而只有一角的野獸。

【語　譯】但是如果沒有語言的詮釋，那麼，世人就不能了知本體而得到真理。所以，道德高尚的人用言語教誨世人，目的是向眾人顯露本體。這樣，本體借助語言說明了自己，語言卻因本體的顯現反而被遺忘。本體是無法用眼睛看見的，加之世俗的人本性愚昧，固著於形體，害怕死亡而喜歡長生，當然最終很難體認本體。黃老學派悲嘆世俗的人貪生怕死，於是用養生的辦法滿足這些人的欲望，循序漸進引導他們。由於修養身心而長生的關鍵是修煉內丹，內丹的要點又是神水華池，因此，《道德經》和《陰符經》的學說在世間廣泛流行，大致是人們喜歡長生的緣故。只不過這些書籍言詞隱晦，道理深奧，不少文人學士朗誦它的文句，都不了解其中的涵義。如果沒有高人教授秘傳的口訣，縱然知道多種辦法，結果也將一事無成。難道不是學煉金丹的人多如牛毛，真正登堂入室的人卻難找到嗎？

【說　明】第一，東漢以後，黃老之學已由漢初治國經世的政術轉而為長生養性之術。也可以說，黃老之學開始化為與神仙方士結合而逐漸宗教化了。首先，封建統治者把黃帝化為宗教教主來尊奉。例如，漢武帝時，齊人公孫卿說：「黃帝仙登於天。」他又同時用申功的話說：「中國華山、首山、太室、泰山、東萊，此五山黃帝之所常遊，與神會。黃帝且戰且學仙。」《史記・孝武本紀》漢武帝北巡朔方，在橋山祭黃帝塚。漢武帝說：「吾聞黃帝不死，今有塚，何也？」當時有人告訴漢武帝說：「黃帝已仙上天，群臣葬其衣冠。」《史記・封禪書》有時，漢武帝還把黃帝併赤帝，或者單獨對黃帝進行壇祠。漢明帝時，楚王英已對黃老和浮屠同樣禮拜，「楚王英誦黃老之微言，尚浮屠之仁祠」；桓帝於宮中「立黃老浮屠之祠」。這種把黃老與浮屠同樣禮拜，就說明當時把黃老看成浮屠一類的神。第二，封建統治者把祠祀黃帝與信奉神仙方術結合了起來。例如，漢武帝「尤敬鬼神之祀」《史記・孝武本紀》，對方士李少君的祠灶、穀道、卻老方之術十分讚賞，竭力要追求不死成仙之藥和海上神仙。漢武帝東巡海上，「考神仙之屬，未有驗者。方士有言，『黃帝時為五城十二樓，以候神人於執期，命曰迎年。』上許作之如方，名曰明年。上親禮祠上帝，衣上黃焉。」由此可見，漢初的黃老思想是逐步由封建統治階級通過神化黃帝，追求長生不死而成仙的途徑，漸漸與神仙方術結合，從而宗教化的。也正因為如此，後來漢靈時張角的太平道又稱黃老道。所以，道教在東漢末年產生時，它是與「黃老」相提並論的。從後漢以來，所謂「黃老」、「黃老之學」、「黃老道」，指的都是老子及道教而言。第三，在生死問題上，莊子是齊一生死，佛教講生死輪迴，早期道教追求肉體長生不老，但是，也不否認人們形體的消亡。孔子基本上忌談死，他說：「未知生，焉知死？」後來的儒家是生死並重，不過更注重現實。

伯端❶向己酉歲❷於成都遇師❸傳授丹法，當年且王公傾背❹。自後三傳❺非人，三遭❻禍患，皆不逾兩旬。近方憶師之所戒云：「異日有與汝解韁脫鎖者❼，當且授之❽，餘皆不許爾。」後欲解名籍，而患此道❾人不之信，遂撰此《悟真篇》，敘丹法❿本末。既成，而求學者輳集⓫而來，觀其意勤，渠心不忍悋⓬，乃擇而授之。

【章　旨】敘述撰《悟真篇》的原委。

【注　釋】❶伯端　張平叔名。《悟真篇注疏》作「僕」。❷己酉歲　西元一〇六九年。❸師　劉海蟾或青城高道。❹王公傾背　鞠躬。❺三傳　指《悟真篇》傳授之人馬處厚、張坦夫、陸彥孚之父。❻三遭　一是誤以為侍婢偷魚，撻其侍婢，婢憤而自經。二是因為焚案卷而觸犯滅焚文書律。後來遭遣戍。或「三」乃多字義。❼者　指示代名詞，可譯為「……的人」。❽之　指示代名詞。❾道　道理。❿丹法　《悟真篇注疏》作「丹藥」。⓫輳集　聚集。輳，車輻集之於轂。⓬渠心不忍悋　專心一致毫不吝惜。悋，通「吝」。

【語　譯】宋神宗熙寧二年，我在成都遇見高人傳授我丹道秘法，我當即行禮拜師。自此之後，幾次得不到真正傳授的人，又幾次遭遇家事和官場的災禍，從時間上看，這些事都發生在廿天左右。近來，我回憶師傅的教誨：「今後有幫助你解救困難的人，你就把丹法告訴他，其餘的人就別傳授。」後來我打算辭官退隱，擔心這個道理不被人相信，於是就寫了《悟真篇》，闡述煉丹的原委。這本書寫成之後，前來找我學習丹法的人絡繹不絕，我見他們都很虔誠，就擇要傳授了。

【說　明】中國古代一向提倡尊師重道，不違師命。不過，只要有利於國家與人民的事，師命是可以改變的。中國古代那種非子不傳、非弟子不受的文化傳統是封閉式的小農經濟的產物，不利於教育與科技的發展。

然而所授者❶皆非有巨勢強力能持危拯溺❷，慷慨特達能仁明道之士，初再罹❸禍患，心猶未知，竟至於三，乃省前過。故知大丹之法至簡至易，雖愚昧小人得而行之，則立超聖地。是以天意秘惜，不許輕傳於非其人也。緣伯端不遵師語，屢洩天機，以其有身，故每膺❹譴患。此天之深戒如此之神且速，敢不恐懼剋責？自今以往，當鉗口結舌，雖鼎鑊❺居前，刀劍加項，亦無復敢言矣。

【章　旨】張伯端省過自譴。

【注　釋】❶者　指示代名詞，可譯為「……的人」。❷持危拯溺　《悟真篇注疏》作「提危拯溺」。❸罹　遭受。❹膺　承受。❺鑊　鼎大而無足的器物。

【語　譯】我傳授的人都不是有權勢、能夠拯救危難的人，也不是慷慨豁達、重義明道的人，我一再遭受災害，自己還不覺察，乃至於再遭劫難，才開始反省以前的過失。原來金丹大法非常簡單，非常容易，即使是愚昧而道德修養不高的人，只要得到真傳切實去做，那麼，頃刻之間也能超脫凡俗而達清聖境界。因此，上天有意吝惜秘訣，不允許傳授給不應傳授的人。我沒有聽師傅的話，屢次洩漏了天機，因為有凡人的形體，就多次受到上天譴告，降臨災害。上天的警示竟然這麼快、這麼靈驗，我哪裡敢不恐慌、不自我譴責？自今以後，我一定閉住嘴巴，即使有沸湯在面前要烹煮我，刀架在脖子上要殺我，我也不敢講了。

【說　明】張伯端講天人感應，因果報應，這一段將這種思想暴露無遺。

此《悟真篇》中所歌詠大丹藥物、火候❶細微之旨，無不備悉，倘好事者夙❷有仙骨，觀之則智慮自明，可以尋文解義，豈須伯端區區之口授之矣❸！如此乃天之所賜，非伯端之輒❹傳也。

【章　旨】敘述《悟真篇》所述丹法可以無師自通。

【注　釋】❶大丹藥物火候　見〈自序〉第六段❿。❷夙　早；天生。❸矣　語末助詞，表感嘆。❹輒　專斷。

輒，《修真十書》作「趣」。

【語譯】《悟真篇》對於煉丹的藥物、火候講得面面俱到，如果想煉丹的人早就有仙風道骨，看了這本書就茅塞頓開，能夠根據文句了解其中的意義，哪裡還需要我用嘴巴去講授啊！這本來是上天的恩賜，不是我傳授的功勞。

【說明】前段自譴洩漏天機，此段又云：「如此乃天之所賜，非伯端之輒傳也。」似乎張氏思想很矛盾，藉此以作辯解。

其如篇末歌頌，談見性之法❶，即上所謂無為妙覺之道❷也。然無為之道，濟物為心❸，雖顯秘要，終無過咎。奈何凡夫，緣業❹有厚薄，性根有利鈍❺，縱聞一音，紛成異見。故釋迦文殊❻所演法寶，無非一乘❼，而聽學者隨量會解，自然成三乘❽之差，此後若有根性猛利之士，見聞此篇，則知伯端得達磨六祖❾最上一乘之妙旨，可因一言而悟萬法也。如其習氣尚餘，則歸中小之見，亦非伯端之咎矣。

時元豐改元戊午歲仲夏月戊寅日天台張伯端平叔再敘

【章　旨】張伯端謂《悟真篇》得佛教達磨妙旨。

【注　釋】❶見性之法　認識先天之性和後天氣質之性的方法。性，本性；神。決定事物和人的根本性質的東西。性包括元神、慾神。元神為先天之性，慾神為氣質之性。❷無為妙覺之道　謂沒有人力造作，完全屬於自然的悟道方法。也就是「形心兩忘」，覓著真心而又忘卻，做到「事去而心自心也」，如鏡照物，毫不著相的方法。《悟真直指詳說》將「無為」作「無上」。❸濟物為心　以慈心平等、濟世利人為心要。心，真心。張伯端謂真心即佛，即「忠恕慈順恤恭敬謹」，妄心是喜怒哀樂。❹業　佛教名詞。泛指一切身心活動，意為造作，包括身業（行動）、語業（言語）、意業（思想活動）。❺性根有利鈍　謂本性有優劣，悟道有早晚。性，本性；佛性。竺道生謂「一闡提人」（善根斷盡的人）可以成佛。❻釋迦文殊　釋迦牟尼和文殊師利。釋迦，見〈自序〉第一段❿。文殊，佛教菩薩名，釋迦牟尼佛的左脅侍，中國佛教四大菩薩之一。意為「妙德」、「妙吉祥」等。❼一乘　見〈自序〉第二段⓴。❽三乘　聲聞、緣覺、菩薩。❾達磨六祖　菩提達磨和慧能。達磨，意譯為「道法」。南天竺僧人。南朝宋末到廣州，後至北魏，在洛陽、嵩山等地傳授禪學。提出「理入」「行入」的修行方法。在少林寺面壁九年，被奉為禪宗初祖。六祖，禪宗第六祖慧能，生於西元六三八年，圓寂於七一三年。原籍河南范陽盧氏，為當地望族。年幼喪父，家境極窮。西元六七〇年，他安頓母親後，即北行求師。西元六七二年隨弘忍學法，終得衣缽。後至廣東曹溪，隱居二十餘年才到法性寺傳法。他在大梵寺講授的摩訶般若法經門人法海編錄，又加入後來的法語，即成傳世的《法寶壇經》。相傳禪宗傳承是：達磨——慧可——僧璨——道信——弘忍——慧能（南宗）和神秀（北宗）。

【語　譯】《悟真篇》末尾的歌頌，講的是省悟先天之性的方法，也就是前面講的完全屬於自然，沒有人工造作的悟道方法。無為之道是以慈心平等、濟世利人為心要，如同鏡子照物，顯秘籍要旨而不著像，最後不會出現過失。怎奈一般的凡夫俗子，由於他們在言語、思想意識、行為上的修養不同，先天本性上也有差異，即使聽見一種說法，也會得出各種各樣的結論。所以，佛祖和文殊菩薩所講的佛法，本來只有上乘一種，聽講的人卻隨意附會，後來就演化出聲聞、緣覺、菩薩這樣的差異。今後，如果有先天本性就是銳利求進的人看見《悟真篇》，知道我繼承了菩提達磨和禪宗六祖慧能所傳最上乘的宗旨，當然可以舉一反三，甚至從一句話中悟出千萬種修道方法了。如果因為修道者平常的氣質之性沒有丟棄，難免陷入偏邪的俗人見解，無法省悟上乘妙旨，也不是我的過失。

元豐元年五月戊寅日天台人張伯端字平叔再敘

【說　明】第一，張伯端說的「心」與佛教說的「心」基本上一致。張伯端在《悟真性宗直指》中認為「心」乃空寂，無相無因；甚至說：「佛即心兮心即佛，心佛從來皆妄物。若知無佛復無心，始知真如法身佛。」還說：「無法不從心裡生，心若不生法自滅。」在《玉清金笥青華秘文金寶內煉丹訣》中又說：「妄者，妄心也；覓者，真心也。……要在無中生有，有中生無。到這境界，並真心俱忘而棄之也。」第二，張伯端認為心、性、命、神的關係是心統性命；「心者，神之舍也。」「神歸於心，則神之全體現。」在他看來，神有元神、欲神，元神即先天之性，欲神即氣質之性。而「命」即是自然或上天賦予人的生命現象，其中包括壽命、祿命。

◎新譯抱朴子

李中華／注譯　黃志民／校閱

《抱朴子》「內篇」集漢晉神仙思想、道教理法與養生方術之大成，「外篇」則反應葛洪對當時社會的認識，包含著廣泛的時代內涵。書中建立了基本完整的神仙道教理法與方術的體系，從而對後世產生了重大的影響。但《抱朴子》在長期流傳中，文字不免有所奪訛、錯亂，本書以清孫星衍所刻為底本，校以道藏本、四庫本等，注譯解說精詳，是現代讀者參研的最佳讀本。

◎新譯黃庭經・陰符經

劉連朋、顧寶田／注譯

《黃庭經》相傳為晉司徒魏舒之女魏華存依據民間祕本或道士口授，編撰而成，自晉代以後傳播漸廣，頗為流行於文人學士之間。其內容不僅奠定了道教上清經派的教理基礎，也是唐宋以來內丹說的主要理論來源之一。《陰符經》又稱《黃帝陰符經》，此書大抵是北朝隱士所作，其思想內容主要是繼承和發揮先秦道家和陰陽五行學說，理論概括性強，文約義深，因此特別受到道教界的重視，宋元以後已成為內丹修煉的基本典籍。

◎新譯養性延命錄

曾召南／注譯　劉正浩／校閱

《養性延命錄》是著名的道教養生著作，輯錄了上自神農、黃帝，下至魏晉諸賢的養生言論，內容十分豐富。在主要思想方面，提出人與天、形與神、動與靜、多與少等命題和原則，強調「我命在我不在天」，認為通過人自身的努力，可以延年益壽乃至長生不老，具有積極意義。本書特別參考《千金要方》、《至言總》等書的內容，對它進行詳盡的注解與校勘，值得讀者參考。

◎新譯樂育堂語錄

戈國龍／注譯

《樂育堂語錄》乃清代著名養生學家、傳統內丹功宗師黃元吉於清道光、咸豐年間講學四川樂育堂時所授道門心法，由弟子記錄整理而成，為一綜合集成之丹道巨著。《語錄》中既有系統的丹道理論，又有切實詳明的丹道工夫與火候的描述，理論和實踐並重，能融通儒佛而不失丹道本色，是站在道教立場而融通三教的代表作。本書為首次對《語錄》進行分章注釋、語譯和研析，於道教基礎和應用研究皆具有開拓意義。

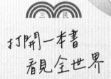

國家圖書館出版品預行編目資料

新譯悟真篇／劉國樑,連遙注譯.——初版六刷.——
臺北市：三民，2023
　　面；　公分.——(古籍今注新譯叢書)

ISBN 978-957-14-3985-3（平裝）
1.道教—修鍊

235　　93014106

古籍今注新譯叢書

新譯悟真篇

注譯者｜劉國樑　連　遙
發行人｜劉振強
出版者｜三民書局股份有限公司
地　址｜臺北市復興北路 386 號 (復北門市)
　　　　臺北市重慶南路一段 61 號 (重南門市)
電　話｜(02)25006600
網　址｜三民網路書店 https://www.sanmin.com.tw

出版日期｜初版一刷 2005 年 1 月
　　　　　初版六刷 2023 年 1 月
書籍編號｜S032610
ISBN｜978-957-14-3985-3